注册国际投资分析师考试指定用书（2024）

股票估值与分析

国际投资专业人士学习平台
瑞士投资专业人士培训中心　编著
中　国　证　券　业　协　会

中　国　证　券　业　协　会　编译

中国财经出版传媒集团
中国财政经济出版社
北京

图书在版编目（CIP）数据

股票估值与分析／国际投资专业人士学习平台，瑞士投资专业人士培训中心，中国证券业协会编著；中国证券业协会编译．--北京：中国财政经济出版社，2024.7

注册国际投资分析师考试指定用书．2024

ISBN 978-7-5223-2751-8

Ⅰ．①股…　Ⅱ．①国…②瑞…③中…　Ⅲ．①股票投资-资格考试-教材　Ⅳ．①F830.91

中国国家版本馆CIP数据核字（2024）第034698号

责任编辑：刘孺泾　　　　责任校对：张　凡

封面设计：中通世奥　　　　责任印制：党　辉

股票估值与分析

GUPIAO GUZHI YU FENXI

中国财政经济出版社 出版

URL：http：//www.cfeph.cn

E-mail：cfeph@cfeph.cn

社址：北京市海淀区阜成路甲28号　邮政编码：100142

营销中心电话：010-88191522

天猫网店：中国财政经济出版社旗舰店

网址：https：//zgczjjcbs.tmall.com

北京鑫海金澳胶印有限公司印刷　各地新华书店经销

成品尺寸：185mm×260mm　16开　13.75印张　213 000字

2024年7月第1版　2024年7月北京第1次印刷

定价：42.00元

ISBN 978-7-5223-2751-8

（图书出现印装问题，本社负责调换，电话：010-88190548）

本社质量投诉电话：010-88190744

打击盗版举报热线：010-88191661　QQ：2242791300

前　言

注册国际投资分析师（CIIA）考试由注册国际投资分析师协会（Association of Certified International Investment Analyst，ACIIA）主办。ACIIA是由欧洲金融分析师联合会、亚洲证券分析师联合会以及欧洲、亚洲、大洋洲和拉丁美洲的近30个国家和地区的投资分析师组织，于2000年6月联合成立的国际性专业机构，其宗旨是推行投资分析领域的国际标准。CIIA考试涵盖了投资分析师应当掌握并熟练运用的各类专业知识，其专业水准得到了注册国际投资分析师协会各成员国家和地区，以及部分其他专业组织的广泛认可，通过CIIA考试是具有在不同国家或地区从事金融服务业工作能力的重要标志之一。

中国证券业协会于2001年成为ACIIA的会员，此后开始推动引入CIIA考试，并于2006年3月11日在我国组织了首次CIIA考试。CIIA考试作为我国证券行业多层次人才教育培训体系的重要组成部分，对促进证券行业专业人员提升专业素养和国际视野，积极服务资本市场高水平制度型开放具有积极意义。同时，CIIA考试充分尊重不同国家或地区的投资分析专业人员学习和工作的法律环境和语言环境，允许使用中文参加考试，非常适合我国从事投资分析、财富管理、企业融资以及投资银行等工作，特别是需要在不同国家和地区工作的专业人士报考。截至2024年6月，我国境内共有2288人通过了CIIA考试。

近期，注册国际投资分析师协会发布了2024版注册国际投资分析师考试教材，新版英文教材在逻辑结构和层次上重新进行了梳理，更新了部分内容，主要包括：一是各本教材中局部内容调整。根据理论知识和市场实践发展，更新各本教材的局部内容，如《公司财务》中增加租赁相关内容，《衍生产品估值与分析》中增加多种期货合约、套期保值的介绍，更新期权定价模型、套利关系的内容，细化信用衍生品的介绍等。二是新编《投资组合管理》，增加现代投资组合理论、有效市场假说与行为金融、多因子模型和因子投资、客户目标及投资策略、资产负债管理、国际投资、可持续投资、绩效度量与评价、投资经理的选择、股票投资组合管理、交易所交易基金、另类投资、金融科技和数据分析等内容，重新梳理了章节构成。三是优化逻辑、体例，考虑教材内容体系庞大，各本教材对部分章节知识的排布顺序进行了调整，使内容由浅入深、循序渐进，增强逻辑性，重新编排了章、节、小节、知识点编号。四是更新了数据、案例，增加了一些新的企业经营案例、年报分析案例等，更新了各类图表、案例中的数据，时间信息与近期市场进程同步。

为便于报考人员学习、掌握相关知识体系，中国证券业协会组织专家对英文原版教材进行了翻译。在历时数月的 2024 版《注册国际投资分析师考试指定用书》翻译工作中，专家们对整套 7 本教材逐字逐句研读、斟酌、修订，力求信、达、雅，但由于编译工作浩繁，时间紧张，书中难免有所疏漏、不足甚至错误之处，恳请读者批评指正。

如有任何意见和建议，欢迎发送邮件至 zybzb@ sac. net. cn。

中国证券业协会

2024 年 7 月

目　　录

第 1 章　股票市场及结构

1.1　股票市场

最早被提到的有组织的市场可以追溯到中世纪时期的比利时布鲁日旅馆。当时商人聚集在范德比尔斯家族经营的布鲁日旅馆进行交易。“Buerse”一词就是法语中的“Bourse”和德语中的“Börse”的起源。市场交易吸引了许多不同商品的买家和生产商。这样逐渐在一个广场上形成了这个城市的商业中心。在市场上买卖谷物、牛和亚麻布等商品。

13 世纪以来，公司股票可以自由交易。股东责任仅限于股本的“现代”公众有限责任公司，并随着亚洲和美洲的海上贸易航线和陆上贸易通道的兴起而发展。当然，如果货物因沉船事故或遭到袭击而丢失，这些通常是非常有利可图的探险可能就会遭受到财务损失。造船商可以利用股份公司参与多个探险项目，而不是把钱投向某一探险项目，从而避免承担失去一切的风险，通过投资组合多元化减少风险的概念就源于这一创新。

法国 Société des Moulins du Bezacle 公司成立于 1372 年，是有历史记录以来的首批股份公司之一。在中世纪中期和文艺复兴时期，这家公司在图卢兹建造磨坊，经历了几次转型，其股票交易的历史在 450 多年后的 1946 年以一家水电公司而结束。

在美国，道琼斯指数于 1885 年正式设立。最初 10 家公司中的两家——西联汇款和联合太平洋，130 年后仍然是道琼斯指数的成分股。多年来，美国工业的主要名称已被纳入蓝筹股指数。在 1929 年的道琼斯指数中，仍有另外的 13 只初始股票位列其中：通用电气和美国烟草公司（1896 年）、国际纸业和美国钢铁公司（1901 年）、通用汽车公司（1915 年）、美国电话电报公司和西屋公司（1916 年）、杜邦和西尔斯（1924 年）、联合化学（1925 年）、克莱斯勒、联合碳化物和伍尔沃思（1928 年）。相比之下，早期作为指数主要成分的大多数运输公司（特别是铁路公司）要么合并、要么被竞争对手接管。

13 个道指成分股的长期存在是个例外，收购、分拆或破产是大多数公司被剔除指数之外的最常见原因。如今，标准普尔 500 指数（创建于 1957 年）中只有 74 家原始公司仍然存在。在公司寿命方面，经纪人统计显示，8% 的公司在第一年上市后无法生存，大约 50% 的公司在 12 年后消失，仅有 33% 的公司持续存在超过 25 年。这些数据也反映在全球统计数据中，数据显示 2012 年共有1 727 家公司被除名①。

2014 年 10 月 19 日，全球所有市场上市公司市值已经超过 610 000 亿美元，而美国股票市场市值仍为最高（见表 1－1）。

表 1－1　　全球主要市场上市公司市值（2014 年 10 月 19 日）

地　区	当前（百万美元）	1 个月百分比变化（%）	年初至今百分比变化（%）	占全球的比例（%）
（1）全球				
（5）全球	61 451 868	－6.61	－0.97	100.00
（2）美洲				
（6）美国	22 334 943	－6.58	＋0.24	36.35
（7）加拿大	2 088 080	－8.94	－2.30	3.40
（8）巴西	960 541	－6.91	－1.47	1.56
（9）墨西哥	491 531	－5.87	－1.99	0.80
（10）智利	239 240	－2.88	－10.34	0.39
（3）欧洲/非洲/中东				
（11）英国	3 618 808	－8.63	－10.32	5.89
（12）法国	1 891 522	－9.55	－11.61	3.08
（13）德国	1 720 378	－8.12	－14.28	2.83
（14）瑞士	1 453 131	－7.11	－4.57	2.36
（15）西班牙	742 324	－10.03	－4.19	1.21
（4）亚太地区				
（16）日本	4 176 676	－9.36	－9.19	6.80

①　相当于当年首次上市公司数量的 1/3 左右。

续表

地　区	当前（百万美元）	1 个月百分比变化（%）	年初至今百分比变化（%）	占全球的比例（%）
（17）中国内地	4 072 528	+2.83	+21.19	6.63
（18）中国香港	3 651 336	-4.00	+2.91	5.94
（19）印度	1 488 619	-5.70	+30.65	2.42
（20）澳大利亚	1 295 326	-5.52	-1.52	2.11

注：2014 年 10 月 20 日，全球市场市值为 61.451 万亿美元，美国市场市值占总数的 1/3 以上。中国市场和日本市场相当。而在欧洲，英国市场市值最高。

资料来源：彭博。

市值通常是与国内生产总值（GDP）进行比较。市值与国内生产总值的比率可以反映出国内经济中金融市场的经济重要性。然而，重要的是，要记住 GDP 衡量的是某一年经济体中产生的商品和服务的增加值，而上市公司的市值则反映的是其未来现金流的现值。这两个概念难以直接比较。

截至 2012 年底，全球证券交易所有 46 396 家上市公司，但上市公司总数只是“冰山一角”。印度拥有的上市证券公司数量最多，在孟买证券交易所（BSE）上市的国内公司数量为 5 191 家，印度国家证券交易所（NSE）有 1 665 家。至于欧洲，当地上市公司数量最多的是西班牙证券交易所（BME），有 3 167 家；其次是伦敦证券交易所（LSE），有 2 179 家；再次是泛欧证券交易所（Euronext N. Y.），有 939 家。纳斯达克上市公司（OMX），有 2 287 家，纽约泛欧交易所上市公司有 1 815 家。

公司通常可以分为 4 类：

- 大型股；
- 中型股；
- 小型股；
- 微型股。

大型股包括市值最大的公司。全球金融市场协会（GFMA）通常包括这一类市值超过 13 亿美元（不含）的公司。在全球范围内，大型公司数量占公司总数的 12%（5 000 家上市公司），但市值占全球总市值的 78%。大型公司在新闻头条和股票交易中都占据着主要位置。随着金融全球化在多元化投资组合中日益重要，大型公司往往已经成为全球投资者文化中的一部分。例如，我们可能不知道韩国现代公司的所有细节，但我们确实掌握了企业的一些主要特征（例如，过去15年令人印象深刻的结果以及来自日本汽车制造商激烈竞争导致的日元敞口）。以跟踪该公司的财务分析师的数量来看，现代公司获得了全球的关注。通常这些公司被认为是研究过度的，投资者对其细节的关注几乎得不到收益。这些股票通常用于主题投资组合（例如，现代公司肯定会在新兴市场消费增长相关的金融产品中占有一席之地）。

中型股被定义为市值处于2亿美元（不含）至13亿美元（含）之间的公司。这些公司通常具有增长潜力，并有可能迅速跻身大型股之列。中型股通常不再只关注全球股票投资者的视线，分析师跟踪的也不多。中型股（尤其是成长股）被全球经纪商追踪，并分布在他们推荐的股票之中。这类股票也拥有着更多的本地知识优势的本地经纪人。这无疑是通过积极的全球选股可能获取最佳收益的肥沃土壤。它们占上市公司总量的23%，市值占全球总市值的18%。

小型股定义为市值在6 500万美元（不含）至2亿美元（含）之间的公司。它们占上市公司总量的17%，但其市值仅占全球总市值的3%。小型股主要被国内经纪商以及少数专业全球经纪商跟踪。这些公司主要作为积极管理型投资基金或复制全球小型股指数的结构化产品的投资工具。当小型股的投资效益胜过其他大型公司时，这些公司也有辉煌的经历，但是这种溢价已经消失。小型股通常是大型竞争对手渴望实现业务多样化的收购目标。因为小型股的流动性有限，大型国际投资者对小型公司的热情往往会导致其股价大幅上涨。

微型股包括所有市值低于6 500万美元（含）的公司。微型股公司数量近3万家，占全球股票市场上市公司的比例接近48%，但占全球市值的比例不到1%。微型股在印度股票市场上占有更为重要的地位：孟买证券交易所上市的公司80%是微型股。在深圳证券交易所（SZSE）和欧洲的波兰或希腊等国的证券交易所，微型股的数量占比超过75%。相比之下，在美国，微型股只占全国证券交易商自动报价系统（NAS－DAQ）上市公司的20%左右，占纽约泛欧交易所上市公司的5%。它们与“小型报告公司”的定义非常相似。该定义符合美国证券交易委员会规则下不太重要的报告要求。从经济学角度来看，它们符合中小企业（SME）的定义。分析师很少跟踪或撰写有关微型股的报告，因为将分析师的大部分薪水来进行微型股研究并不划算。这些公司的经营失败率远远高于平均水平。不幸的是，它们也更容易遭受到会计舞弊或股票操纵欺诈。在此领域投资非常困难，小盘股实质上主要是公司相关内部人士、股东和雇员的市场。

市场流动性主要对后两类股票——小型股和微型股产生影响，特别是在经济不景气时。在局势高度紧张且价格缺乏吸引力的情况下，做市商倾向于减少风险。这反过来又影响了投资组合中即时卖出头寸的潜力。在这种情况下，通过买价和卖价之间的差异来衡量的买卖价差会趋于扩大。在市场承压的情况下，资本成本增加 1.5%～2%。例如，以 10% 的资本成本计算，对于最小公司，资金成本的上涨可能会使其市场价值降低 15%～20%（见图 1－1）。

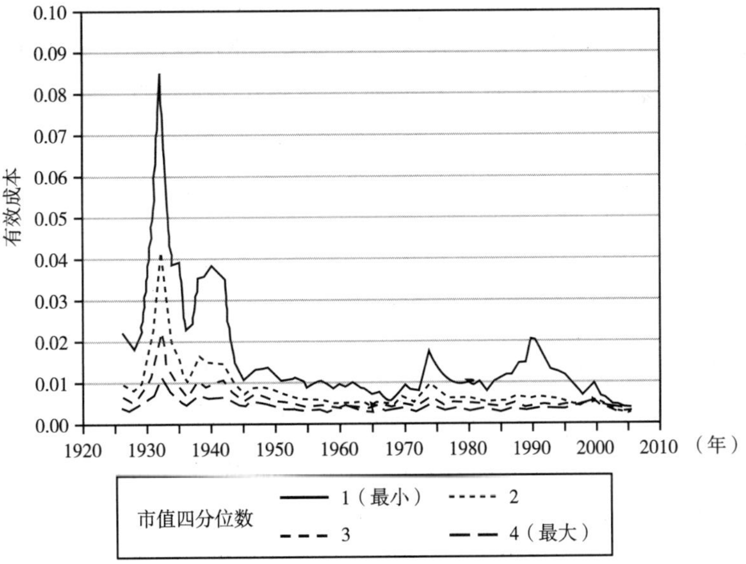

图 1－1　不同类型美国股票有效交易成本

注：1925—2005 年美国小型股到大型股的有效交易成本估算。

资料来源：Joel Hasbrouck，2009，"Trading Costs and Returns for U. S. Equities：Estimating Effective Costs from Daily Data"，*Journal of Finance*，54（3），1445－1477。根据纽约证券交易所市值的分界点，股票被分类为 4 份。

图 1－1 考虑了非流动性成本的百分比。可见，1929 年股市崩盘时有效成本激增。相比之下，2008 年次贷危机造成的紧张局势并不明显，尤其是小盘股。

1.1.1 股票指数

股票指数为投资者提供股市平均价格的信息。成千上万家公司的股票在市场中的任意一天进行交易，不可能跟踪所有的价格走势并辨别市场走向。股票指数代表在证券交易所交易的股票的平均价格。平均值仅使用少数被认为是整个市场最具代表性的股票的价格计算。

1.1.2 股票指数的作用

股票指数的首要作用是作为市场表现的测度。由于指数是基于一些具有代表性的股票而创立的，因此股指上升标志着股市中大多数股票价格上升。

股票指数是投资分析师确定股价运动推动因素的一个有力工具。指数和宏观经济变量的历史信息与分析股票价格走势的相关因素有密切联系。

许多分析师（技术分析师）相信股价的历史走势可以帮助人们预测股价的未来走势。这些分析师利用股指数据来预测未来市场走向。

股票指数在投资组合管理上非常有用。一个样本基础广泛的指数通常可用作市场组合的代理变量，以确定组合的系统性风险。这能够帮助证券组合管理者进行投资决策。

自由市场经济存在着商业周期，每个时期的经济增长率各不相同。因此，预测经济何时开始扩张、何时开始衰退对商业发展来说是异常重要的。股市是经济的晴雨表（即股票价格的上升或下跌往往先于经济的扩张或衰退），因此，股票指数的变化通常被视为经济走势的一个指标。

1.1.3 指数中的股票数量

在理想情况下，股票指数应该尽可能多地涵盖所在市场的股票。这样，指数才能真实地代表市场。然而，在过去，持续不断计算这样的指数的成本高昂。因此，计算机时代之前的股票指数只能包含寥寥可数的股票。世界上最著名的股票指数首推道琼斯工业指数。道琼斯工业指数创立于 1896 年，一开始只有 12 只股票。若干年后，更多股票被加入该指数之中。现在道琼斯工业指数包含 30 只股票。更现代的标准普尔 500 指数包括 500 只股票，而同时纽交所综合指数（NYSE Composite Index）则是基于在纽约证券交易所上市交易的所有股票的价格计算的。

表 1 –2 显示了世界主要证券交易所指数中包含的股票数量。

表 1 –2　世界主要证券交易所指数中包含的股票数量

股票市场	指数名称	入选股票数量（只）
纽约	道琼斯工业平均指数、标准普尔 500 指数、纽约证交所指数	30、500、约 2 000
纳斯达克	纳斯达克综合指数	约 3 300
伦敦	金融时报指数	100
巴黎	法国 CAC40 指数	40
法兰克福	德国 DAX 指数	30
苏黎世	瑞士 SMI 市场指数	20
米兰	意大利 MIB30 指数	40
东京	日经 100 指数	100
多伦多	多伦多综合指数	223
新加坡	海峡时报指数	45
香港	恒生指数	33

市场集中度由最大公司相对于总市值的市场份额来衡量。拥有大量公司的市场将比其他市场更集中。印度前 5% 的公司占该国总市值的 89% 。澳大利亚和加拿大也呈现这一现象：由于小型金属生产商在市场上的数量占比很高，因此这一比例为 86% 。欧洲市场也由少量大型股票支配：在布达佩斯，3 只股票占市场的 67% ，都柏林 2 只股票占 45% ，维也纳 6 只股票占 49% ；而在瑞士交易所（SIX），12 只股票形成 74% 的市值份额。

市场集中度的衡量基于赫芬达尔指数，其倒数等于指数中有效的股票数量 $n_{有效的} = \frac{1}{\sum_{i=1}^{N} w_i^2}$ 。其中，w_i 表示公司市值权重。

表 1 –3 来自马尔泰利尼（EDHEC Institutional Days），得出的计算方法：

表 1-3 马尔泰利尼关于股票指数有效数量的计算

指 数	名义数量（只）	有效数量（只）
标准普尔指数	500	94
纳斯达克指数	100	37
富时 100 指数	100	28
富时欧洲指数	300	104
富时日本指数	500	103

注：平均有效数量的计算主要是基于季度的评估。标准普尔指数的计算期间是 1959 年 1 月到 2008 年 12 月；纳斯达克指数的计算期间是 1975 年 1 月到 2008 年 12 月；其他指数的计算期间是 2002 年 12 月到 2008 年 12 月。

1.1.4 指数的计算方法

股票指数采用不同的方法来确定平均股价，最广泛使用的方法有两种——价格权重和价值权重。

（1）价格加权指数

价格加权指数是通过在给定日指数包含的所有股票的价格进行算术平均来计算的，早期的道琼斯指数计算就是将 12 只股票的价格相加并除以 12（称为“除数”）。然而，从长远来看，股票拆分及分红使指数出现各种计算错误。为了消除这些错误，需要对除数不断调整，现在的道琼斯指数已包含 30 个样本股票，计算指数时使用的除数接近 2，但仍须不断调整以反映因股票拆分引起的样本公司发行在外股份数量的变化。

价格加权指数有很多缺陷，价格高的股票对指数的影响远高于价格低的股票，通常少于 10% 的股票分红并不要求对除数作出调整。这又进一步导致指数计算中的错误，道琼斯指数的计算仅基于纽约证券交易市场 2 000 多只股票中选取的少量样本股票（30 只）。因此，道琼斯指数并不能完全真实地代表整个市场的走势。

（2）价值加权指数

另一种可选择的指数计算方法是价值加权法 4 即指数所包含的所有样本上市公司市值总和除以指数首次计算日的上市公司市值总和，标准普尔 500 指数是用下列公式计算得出的：

$$\textbf{指数} = \frac{\sum_{j=1}^{N} P_t^j \cdot q_t^j}{\sum_{j=1}^{N} P_0^j \cdot q_0^j} \cdot 100$$

其中，P_t^j和P_0^j 表示分别代表第 t 日与第 0 日样本股票中第 j 只股票的价格；q_t^j和q_0^j 表示分别代表第 t 日与第 0 日样本股票中第 j 只股票流通在外的数量。

这种计算方法消除了价格加权法所固有的缺陷，由于指数是由证券的市场价值而非每股价格来计算的，因此拆股或分红都不会影响股指。因为以市值衡量指数，高价股不一定对股指产生更大的影响，而股票市场价值高的上市公司则比市场价值低的上市公司更能影响股指，基于 500 个样本股票的基础，标准普尔 500 指数能更广泛地代表整个市场走势。

除上述两种类型的股票指数外，还有一种指数被称为“价值线指数”（Value Line Index）。价值线指数是通过计算指数所包含的所有股票的价格几何平均数得到。

历史回报和风险：

美国的回报基于许多不同的计算来源。

晨星（Morningstar）提供的 1926—2012 年美国证券收益率数据及其标准差见表 1－4。

表 1－4　　1926—2012 年美国证券收益率数据及其标准差

项　目	几何平均数（%）	标准差（%）
大盘股	9.9	20.4
小盘股	12.1	32.6
短期国债	3.6	3.1
长期公司债券	5.9	8.3
长期政府债券	5.5	9.5

这些回报率接近先锋公司（Vanguard）提供的数据，根据名义回报率的几何平均数计算，从 1926 年到 2012 年，平均回报率为 10%，波动率为 19.4%，实际回报率（通货膨胀前）为 6.8%。达莫达兰（Damodaran）将 1928—2013 年的算术回报率定为 11.5%，几何回报率为 9.6%。

格林诺德（Grinold）、克罗那（Kroner）和西格尔（Siegel）[①] 将股票回报进行了分解（见表1－5）。

表1－5　Grinold、Kroner和Siegel对于股票回报的分解

分类	回报率（%）
股息和股票回购	4.1
证券交易的资本利得	5.5
每股收益实际增长率	1.9
通货膨胀	3.0
估值倍数增长率	0.6
股息收益的再投资回报率	0.3

资料来源：Morningstar、Botson。

我们就美国的长期统计数据发表以下评论：

- 与无风险的长期债券投资相比，衡量股东额外回报的风险溢价约为4.5%，稍后将更详细地讨论这个数字。

- 鉴于20世纪90年代以来令人印象深刻的牛市利率市场，债券收益率应该进行调整。

图1－2显示了1802—2014年巴黎证券交易所（212年间）的实际回报率，对于市场波动进行了很好描述[②]。

可靠的纽约证券交易所（NYSE）、美国政府借贷和通货膨胀数据可以追溯到1850年。甚至一些研究试图追溯到拿破仑战争时期的统计数据。然而，重要的是，投资者要意识到，1800年的市场与现在的市场在价格和交易量方面完全不同。因此，从这些统计数据得出的结论是有限的。此外，影响全球统计数据或来自其他国家数据的因素很多，包括战争、导致恶性通货膨胀时期的突然政体变化（如德国）甚至是一些市场消失。这里列举的例子包括俄罗斯沙皇时期的彼得堡证券交易所、埃及纳赛尔执政时的开罗证券交易所。

---

① A Supply Model of the Equity Premium，Grinold，Kroner and Siegel，in CFA Research Foundation Publications，2011，Vol. 2011，No 4.

② 资料来源：Vernimmen，根据Arbulu、Le Bris和Hautecoeur得到。

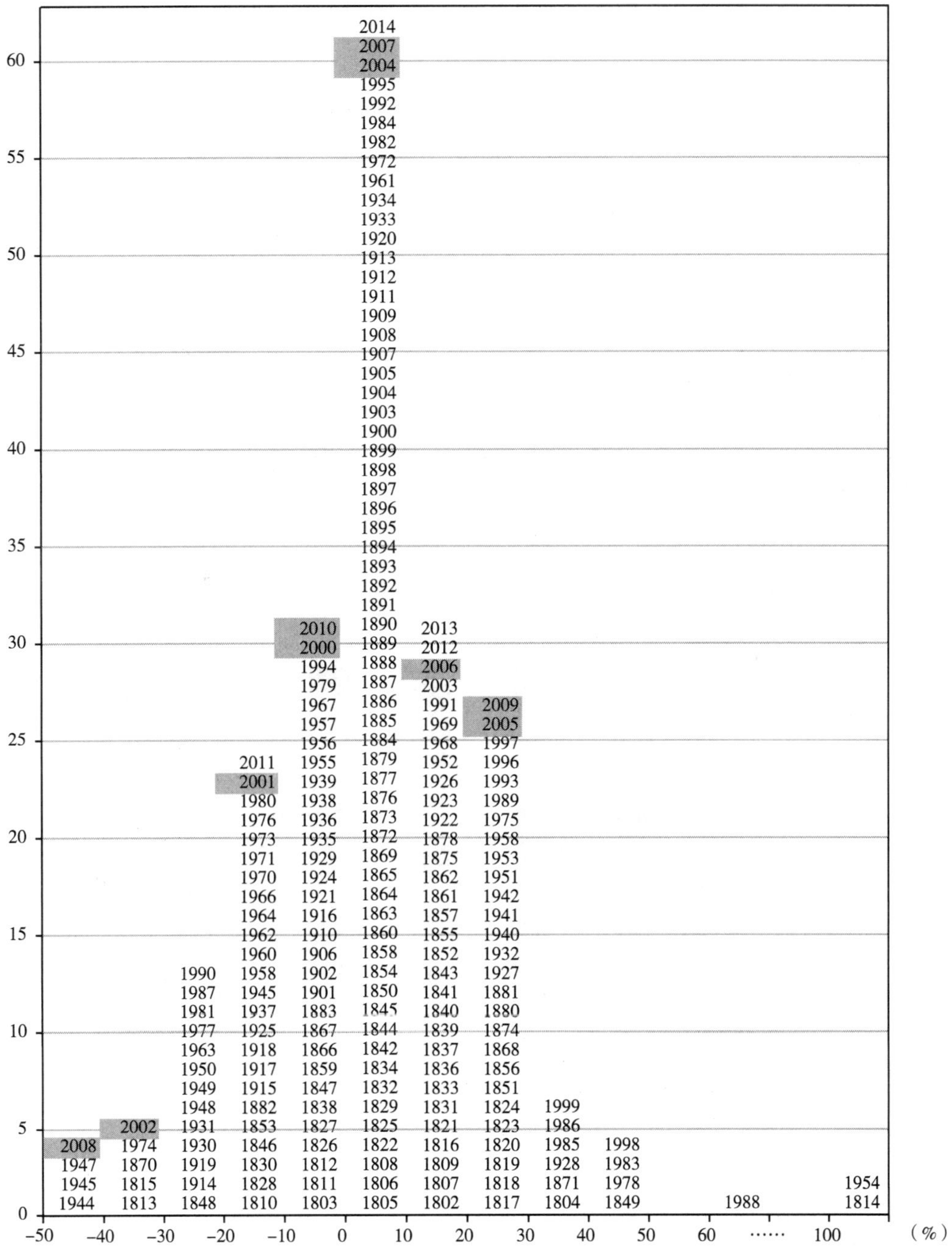

图 1-2　1802—2014 年巴黎证券交易所的实际回报率（股价和股票收益）

注：回报率分布不对称，大部分实际回报率位于 0 ~ 10%。历史上的股票市场极端情况集中在 21 世纪的第一个 10 年。

1.2 在证券交易所上市

首次公开募股（IPO）和增资仍然是公司最受欢迎的投资形式，为获得金融脱媒的全部好处提供了机会。公司更愿意转向资本市场寻求资金，而不是使用银行贷款。这涉及股票和公司债务。一般来说，企业家倾向于选择市场，而不是不透明的信用委员会的判断以及持续高利率的银行贷款。他们还重视上市所提供的灵活性，以确定外部增长的可能性并为管理层设定财务目标。

图1－3显示，银行贷款融资净额在下降，从2009年的45%下降到2014年的27%。相比之下，股票融资（从23%上升到33%）和公司债券（从14%上涨到26%）都大幅上涨。不同国家银行所扮演的角色不同。例如，与美国和英国支持发展资本市场不同的是，银行业在德国和日本保持着重要的地位。

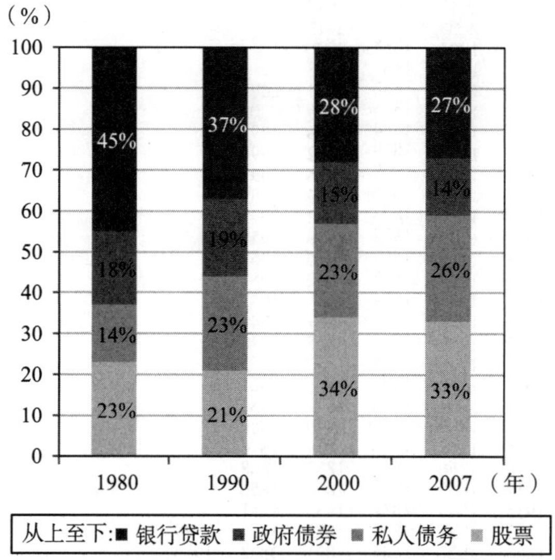

图1－3 全球资本市场融资和银行贷款

资料来源：韦尔尼芒（Vernimmen）引用的麦肯锡（McKinsey，2008）。

当公司第一次发行股票时，股票的正确价值只能被猜测。投资银行家在IPO定价时通常比较保守。这实际上意味着IPO定价往往被低估。首次公开发行后的前几个交易日，IPO股价急剧上涨的情况并不罕见。这种模式确保了对

IPO 的强劲需求。

里特（Riter）和韦尔奇（Welch，2002）研究表明，在 2001 年，在股票上市交易的第一天结束时，美国公司股票平均交易价格高出卖出价格的 18.8%。1999 年和 2000 年的平均首日回报率高达 65%。作者列举了一些极端被低估的例子［里特和韦尔奇（2002）引用的例子］：瑞士信贷第一波士顿银行（CSFB）于 2000 年 7 月 28 日上市，报价为 36.00 美元，首日交易收盘价为 84.72 美元，首日收益率为 135%。

这种谨慎并不是绝对的规则。需要大量资本的公司倾向于以高倍数和非常激进的会计政策进行公开发行。蒂欧（Teoh）、韦尔奇（Welch）和王（Wong）表示，这些公司在其业绩中的应计利润比例较高，而在这种情况发生之后这些公司在上市之后的市场表现比最保守的 IPO 公司还要低 20%①。

了解公司要公开发行的原因很重要。根据公司类型有很多原因：

• 初创企业在初期的爆发式增长阶段结束时以及渴望实现公司融资来源多元化的风险投资机构；

• 家族企业不再能够通过现金流量为业务扩张提供资金；

• 家族企业作出这一决定，是因为资本分散意味着一些家庭成员将离开公司；

• 被私募股权基金接管或在其他投资者退出之前的重组，转而支持其他的投资；

• 国有公司正在进行私有化以削减政府债务。

除了生命周期的具体阶段，IPO 也受到流动性需求的驱动，股东们希望以最优惠的价格进行交易。洛克伦（Loughran）和里特（2004）表明，美国发行人的中位数在 1980 年以来的大约 7 年内一直保持稳定。实际上，当估值倍数偏高时，上市公司的数量可能会增加②。

最近的统计显示：由于 2008 年后股市价值急剧下跌，新股发行数量下降；新兴市场上市公司数量增加。在 2011 年和 2012 年财政年度，4 460 家公司申

---

① Earnings Management and the Long - run Market Performance of IPOs, Teoh, Welch & Wong, 2008.

② 证据表明，IPO 在时间和行业中具有聚集性［参见：里特（Riter），1984；海尔维奇（Helwege）和梁（Liang），2004］。根据意大利公司的数据，帕加诺（Pagano）、帕内塔（Paneta）和津加莱斯（Zingales，1998）表明，账面市值比高的行业更有可能上市。

请在这些市场上市。其中，820家属于中国或印度。相比之下，这一时期美国市场上的IPO数量仅为480家（见图1－4）。[①]

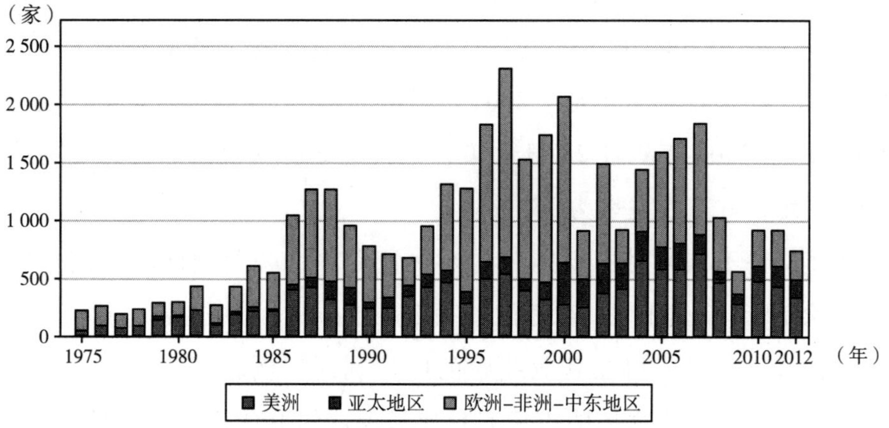

图1－4　1975年以来新上市公司数量的变化

注：当股市价值高时，公司自然倾向于公开发行。比如，在1987年，特别是在2000年的网络泡沫之前以及2006—2008年的次级抵押贷款危机之前。

资料来源：2012年WFE年度报告。

IPO路线图中有以下几个阶段。

①董事会批准：向公众发行新股需要董事会批准。

②投资银行的角色：一旦获得董事会的批准，下一步就要选择一家投资银行（或在某些国家被称为“商业银行”）来办理IPO。如果发行规模较小，则将保留一家投资银行来承担这一发行，而投资银行团可能会共同承担大型的公开发行项目。

投资银行由发行公司聘请，向发行公司提供建议和咨询。投资银行也有希望评估市场状况以确定发行时间和定价。在询价阶段，初步报价的价格范围已经确定，之后承销商和发行商组织路演以将公司推销给潜在投资者。这个路演帮助承销商衡量需求，因为他们记录着潜在投资者所表达出的投资兴趣。

③营销类型：根据发行公司的声誉，股票发行可能会被包销。当股票发行被包销时，投资银行或银行团将保证销售该股票。如果所有股票没有得到

① 资料来源：WFE，2012。为避免重复，我们只考虑了新上市的国内公司。

公众的充分认购，那么承销商将购买剩余的证券。因此，发行人保证整个股票将被出售并筹集必要的资金。然而，只有最有信誉和最受欢迎的公司才能获得这种坚定的承诺。知名度较低的公司将无法获得包销协议，并且必须满足投资银行尽责的协议。

投资银行也负责股票的分销。该股票首先在监管机构登记。登记文件包括有关发行人的信息、所提供证券的类型和数量以及资金募集的目的。

④文件和程序：为了通知公众股票发行，投资银行随后发布招股说明书，其中包括发行价格、发行日期和发行人的财务信息。只有在收到招股说明书中的信息后，投资者才会决定认购股票。在股票发行后，通常在证券交易所（股票交易市场）上市。每个证券交易所都有各自的上市要求。

我们对上市成本感兴趣。普华永道 2012 年 9 月进行的一项研究表明："48% 的首席财务官表示，IPO 的一次性成本超出了预测，其中 23% 表示成本明显高于预期"。

成本可以分解为直接成本和间接成本。

一是直接成本，如下：

- 支付给投资银行的 IPO 组织和管理成本。这些成本估计在发行量的 5%～7% 之间。这个比例取决于公司的规模，这些成本占了 IPO 成本的绝大部分。

- 上市费用介于 12.5 万～25 万美元之间，而年度上市费用则介于 35 万～50 万美元之间。

- 印刷公开上市文件以及美国证券交易委员会提交文件的成本美国证券交易委员会注册费、评级机构费用、法律费用以及编制预测财务报表的费用。

二是间接成本，通常是指长期发生的成本，包括：

- 支付给外部审计师的费用。
- 私人和机构股东的投资者关系成本。
- 建立薪酬委员会的成本（如果公司打算以股份形式支付管理费用）。

1.3　股东的权利

全球范围内，投资者所拥有的最常见的股票种类是公司的普通股。此类股票代表了对公司收益的剩余索偿权。剩余索偿权指的是公司盈余在满足其他诸如职工薪酬、提供公司长短期贷款的债权人的利息与本金偿付、税收、优先股股东索偿权等剩余分配请求之后归属于普通股股东的盈余。可见，普通股在公司盈利与剩余财产的分配顺序上是列在公司所有其他证券之后的。普通资本股份（或称“普通股”）代表了公司股东提供的风险资本。正因为普通股股东承担了对公司进行投资而产生的风险，普通股股东同时享有某些债权人和优先股股东所没有的权利。

1.3.1 授权和流通在外的股票

从公司财务报表将看到“授权”和“流通在外的”股票的条款。公司章程规定了公司在法律上允许发行的最多股份数量。如果公司需要发行超过此数量的股份，则需要修改公司章程。大多数公司拥有非常大数量的授权股票，但最初可能发行的数量要少得多。这使他们能够通过普通股筹集额外资金，而无须修改章程。公众手中可用于交易的股票称为“流通在外的股票”。

在某些情况下，发行股份数量和流通在外的股票数量可能并不相同。这种差异是由股票回购产生的，发行人在公开市场上购回自己的股票，回购的股份数量将构成称为“库存股的股票”。因此，发行的股票数量将等于流通在外的股票数量和库存股份数量的总和。

1.3.2 普通股票的权利

1.3.2.1 控制权

因为普通股股东拥有对公司的所有权，所以他们也享有参与公司经营管理的权利。绝大多数公司股份由成千上万的小股东持有。因此，公司日常的经营管理工作被委托给专业的经营管理者，专业经营管理者进一步向董事会报告，而董事会成员则每年由公司股东大会选举产生。

董事会成员的选举可以通过多数投票制或累积投票制来进行。在多数投票制下，每一股份代表对董事会每一名成员的表决权。任一候选人得到超过

50% 的选票就能成功入选董事会。这种体制给予大股东对董事会的绝对控制权，因为大股东就此可以选出董事会的所有成员。

许多国家或地区政府不赞成多数票投票制的实践，因为多数股东通常会将董事会"塞满"自己的支持者，并否决小股东有关公司经营的任何提议。这些政府可以要求公司董事会的选举在累积投票制下进行。在该制度下，股东所持有的每一股份拥有与当选董事总人数相等的投票权。在多数投票制下，每一股份所代表的一个表决权仅能投向一位董事候选人。但在累积票投票制下，每一股份所代表的所有表决权（表决权数等于选举的董事总人数）可以集中投向一个董事候选人。这大大增加了小股东选出一定数量董事的机会。事实上，选出一名董事所需的最低股份数可由下列公式算出：

$$S_{min} = \frac{T}{N + 1} + 1$$

其中，S_{min}表示选举董事所需要的最低股份数；

T 表示流通在外的股份总数；

N 表示董事会席位数。

下面的例子将进一步阐明上述内容。

【例 1－1】 黄道公司

黄道公司（Zodiac）发行在外股份总数 1 000 万股，假设该公司董事会席位有 9 个，每年重选 1 次。计算选举出一名董事所需要的股份数。

在该案例中，每一股份拥有 9 个投票权。它们可被集中用来投票给少数股东拟选举的一个董事候选人，则能成功选举一位董事所需要的最低股份数为：

$$S_{min} = \frac{10\ 000\ 000}{9 + 1} + 1 = 1\ 000\ 001 \text{（股）}$$

因此，甚至是仅持有公司 10% 股份的股东也能根据自己的意向成功选举出一位董事会成员。而在多数票投票制下，这种选举结果是不可能出现的。

同理，下列公式可计算出给定数量的股份可成功选举出的董事人数：

$$n = \frac{(S - 1) \cdot (N + 1)}{T}$$

其中，n 表示可成功选举出的董事人数；

S 表示持有股份数；

N 表示总的董事会席位数；

T 表示流通在外的股份总数。

【例 1 – 1 续】 沃尔特·哈德利（Walter Hadlee）持有黄道公司股票250 万股（公司其他情况同上例），那他能够根据自己的意愿成功选出几名董事？

沃尔特的投票数为22 500 000 个（2 500 000 ×9），他必须明智地集中投票用以最大限度地选举出其认可的候选人：

$$n = \frac{(2\ 500\ 000 - 1) \times (9 + 1)}{10\ 000\ 000} \approx 2.5^{①} \text{（名）}$$

因此，沃尔特有望选出 2 名董事候选人。沃尔特应该就此将其选票分配给自己认可的两位候选人。

有时，一部分对公司经营方式不满的股东会挑战当前的管理层。这一“异议”群体将试图通过向控股股东发出挑战来夺取对公司的控制权。这些挑战通常是以“代理权之战”的形式来进行的。“代理权之战”意味着现有管理层与提出异议的群体将求助于股东来表决他们所想要改善的事项，以使公司可以被经营管理得更好。

1.3.2.2　分红收入

如前所述，普通股股东拥有对公司收益的剩余索偿权。公司的剩余收益是公司在满足公司其他所有证券持有者，如政府、雇员等分配后的利润。每一股都有权得到等量的现金红利。盈利公司的股东通常希望公司能尽可能地分配股息，但是股东并没有法定强制分红的权利。公司偶尔会逃避现金分红。尚未作为分红的现金仍然属于股东，因此它将被当成股东再投资的资本投入公司运营。在资产负债表中，这种再投资视为留存收益（有些国家称为“储备或公积”）的增加。

当公司陷入财务困境或受契约限定时，公司常常凭借发放股票红利来代替现金分红。股票红利的发放涉及向公司现有股东发行额外股份。2% 的股票红利需要公司向每拥有 100 股的股东发放 2 股额外的股份。按照纽约交易所交易准则，当股票红利发放比例超过 25% 时，即称“拆股”。

---

① 注：人数向下取整，董事人数取小数是没有意义的。

1.3.2.3　有限责任

公司股份之所以成为一种十分吸引人的公众投资方式，主要原因是投资者的最大责任是以他们对公司的投资额为限。这一特征称为“有限责任”。与拥有公司资产的普通股股东不同的是，独资企业和合伙企业不享有这种有限责任的好处。当独资企业或合伙企业所欠债务超出了其所拥有的资产的价值时，对于独资企业或合伙企业的资产不足以抵偿的部分，独资企业或合伙企业的债权人有进一步向独资企业主或合伙人追偿的权利。因此，独资企业主与合伙人承担无限责任。

普通股股东享有的有限责任类似于股东拥有一份看涨期权。若公司盈利不断增长，在满足了公司所有固定债务的情况下，则股东将分享公司利润及公司不断发展壮大的收益。若公司持续亏损或资不抵债，则股东只需离开公司而将剩余资产留给债权人分配即可。

1.3.2.4　资产权利

类似于对公司收益的权利，股东对公司资产享有剩余索偿权。如果公司即将破产，那么公司资产将被清算以进行债务清偿。由于普通股股东的索偿权等级最低，因而其他索偿人如债权人、政府、债券持有者及优先股股东的索偿要求必须先行满足。在满足其他索偿权后，资产若有剩余，普通股股东也按其股份份额平等享有剩余资产分配权。股东索偿权的剩余性质决定了普通股股票相对于公司发行的其他证券而言是风险最大的证券。

1.3.2.5　优先购买权

优先购买权的规定赋予普通股股东保持其在公司中股份权益比例的权利。如果公司增发新的普通股，那么现有普通股股东拥有按现有的股份份额购买同比例的新普通股股份的权利。公司可以通过修改公司章程来取消普通股股东的这项权利，这样能够为了某些特定目的，如收购兼并或满足职工持股计划（ESOPS）的需要而发行新股。

优先购买权的实现要借助认购权。认购权（Rights Offering）是由发行新股的公司向现有普通股股东发出的认股权证。通常，认股权证使普通股股东可以以股票市价的较大折扣来认购新增发的普通股股票。每一现存股份都能得到一份认购权利。购买新股所需要的认购权数量由新股占现行已发行股份的比例决定。假定有一公司，已发行 1 000 万股，拟通过发行认购权增发 100 万股新股。由于每一现有股份可获取一份认购权，因此产生 1 000 万份认购权。这 1 000 万份认购权被用于认购 100 万股的新股，因此每 10 份认股权可以购买 1 股的新股。

因为认股权证对应的普通股认购价低于普通股的市场价因而这种权利具有一定的附加价值。不愿意认购新股的普通股股东可以将认股权证卖给愿意认购新股的投资者来实现获利。

【例 1－2】 优先购买权

我们的第二个例子是一家上市公司，其在市场上发行了 1 000 股的股票，每股价格 100 美元。该公司以 90 美元的价格增加了 20% 的资本，保留了优先购买权。

这个“权”的价值等于什么？

增资前市值为 100 000 美元，该公司另外发行 18 000 美元。总资本 118 000美元，分为 1 200 股。新到均衡价格将为 98.333 美元（118 000 ÷ 1 200），“权”的价值等于附权价格与除权价格之间到差额，即 1.667 美元（100－98.333）。详见表 1－6。

表 1－6　　优先购买权

	股数（股）	价格（美元）	市值（美元）
原有资本	1 000	100.0	100 000
新增资本	200	90.0	18 000
资本总和	1 200	98.333	118 000
每股认股权		1.667	

我们希望证明，这种优先认购权使现有股东和新股东处于平等地位。

（1）现有股东增资前后的等额资产

增资后，现有股东持的 1 000 股股份，每股除权价值为 98.333 美元。他们持的 1 000 份价值 1.667 美元到认购权，使他们有机会购买 200 份价值 90 美元的股票，总价为 19 667 美元（1 667＋18 000）。如果我们合计旧股和新股，那么我们总共获得 118 000 美元，相当于 100 000 美元起始资本加上 18 000 美元的增加额。在这里，股东享有优先认购权的保护。增资前后等额资产见表1 – 7。

表 1 – 7　　增资前后等额资产

		股份（股）	价格（美元）	总额（美元）	
前股东：之前		1 000	100.0	100 000	100 000
之后	旧股份	1 000	98.333	98 333	
	新股份（权利）	1 000	1.667	1 667	
	新股份（名义）	200	90.0	18 000	
				118 000	

（2）现有股东与新股东之间的平等

现有股东与新股东的平等见表 1 – 8。

表 1 – 8　　现有股东与新股东的平等

		股份（股）	价格（美元）	总额（美元）	
新股东 新股份		1 200	98.333	118 000	
	新股份（权利）	1 000	1.667	1 667	19 667
	新股份（名义）	200	90.0	18 000	
	旧股份	1 000	98.333	98 333	

新股东可以以 1.667 美元的价格从不希望在增资中获得权利的现有股东手中购买认购权。在极端情况下，如果没有现有股东希望认购，那么新股东可能以 19 667 美元（1.667 × 1 000 + 200 × 90）购买全部新发行的股票。更重要的是，他们可以以 98.333 美元的新除权价格购买所有现有股票，即 98 333 美元。又一次，现有股东和新的股东处于相同的位置。

重要提示：如果没有优先购买权，那么现有股东的损失将等于该权利的理论价值。在这种情况下，价格将从增资前的 100 美元降至 98.333 美元，但对现有股东没有任何经济补偿。

1.3.2.6　转让权

普通股股东可以很容易地将股权转让给其他投资者。对于公开交易的上市公司，普通股股东可以求助于一家注册证券经纪公司来卖出股票。在一些证券市场比较发达的国家，这种转让交易可以在几个工作日内完成，受让方则被登记为公司的新股东，之后新股东将获得分红的权利。

1.4　报告要求

公布财务报告是公司上市之后的主要变化之一。公司必须从原先通常相对较少细节并仅在管理层或董事会的内部沟通，转变为回答来自股东、分析师或个人大量问题的公开报告。

上市公司必须遵从不同的报告要求，其范围包括发表年度报告、公布季度业绩、与投资者会面、有义务披露其业务未预期的变化。

在美国市场，这些义务由美国证券交易委员会（SEC）进行监管，并由其提供标准的公司报告表格。

①一系列文件，如在证券交易所上市的 S－1 至 S－11 文件和 F－1 至 F－80 文件以及经过审计的财务报告和公司的全面信息。10－K 表格用于年度报告，并用于概述公司的业务和财务状况。本文件必须经过审计，必须在会计年度结束后的 60 天内提交。

②季度报告，在本季度结束后的 40 天内未经审计的报告以 10－Q 表格的形式提交。8－K 表格称为“当前报告”，在需要时发布，用于公告重大事件，例如：

- 开始和终止重要的最终协议（不包括意向书和其他非约束性协议）；
- 破产或接管；
- 完成收购或资产处置；
- 关于经营或财务状况的重要非公开信息的公布（FD 条例）；
- 履行重大财务义务，如债务、融资租赁或经营租赁（以及不确定的表外债务）；
- 触发加速或增加重大财务义务的事件；
- 与退出或处置活动相关的成本（在公司承诺进行此类活动时披露。但如果在作出决策时估算成本不可行，那么允许修改披露）；
- 重大资产减值（在决定资产减值时，但仅在减值决定与正常季度或年度报表分开）；

- 退市、未能符合持续上市规则或转移上市（除非在正常业务过程中证券被赎回或到期）；
- 未经注册的股票销售（若超过任何给定类别股票中规定的已发行股票水平）；
- 对证券持有人权利的重大修改；
- 审计师变更；
- 不依赖先前发布的财务报表；
- 控制的变化；
- 董事或高管离职，选举董事，任命高管；
- 更改公司章程，合作协议或财务年度；
- 根据员工福利计划暂停交易。

两个重要的标准已经深刻地改变了公司的报告框架：

①公司必须向所有投资者披露他们可能“无意”向私人投资者或分析师披露的任何重要信息[①]。在此规定之前，首席财务总监（CFO）会通过使用分析师或投资者的访问作为沟通乐观或悲观态度的方式，在首席财务总监认为市场预期与公司实际情况相差太远时，旨在鼓励分析师修改他们的预测情况，新法规禁止这种类型的私自信息披露。因此，公司必须严格遵守季度报告的披露规则，并在电话会议开始时就管理层声明的非约束性问题发布正式预警。格雷厄姆（Graham）认为，诉讼威胁使管理者更倾向于快速披露坏消息。

②在安然公司和网络泡沫会计丑闻之后，在被处以监禁的威胁之下，管理人员需要证实他们的年度和季度财务报表的公平性[②]。这个措施比较激进，后果也是如此。现在已经对财务报表的公平性进行了多层次的保证：首席执行官的保证由首席财务总监进行次级保证，之后由部门经理进行次级保证等，以至于最近被格雷厄姆提到的一位经理承认，在财务报表公布之前，不少于300 人直接参与了这一系列签字。

---

① 公平披露的“FD 规则”于 2000 年 8 月 15 日实施。

② 《萨班斯—奥克斯利法案》引入了最新措施。

为了对监管环境有大概的了解，像纳斯达克或纽约证券交易所这样的证券交易所规则要求公司披露“任何可能合理预期会对其证券市场产生重大影响的新闻或信息”。公告必须事先通知市场主管部门，除非是联邦法规要求的披露。

1.4.1　信息量

在过去的10年里，我们看到公司发布的信息量不断增加。信息披露发生了巨大变化，从不充分的信息到有时可能过多的信息。本年度引导信息的数量（盈利预测）令人目不暇接。随着互联网的增长，分析师的路演数量也有所增加。美国公司向美国证券交易委员会（SEC）提交的8－K披露表格数量正在不断增加。

这种现象给分析师跟踪公司带来了问题。特别是在季度业绩期间，分析师们会从一次电话会议或会议路演转到另一次电话会议或会议路演，从而没有多少时间仔细考虑或研究数据。随着年度和季度报告的规模扩大，应该适时想起“过多的信息会导致信息死亡”这个论断，而且信息数量绝对不能取代信息质量。

有趣的是，在安然公司倒闭后，人们发现其已经在其SEC文件中披露了足够的会计细节，以表明其大部分资金来自非合并公司（特殊目的实体）。这种方式是掩盖严重财务困境公司真实面貌的经典机制。令人惊讶的是，那时没有卖方分析师提出警报。值得一提的是，在他们的辩护中，大多数华尔街分析师都忙于路演或推动最近的研究，使他们没有多少时间审查提供给投资者的所有文件。同样，当2008年金融危机爆发时，美国主要银行的资产负债表上都有足够的说明，足以警告投资者其表外承诺的程度。

1.4.2　财务报告的质量

分析师对信息的指数增长持不同的看法。许多分析师抱怨与明细账目相关的要点只有很简短的陈述，公司在会议期间越是采取谨慎的方法披露有形信息，法律部门的影响力就越大，甚至会降低传达给投资者的信息质量。如果数量与质量不匹配，则信息数量的增加并不一定会带来更大的价值[①]。

在涉及公司报告时，监督 IPO 的条例是一个单独的问题。通常情况下，一家公司在发布盈利预测时受到法律保护（在美国法律中称为"安全港"）。这种法律保护不会延伸到股市波动。公司或任何其他与 IPO 相关的个人（包括负责审核数据的专家和个人）可能会对与公司有关的"重要"事实的错误或遗漏承担责任。美国称之为"第 11 条责任"并不需要表明其意图，纯粹的过失本身就是应受惩罚的罪行。该法的这一重大部分是围绕美国市场 IPO 的核心——谨慎性。在这个市场中，与欧洲遵循的程序不同，承销团成员本身并不发布任何研究或建议。我们可以合理地认为，这种极端但合法的监管对解释美国股票在 IPO 期间更大的波动性有很大的贡献。

1.4.3　平衡的信息

20 世纪 80 年代，公司开始面临提供高质量报告的挑战。现在一致认为，公司对于长期战略的明确沟通有助于降低资本成本。兰伯特（Lambert）、罗茨（Leuz）和韦雷基亚（Verrecchia，2007）研究表明，信息的质量对资本成本既有直接的影响，也有间接的影响。直接影响是降低评估风险，从而降低市场上其他公司投资组合收益的协方差，即不可分散的风险。间接影响是通过影响公司在生产和投资方面的实际决策来增加预期的未来现金流量。达莫达兰（Damodaran）引用劳（Lau）、额（Ng）和张（Zhang）的研究指出，对于那些对财务信息披露要求最严格的国家，上市公司的价值更高[②]。公司格外注意避免股价极度波动。

科普兰（Copeland）、多戈夫（Dolgof）和莫尔（Moel）描述了市场预期如何适应企业沟通。他们使用噪声的概念，将其定义为分析师对特定公司的估计的标准偏差。这个标准偏差越高，公司的评估风险也就越大。这里有很多不同的因素在起作用：一个周期性的行业、小型股和盈利较少的公司通常会产生更多的"噪声"。

---

① Earnings Quality and the Equity Risk Premium: a Benchmark Model, Contemporary Accounting Research, Yee (2006).

② Information Environment and Equity Risk Premium Volatility Around the World, Lau, NG and Zhang (2011).

对于作者，股价会根据两种主要类型的信息进行调整：一是引导或盈利预测；二是或多或少沟通风格中的透明度：“如果管理层对其发送给市场的信号持续存在偏见（如过度乐观或悲观），那么市场会在解释消息时了解偏见并纠正错误。如果偏见不断变化，那么噪声就会变大，股价就会下跌”。

总而言之，在过去几年中，财务信息披露的监管框架已经显著加强。

第 2 章　估值方法

2.1　历史

估值方法谱系见图 2－1。

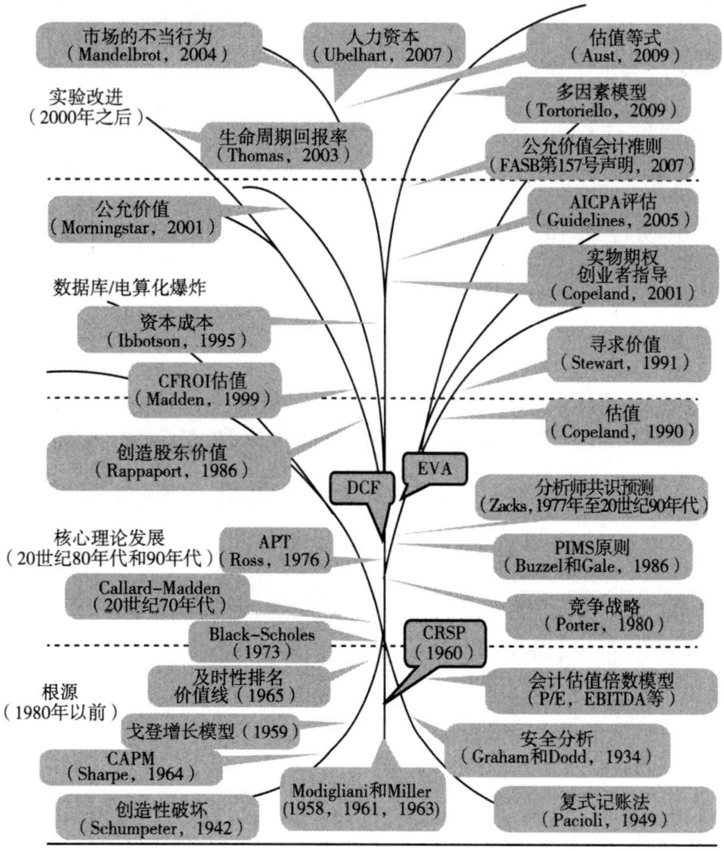

图 2－1　估值方法谱系

注：这是估值方法谱系。如图 2－1 所示，谱系的主干形成很多分支。CRSP 是芝加哥大学布斯商学院证券研究中心，其董事之一是尤金·法玛（Eugene Fama），他因市场效率的研究获得了 2013 年诺贝尔经济学奖。

资料来源：托马斯·格普：《评估手册（2009）》。

随着金融理论的逐渐进步，估值方法不断发展。随着日益严格的透明度要求和迅猛的技术发展，想象一下一位 1990 年的从业者，在很久之前就想根据公司的现金流量回报率（CFROI）来改善公司。他的这一想法在理论上领先于其他投资者，但如果没有计算机的帮助，他也不可能在年度报表中找到资产总值的会计信息以便定期计算标准普尔指数公司的 CFROI 比率。

当前估值方法的最初基础可以追溯到 1892 年的费雪（Fisher）和他所使用的现值。随后，迪安（Dean）在 1951 年将之转化为净现值。第一个股息折现模型是由威廉姆斯（Williams）在 1938 年提出的。之后戈登（Gordon）在 1959 年简化了终值的计算工作。当前，对于资本成本的理解更多地要归功于 1964 年夏普（Sharpe）的资本资产定价模型（CAPM）和 1992 年法玛 - 弗兰奇（Fama - French）的三因素模型（市场、规模和价值）。莫迪利安尼（Modigliani）和米勒（Miller）在 1958 年提出了资本结构无关论。

股东价值创造理论是 20 世纪 80 年代拉帕波特（Rappaport）在 1986 年的《创造股东价值》一书中提出的。该思想的灵感源自 1954 年弗里德曼（Friedman）的有效市场理论和 1980 年波特（Porter）的竞争优势概念即竞争战略（波特，1980）。这一概念迅速蔓延，如估值（科普兰，1980），企业顾问迅速将这些概念传播到企业的最高管理层。其中，两个最广为人知的变量是经济增加值即价值寻求（斯图尔特，1991）和 CFROI 即估值（梅登，1999）。

以上这些方法借鉴了信息技术的进步，使伊博森公司（Ibbotson）从 1995 年开始公布季度资本成本的估计结果。根据扎克斯公司的分析（Zacks，1977），对同一家公司的分析师共识估计是并行开发的。晨星公司（Morningstar）自 2001 年开始公布美国公司的公允价值。同时，有关利率的工作也证实了均值回归的现象即 Vasicek 模型（英格索尔，1980）。

一些研究可能会对未来的估值方法产生影响，例如：

①曼德尔布罗特（Mandelbrot，2004）挑战了 1992 年的法玛 - 弗兰奇模型（Fama - French），使用多因子模型质疑资本成本的传统评估形式。

②卡尼曼（Kahneman）和特沃斯基（Tversky）在 1979 年对于前景理论的研究当中，对冯·诺伊曼和摩根斯坦（Von Neumann 和 Morgensten，1944）的期望效用理论进行了检验。在他们观察市场过度反应之时，德博德和泰勒（De Bondt 和 Thaler，1985）对公允价值和均衡价格的概念提出了质疑。

③机构和公司治理问题（利益相关方和全球报告的重要性）。这些问题突出了企业的理性行为。

过去 50 年的发展表明，这些估值方法并不是静态的，会随着现有信息的改进而不断发展。从今开始的 20 年之后，投资者可能还会采用其他方法，而非使用今天所教的方法。

投资者应当谨记费尔南德斯（Fernandez）的名言“估值只是一种观点”。尽管作为分析链的最后一个环节至关重要，但是必须以相对视角看待估值。公司上游基本定位的任何变动或者是投资者整体风险偏好的波动，都将会直接影响企业估值。因此，估值并不是一成不变的，是相对的，随时可能发生变化。

2.2　主要估值方法

以下是主要估值方法（见图 2－2）。

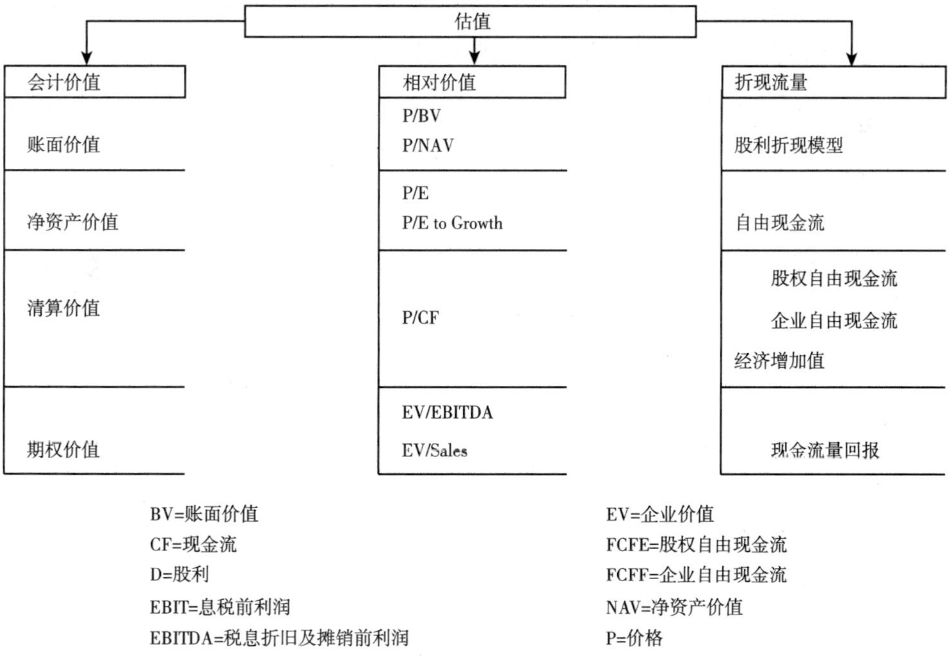

图 2－2　主要估值方法

注：评估方法有 3 种：①资产价值基础法：通过对目标企业的单项资产进行估价来评估企业价值。该方法主要用于会计目的（确定公允价值），也用于清算或收购的情况。②相对估值法：通过类似企业的市场价格来评估企业价值。③内在价值法：基于企业的预期现金流量来评估企业价值。

2.2.1 实体资产价值

第一种估值方法，也可能是最古老的估值方法，包括评估企业单项资产和负债的价值。该方法通常从每个资产负债表科目的账面价值开始，同时添加资产负债表不包含的任何科目。比如，计算时必须考虑被注销的债务项目以及企业提供的表外担保。现在，我们可以发现，在估计企业实际股权时会遇到“会计”部分同样的问题。

根据市场的可变现价值，可以增加或减少资产价值。这就给出了清算价值或残值的含义。资本资产价值会根据企业是否仍在运营而发生很大的变化。工业化生产机器通常没有抵换价值，所以它们被用于制造特定项目的特定任务。同样地，一个物业或工厂唯一有的是转售价值，即其所在的土地价值。

这些方法的主要问题就在于它们给出了极低的企业价值，尤其是对大多数资产为无形资产（品牌和声誉）的服务性企业而言。

第二种估值方法称作“分类加总估值法”（SOTP）。对于一个由各单独分部或资产组成的企业，可以使用分类加总估值法——使用相对价值技术或内在价值技术来分别评估每个分部或资产的价值。在相对估值中，每个分部或资产的收益（或者其他经营指标，如现金流量或销售额）以可比上市公司交易的平均倍数来转化为估计价值。相关估值细节详见下一小节。

【例 2-1】分类加总估值法（SOTP）

奥地利市场的一家奢侈品公司生产品牌鞋和专卖店出售的高端手表。由于历史原因，因而该公司同时拥有多家位于奥地利阿尔卑斯山和法国三星级酒店、四星级酒店的多数股权。

我们可以根据每项活动的单项价值来评估这一公司的价值。品牌鞋业务通过托德斯（Tod’s）进行评估：高端手表业务通过斯沃琪集团（Swatch）与历峰集团（Richemont）的平均值进行估算，假日酒店则通过雅高（Accor）和索米丽雅（Sol Melía）的平均值进行估算（见表 2-1）。

该估值结果是基于企业价值（EV）与息税前利润（EBIT）比率（2014

年预测）所计算的[①]。以此为基础，该企业的估值为 18.31 亿欧元。当然，这并不是最终结果，仍然有一些问题需要回答。

表 2－1　　分类加总估值法

	EBIT（万欧元）	基准公司	企业价值（EV）/息税前利润（EBIT）2014 年预测	计价（亿欧元）
鞋	5 500	托德斯（Tod's）	25.2	13.86
手表	2 500	斯沃琪集团（Swatch）/历峰集团（Richemont）	15.3	3.83
酒店	500	雅高（Accor）/索米丽雅（Sol Melía）	12.5	0.62
总计	8 500		21.5	18.31

这家奥地利公司的盈利能力是否与基准公司相同？如果不同，那么必须使用与市场领先者所不同的倍数。

这家公司对其子公司拥有多少管理自由权？如果该公司完全能够通过董事会中介对其子公司作出决策并将流动资金调回国，那么就没有问题。但是，如果该公司仅仅是有权确定其子公司战略，那么必须对该项业务使用所谓的控制折扣。

对纯金融股权的控股公司而言，折扣的实施主要取决于战略明晰性、投资资本回报率或者是不同投资的流动性。在出售时，企业为 10%、20% 或 40% 的企业资本寻找到买主并不容易。如果公司仅仅拥有少量资本，则可能需要更长的时间。

2.2.2　相对估值：比较比率

大概 85% 的股权研究报告都是基于乘数和可比数据的，50% 以上并购案例的收购估值都是基于倍数的。

2.2.2.1　每股收益（EPS）

股权投资者天然地热衷于投资回报。他们可能不太关心投资的行业或者

① 下一节将介绍估值倍数在企业估值中的应用。

产品类型，只要投资回报与其风险偏好相匹配即可。也正是由于缺乏关注，投资者总是会关注到组织和行业的一系列常用衡量指标，每股收益（EPS）是其中最为突出的一个。每股收益是一种能够捕捉到企业每股获利的比率，与公司规模、行业类型、产品性质和市场特征等无关。由于其普遍适用性，它已成为投资者最常用的衡量标准。

《国际会计准则第33号——每股收益》（IAS 33）明确规定了每股收益的计算。在这一标准下，公开上市交易的企业必须披露两项EPS指标：基本每股收益和稀释每股收益。

（1）基本每股收益（基本EPS）

基本每股收益以普通股股东的当期损益除以发行在外普通股的加权平均数来计算：

$$\text{基本 EPS}=\frac{\text{普通股股东的当期损益}}{\text{发行在外普通股的加权平均数}}$$

其中，分子普通股股东的当期损益等于净利润减去优先股股利。

在计算普通股的加权平均数时，需要进行如下两项调整：

一是扣除公司库存股。在企业经济资源没有相应变化（股票股利股票拆分）的情况下，发行在外的普通股可以视作最早报告期的期初所发行的。

二是稀释每股收益计算时考虑所有发行在外的稀释性潜在普通股的影响。潜在普通股是一种赋予持有者享有普通股权利的金融工具，比如可转换债券认股权证和股票期权。当潜在普通股转换成普通股而减少每股净利润时，潜在普通股则视为具有稀释性：

$$\text{稀释每股收益}=\frac{\text{普通股股东的当期损益}+\text{稀释性潜在股票的税后利息}}{\begin{array}{c}\text{当期发行在外普通股的加权平均数}+\text{稀释性潜在普通股}\\\text{转换为已发行普通股而增加的普通股股数的加权平均数}\end{array}}$$

（2）运用每股收益评估企业价值

每股收益通过公司价格与市盈率对企业进行评估。这适用于没有股票交易或交易稀缺的企业。而对于交易量很大的企业，市场估值可以算是更好的估值模型。

企业价值是由每股收益与所属行业的平均市盈率的乘积所确定的。这种方法可用于评估兼并收购与重组企业的价值，也可用于股价预测和投资策略。这也是评估股价是否被低估或高估的有用工具。不过，以这种方式使用EPS

时需要谨慎行事。

市盈率（价格/收益）表示投资者愿意为每一单位账面利润所支付的金额（瑞士法郎、美元等）。这种方法非常适用，因为它既可以用于交易的股票，又可以用于未交易的股票。而且，这种方法非常简单，不需要耗费时间进行数据分析，只需要知道应用这一方法所需的两个指标：拟评估企业的收益和企业所属行业的市盈率。

最简单的方法就是举一个例子。假设想确定未交易的 Z 公司的股票价值，为应用市盈率定价模型，只需要知道 Z 公司的收益及其所属行业的平均市盈率。比如，如果 Z 公司所属行业的平均市盈率是 10.0，Z 公司的当前收益是 100 瑞士法郎，那么 Z 公司的价值可以通过公司当前收益乘以其所属行业市盈率（可比公司的平均市盈率）来计算。当然，这样做的隐含假设是行业内不同企业之间的市盈率差异是随机的。

对 Z 公司遵循如下程序，得到等式：

Z 公司的价值 = Z 公司的当前收益 × Z 公司所属行业的平均市盈率

= 100 × 10.0 = 1 000 瑞士法郎

市盈率的优点之一是它可以用于评估多种情况下的股票估值——并购兼并首次公开发行、未交易企业和证券的估值、股价预测或投资策略。

【例 2－2】 使用行业市盈率估计诺华制药（Novartis）的不记名股票的价值

表 2－2 显示的是欧洲一些行业的平均市盈率（2014 年 11 月价格）：

表 2－2　　欧洲一些行业的平均市盈率

行　业	市盈率
银行	14
卫生保健	19
食品	21
石油和天然气	12
保险	11

为了评估诺华制药的股票价值，需要知道诺华制药的每股收益。2014 年，诺华制药的每股收益为 5.23 美元。如果使用该估计数（另一种选择是对其进

行更新)，那么2014年11月不记名股票的隐含价格可以计算如下：

5.23美元×1.0371×19=95.8瑞士法郎

假设诺华制药的主营业务是卫生保健行业，收益增长率是3.71%。不记名股票的实际价格为91.20瑞士法郎（2014年11月）。

为了解释在使用这种评估方法计算股票价值时我们需要做的，假设股利支付率为1（盈余被全部支付出去，也就是每股股利 = 每股收益 = EPS），而且收益是固定值。在这个情形下，股票价值可以用固定股利模型进行计算：

$$P_0 = \frac{EPS}{K_E}$$

这里，K_E 是股权资本成本。

注意，我们可以使用上述公式来计算市盈率：

$$\frac{P_0}{EPS} = \frac{1}{K_E}$$

这一结果表明在固定收益全部支付股利的情况下，市盈率可以解读为资本成本的倒数，即行业平均市盈率是行业内代表性企业的股权资本成本倒数的一种度量。

在上述例子中，市盈率为19，暗示着折现率为：

$$K_E = \frac{1}{19} \times 100\% = 5.26\%$$

显然，这一数字作为股权资本成本就太低了。

更为现实的选择是假设一个固定股利增长模型。在这种情形下，重新整理Fordon - Shapiro模型，得到市盈率的如下公式：

$$\frac{P_0}{EPS_0} = \frac{\pi \cdot (1+g)}{K_E - g}$$

上式中，市盈率现在是收益增长率（g）、股利支付率（m）以及经营和财务风险（由股权资本成本 K_E 反映）的函数。

（3）市盈率方法的实证精确性

在一篇论文中，洛德雷尔（Loderer）和特伦茨（Trunz）[1] 分析了使用

---

① 参见 C. LODERER and R. TRUNZ, 'Das Price - Earnings Verfahren', *Der Schweizer Treuhänder*, 1993, No 10, pp741 - 747。

市盈率方法分别估计交易企业价值和非交易企业价值的表现。首先，他们使用市盈率方法计算股票的理论价格（$\hat{P}$）。其次，用该值减去观察到的市场价格（P）。再次，把这一差额除以市场价格 P。最后，估值误差（e）可以表示成：

$$e = \frac{\hat{P} - P}{P} \cdot 100$$

表 2－3 提供的是在苏黎世证券交易所上市的 88 家交易企业样本（分别对应 188 种股票）在 1983—1992 年的估值偏误的描述性统计。对于非交易股票样本，这些结果在性质上是一致的。

表 2－3　　交易企业的估价偏误

项目	交易企业的估价偏误（1983—1992 年）
观察次数（次）	1123
均值（%）	3.1
中位数（%）	－1.0
下四分位数（%）	≤－22.6
上四分位数（%）	≥21.7
最大值（%）	267
最小值（%）	－92.8
标准偏差（%）	44.6

以上这些发现可以总结为：均值与中位数的估值偏误均几乎为零。不过，估值偏误的变化很大。其中，50% 的样本，其绝对估值误差超过 22%。为了对该项研究报告中的最小（最大）误差有一个直观的概念，考虑一个价值为 100 瑞士法郎的股票：－92.8% 的估值偏误意味着用错误的 7 瑞士法郎代替了 100 瑞士法郎。相反，267% 的估值偏误意味着理论价格为 367 瑞士法郎，而实际价格仅为 100 瑞士法郎的股票。

这些表明估值偏误的相关频率分布并不是对称的，而是右偏的。其特征是存在大量的相对较小的负估值偏误与数量较少的相对较大的正估值偏误（见图 2－3）。

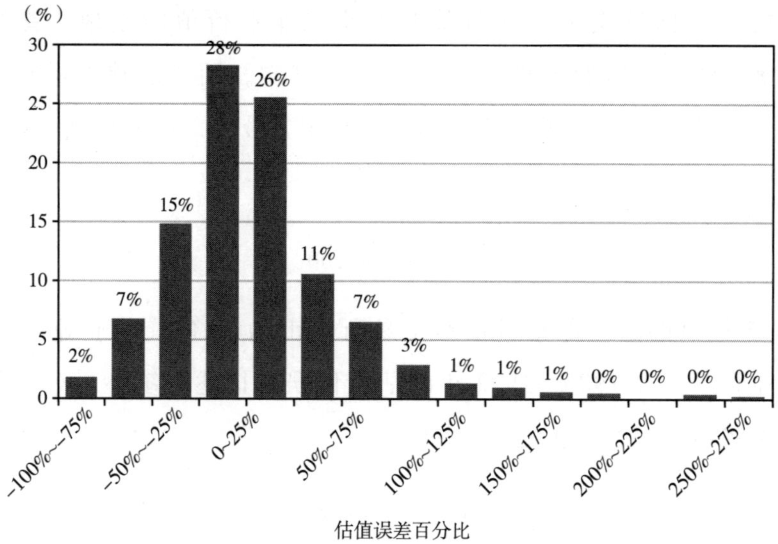

图 2-3 全样本估值误差的频率分布（1983—1992 年）

总之，洛德雷尔和特伦茨得出下列结论。

一是报价股票的平均估值偏误明显很小，而这一数字的方差却相当大。当使用市盈率估值方法时，以 95% 的置信度，个别企业的真实值处在估计值的 -84%~91%（根据近似正态分布，95% 的置信区间可以表示为 3.1% ± 1.96 × 44.6%）。

二是估值偏误的分布是右偏的。

三是结果决定于所涉及的行业。该方法似乎对评估银行特别有效。

四是无报价股票的样本结果与报价股票结果类似。

在实践中，财务分析师的工作通常是评价单个企业。事实上，在评估很多企业时，市盈率估值方法平均而言效果不错，但在这里并不是特别有效。在单个企业的情形下，估计值的变动是非常重要的。显然，交易股票处于 -84%~91% 的 95% 置信区间（非交易股票为 -103%~122%）非常大。使用市盈率估值方法作为工具决定投资策略时，应该牢记。

从原理上来说，有很多理由可以解释市盈率估值方法存在误差。参照 Gordon - Shapiro 模型，需要注意到的是因增长率、财务风险与经营风险的差异，不同企业的市盈率可能会存在系统性差异。正如以下考虑所表明的，这通常是正确的。

问题 1：该方法并未考虑增长差异。

为了看到这一点，考虑一个特定的行业。表 2 - 4 列示的是该行业的平均预期盈余增长（平均盈余）。简单起见，假设考虑 3 年期。给定这些数据，同时假设 10% 的股权资本成本，则代表性股票在第一年开始的价值是 249 瑞士法郎。这意味着行业市盈率是 2.49（249 ÷ 100）。

表 2 - 4　市盈率和盈余增长

项目	平均盈余（瑞士法郎）	Z 公司的盈余（瑞士法郎）
上年	100	100
第一年	100	100
第二年	100	200
第三年	100	300
价值（i = 10%）	249	482
第一年的平均市盈率	2.49	4.82

Z 公司属于同样的行业。第一年，Z 公司的盈余预期与行业同步增长。从那之后，Z 公司的盈余预期以更快的增长率增长。很明显，如果使用行业市盈率确定 Z 公司的股票价值，就会因忽略其更快的增长而低估其股票的真实价值（2.49 × 100 = 249 瑞士法郎，而不是 482 瑞士法郎）。

问题 2：盈余系统性地依赖于财务与经营风险。

应考虑财务风险。杠杆（财务风险）对市盈率具有系统性的影响，也就是说较高的风险意味着较低的市盈率。

为了得到这一效果，考虑一个特定的行业：行业内除了 Z 公司，其他企业均是 100% 的股权融资。行业平均市盈率是 10。Z 公司进行 50% 股权融资和 50% 债务融资。如前所述，较高的财务杠杆降低了企业市盈率，Z 公司的市盈率低于行业平均。因此，使用行业市盈率来评估 Z 公司的股票会系统性地高估 Z 公司的股票价格。

问题 3：盈余是以会计为基础的数字。

因为盈余是以会计为基础的数字，所以至少在原理上有操纵盈余数字（摊销、折旧、隐藏的储备等）的可能。由于行业内不同企业使用会计原则的差异程度有所不同，因而不能使用行业平均市盈率来计算其股票的理论价格。

问题 4：市盈率与回收期并不相似。

一个常见的错误是认为市盈率与回收期较为类似。投资者往往在收回自已全部投资之前，以 15 倍市盈率来支付 15 年期的盈余。杜蒙（Dumont）证明了使用以下公式来计算实际投资回收期：

$$\frac{\ln\left(g \cdot \frac{P}{E} + 1\right)}{\ln\ (1+g)}$$

其中，g 是企业的长期盈余增长率。

正如表 2－5 所示，投资回报期会随着企业盈余增长率的增长而减少。因此，对于盈余以 20% 和 30% 增长的企业，投资回报期将仅仅在 8 年左右。需要特别注意的是，g 是企业盈余的永久性增长率。

表 2－5　　　　投资回报期与增长率的关系

长期增长率（g,%）	0	10	20	30	40
投资回报期（年）	20.0	11.5	8.8	7.4	6.5

2.2.2.2　价格/账面价值比率（市净率）

这一比率使用如下式进行计算：

市净率 = 市场价格 ÷ 普通股的账面价值

其中：

账面价值 = 企业有形净值 ÷ 流通在外的股票数量

有形净值按照如下式进行计算：

有形净值 = 实收资本 + 任意公积 − 无形资产

必须记住的是，在计算这一比率时，必须减去折旧和摊销。因为这依赖于资产负债表的数据，该比率的计算会受到会计信息的影响。正如您可能在财务报表分析的论文当中所看到的，会计政策和对不同项目的处理将会扭曲这一比率。

该比率对于那些已经存在一定年限的旧经济股票或者公司是有用的。但是，对于新经济公司，该比率并不是很有用。该比率的另一个缺陷是它仅仅可用于整体企业的评估，而不能用于企业中某一部分的评估，比如一个部门、一个产品或一个品牌的评估。

账面价值是过去留存收益政策的替代。如果一个公司持续支付较低的股利而把利润投入营业当中，那么其账面价值很可能比较高。因此，较低的市净率反映出市场对于该企业的股利政策和未来成长性的看法。与市盈率相结合，该比率能够提供有用的结果。

2.2.2.3　价格/现金流比率（P/CFW）

上述两个比率，市盈率和市净率均会被企业会计政策影响。为了纠正这种误差，分析师也可以使用另两种相对价值评估比率：一是价格/现金流比率；二是价格/销售收入比率。

价格/现金流比率是相对价值评估的一种极为重要的方法。它能够消除会计处理对企业盈利的影响。这一比率的另一个重要方面是它可以代替价格/息税折旧摊销前利润比率（P/EBITGA）。目前，该比率在评估历史较短但成长快速的新经济股票方面，正在变得非常流行。但是，价格/息税折旧摊销前利润比率是不一致的。为了保持一致性，分母的计算应该包含企业价值。如果对比负债率不同的企业，企业负债越多，以价格/息税折旧摊销前利润比率为基础计算的企业价值就越便宜。为了使所定义的乘数保持一致，企业价值（分子）和标准化变量（分母）应该同为企业的所有要求权持有者（包括债权人和股东）。对于市盈率，其分子为每股股权价值，分母为每股股权收益。对于价格/现金流比率，其分子为企业价值，分母为企业所有要求权持有者的税前现金流。

价格/现金流比率的计算公式如下：

价格/现金流比率 = 市场价格/流通在外的普通股每股自由现金流

【例 2 -3】价格/现金流比率

（1）ABC 公司在第 N 年获得利润 100 000 瑞士法郎。当年折旧为 20 000 瑞士法郎。损益表记载的其他无形资产摊销为 25 000 瑞士法郎。年末流通在外的普通股数量为 100 000 股。市场价格选择第 N +1 年 3 月 23 日在主要证券交易所的收盘价，为 100 瑞士法郎。计算第 N +1 年 3 月 23 日的 P/CFW 比率。

（2）将该结果与具有利润相同、折旧仅为 20 000 瑞士法郎，且没有无形资产摊销的 XYZ 公司进行对比。

解：

（1）自由现金流 = 净利润 + 折旧 + 其他无形资产摊销

= 100 000 + 20 000 + 25 000

= 145 000（瑞士法郎）

P/CFW = 100 ÷ (145 000 ÷ 100 000) = 100 ÷ 1.45≈68.97

(2) 自由现金流 = 净利润 + 折旧 + 其他无形资产摊销

= 100 000 + 20 000) + 0

= 120 000 (瑞士法郎)

P/CFW = 100 ÷ (120 000 ÷ 100 000) = 100 ÷ 1.20≈83.33

现在，我们可以清楚地看到这两家企业的市盈率是相同的。但是，价格/现金流比率却是不同的。第二家企业具有更高的市场吸引力。其理由可能有多个，也许第一家企业的无形资产并没有市场所认为的那么高，也许市场对第二家企业的股利支付能力评价较高。

这一比率的优势在于选择既可以用于新经济股票也可以用于旧经济股票还可以用于评估不同行业的企业，甚至可以用于兼并、重组以及不同地理分布的估值等。

2.2.2.4 价格/销售收入比率

估值不仅会用来发现股票是否被低估或高估，还会用来确定即将购买企业的出价。在过去的10年里，评估企业不同分部的需求显著增长。在兼并、重组、出售产品、品牌或无形资产时，都需要评估企业的相应分部。很明显，市盈率和市净率在这方面都是失败的。所以，我们可以使用价格/现金流比率来确定企业相应分部的价值。此外，另一个既快捷又方便的估值比率就是价格/销售收入比率。

价格/销售比率主要用于评估企业部门的估值，以便了解该企业部门的市场价格，也能够分别评估企业各个部门所产生的现金流。使用类似的技术可以用价格/现金流比率来评估市场价值。因此，我们可以通过这两个比率得到即将出售部分的平均价值。

这里也出现了一些市盈率估值法所存在的问题。不过，上述两种比率最大的优势在于它们独立于会计政策、部门扭曲和派息政策。这意味着它们在评估企业集团、分部以及像互联网、网上销售和生物技术公司等新经济股票时是非常有用的。

2.2.2.5 企业价值比率

上述所讨论的比率均会比较企业市值和从利润表（销售额和利润）、资产负债表（股东权益）与现金流量表中所提取的指标。虽然这种做法从股东角度来看是合理的，但负债水平能够对以上比率产生影响，尤其是市盈率。比较不同债务水平的企业是没有意义的：相比高杠杆企业，一个没有债务的企业天然地存在溢价。为了规避这一问题，分析师们会根据莫迪利亚尼（Modigliani）和米勒（Miller）的模型来计算估值比率。这里，我们并不是仅仅关注总市值，而是考虑资产负债表上所有出资人（债权人和少数股东）的经济价值。企业价值（EV），即投资资本（净债务、少数股东权益和股东权益）的所有下行成分的市场价值，可以作为计算估值比率的基础。应该强调的是企业价值和公司价值的差异。企业价值（EV）是公司价值减去现金后的净额。最常用的各种比率见表2－6。

表2－6　最常用的各种比率

比率	用途
企业价值（EV）/销售收入（Sales）	对亏损公司、周期性业务部门和初创公司来说，这是一个有用的指标
企业价值（EV）/息税折旧摊销前利润（EBITDA）	用于比较不同资本密集度的公司。一个资本密集度高的行业（如钢铁），大部分增值被用于高额的摊销和折旧。基于公司EBITDA的计算，可以对这个因子进行修正，并且便于比较
企业价值（EV）/息税前利润（EBIT）	衡量公司营业利润支付乘数，也可以用税后营业利润指标计算EV/NOPAT。从股东价值的角度来看，它被认为是真正的企业估值指标，因为它可以通过资产负债表上的营业资产来衡量管理者每年从市场所获利润的倍数
企业价值（EV）/企业自由现金流（FCFF）	这个比率比价格（P）/企业自由现金流（FCFF）更合乎逻辑，因为企业自由现金流包括所有出资人，而不仅仅是股东，也可以比较市值和股权自由现金或P/FCFE
企业价值（EV）/净利润（Net Earnings）	这个比率从未被使用过，因为分母只考虑了股东的利益

2.2.3　新兴企业和周期性企业的具体案例

基于比率的方法在一个难以克服的缺陷之下进行工作。它们适用于明确界定的一年，而这一年不一定能代表公司的长期盈利能力。

2.2.3.1　周期性企业

【例 2－4】 周期性企业

假设表 2－7 代表一家美国公司的预期收益。该公司具有恒定的长期权益成本（10%），这是该集团长期增长的因素。假设市场准确预测未来收益。

表 2－7　　预期收益

	2014 年	2015 年	2016 年	2017 年
收益（10 万美元）	100	80	120	140
市值（10 万美元）	1 000	800	1 200	1 400
未来市盈率（倍）	10	12.5	8.3	7.1

① 2013 年 12 月，该公司的 2014 年收益预计为 1 亿美元。因此，2013 年 12 月的市值预计为 10 亿美元（1 亿美元除以权益成本）。

② 2015 年市值预计是多少？2015 年该公司将在其运营部门的周期性特征中触及低点，收益将下降 20%。仅以市盈率方法进行计算，该公司市值将为 8 亿美元，即 2015 年收益除以权益资本成本 10%。

③该公司已经对它的未来进行了投资，而且大体看到了该行业正常周期性放缓的效果。但这一结果使该公司处于严重不利的地位。该公司仅仅以基于 2017 年预测市盈率的 7.1 倍（1 000 ÷ 140）进行交易。与市场的 10 倍市场估值相比，这个数据非常低。

这种情况与处于微利阶段的公司类似，比如生物技术行业。那么，是否有可能使用市盈率等方法来估计周期性企业呢？

答案是肯定的，只要处理好以下两个问题：

一是如何预测周期性企业的现金流；

二是应该使用什么样的贴现率来计算它们的现值。

（1） 预测周期性企业的结果

周期性企业的收益易变性从根本上可以归因于销售规模和/或销售价格发生突然且剧烈的变化。较高的经营杠杆（通常周期性企业的固定成本占总成本的很大部分）与财务杠杆（周期性企业的负债/股东权益比率较高）放大了销售周期性对企业盈利能力的影响。

通过观察股价发现，对于周期性行业的企业，其波动性远高于高成长潜力的企业。这可能是因为分析师对这类企业的最新业绩进行了推断，而这些推断结果似乎会打破它们的原本周期并形成新的趋势。

就像您虽不是预言家，但可以像所有分析师一样预测周期性企业的最好方法是使其预测现金流正常化。根据作出评估时所处的经济周期阶段有所不同，基准年度当年的收益可能过低（若经济处于衰退期）或过高（若经济处于顶峰）。为了避免评估过程中的重大错误，应该先调整当年的数据以精准体现经济周期的中间点。之后，如与您在评估食品饮料等信息披露较为充分的企业一样，对调整后的基准收益使用平均增长率来估计未来现金流的正常值。

必须认识到使用正常化收益作为基准年度收益的隐含假设是：伴随着经济周期的轮动，周期性企业将很快恢复到这一水平。该假设有时可能被证明是不切实际的，尤其是在企业基本面发生变化时，应该使用以下两种情景分析方法把可能的变化考虑在内：

一是假定企业基本面没有发生变化，估计未来现金流（即根据原有的周期来估计正常现金流）；

二是假定企业基本面发生变化，估计未来现金流（即根据最后的结果来估计正常现金流）。

然后，可以对这两种情形确定相应的可能性，从而计算出未来现金流的加权平均值。

（2）计算现金流的现值

因为放弃了预测未来衰退和复苏的想法，所以未来现金流很可能看上去会过度乐观。这种趋势是明晰的，但是收益的易变性已经由于正常化的过程而消除。那么，如何考虑真实收益信息的透明度（较低）问题？简单来说，就是增加折现系数（权益资本成本）。换言之，相对于食品饮料企业非正常化（且更为真实的）的现金流，您必须对周期性企业正常化（且非真实的）的现金流使用更高的折现率。

仅评估投资于一家周期性企业的基本面风险（销售易变性、经营杠杆、财务杠杆等）时，把这些风险转换成正确的权益资本成本（COE）。它很可能要比食品饮料企业的权益资本成本高出很多，之后将其应用于正常化的收入流，就像没有正常化一样。

【例 2 -4（续）】

回到历经几个周期之后的美国企业。我们已经确定了 3 个完整周期，每个完整周期为 3 年，分别经历低、中、高的周期点。高与低周期点之间的平均利润差额为 0.4 亿美元（见表 2 -8）。

表 2 -8　　美国企业周期收益　　（单位：百万美元）

	高	低	中	高	低	中	高	低	中	高	低
年份	2008	2009	2010	2011	2012	2013	2014	2015	2016	2017	2018
收益	80.0	40.0	60.0	80.0	70.0	90.0	110.0	100.0	120.0	140.0	130.0
正常化收益	46.2	52.7	60.0	67.3	75.6	84.9	95.2	106.9	120.0	134.7	151.2

从 2010 年到 2016 年（两个中周期点），平均复合增长率为 12.2%，分别在 0.6 亿美元和 1.2 亿美元。2010 年前后，应用这一增长率将给出正常化收益（见图 2 -4）。

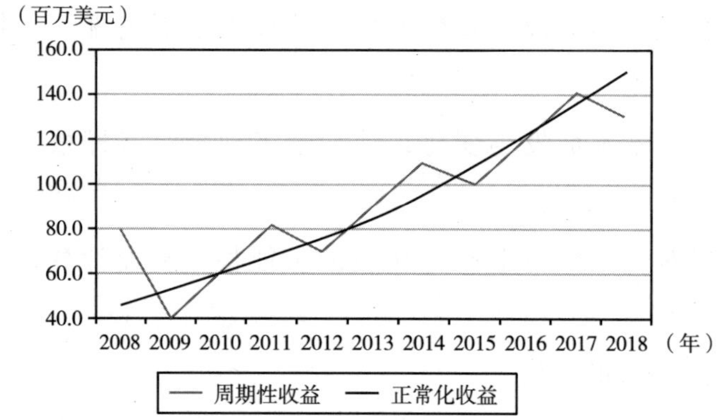

图 2 -4　正常化收益

我们必须使用高于市场的资本成本来考虑收益周期。这个例子使用 11% 的股权资本成本。我们可以将 11% 应用于一系列公布的收益或者是一系列正常化收益（见表 2 -9）。

表 2 -9　　美国企业周期收益（11%股权资本成本）　　（单位：百万美元）

	高	低	中	高	低	中	高	低	中	高	低
年份	2008	2009	2010	2011	2012	2013	2014	2015	2016	2017	2018
收益	80.0	40.0	60.0	80.0	70.0	90.0	110.0	100.0	120.0	140.0	130.0
正常化收益	46.2	52.7	60.0	67.3	75.6	84.9	95.2	106.9	120.0	134.7	151.2

续表

	高	低	中	高	低	中	高	低	中	高	低
年份	2008	2009	2010	2011	2012	2013	2014	2015	2016	2017	2018
经典估值	800.0	400.0	600.0	800.0	700.0	900.0	1 100.0	1 000.0	1 200.0	1 400.0	1 300.0
正常化估值	420.0	478.7	545.5	612.3	687.2	771.4	865.9	971.9	1 090.9	1 224.5	1 374.5

相比于以资本成本对每年的收益进行贴现的经典估值方法，正常化估值的波动性要小得多。由于使用了更高的资本成本（11%）来考虑波动性，因而浅色曲线几乎总是低于经典估值的深色曲线（见图 2－5）。

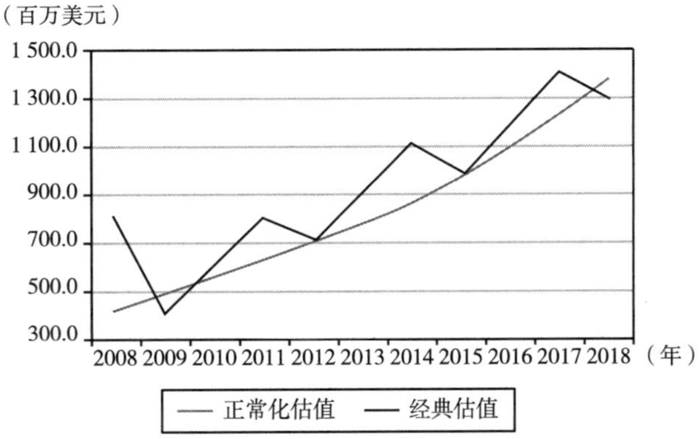

图 2－5　11%资本成本的波动性

2.2.3.2　评估新兴企业

毫无疑问，评估新兴企业价值是一件难事。但是它现在已经成为分析师日常工作的一部分，至少对于那些负责追踪技术与卫生保健股票的分析师是如此。

您可以使用标准化模型（如市盈率）来评估这些公司的公允价值吗？答案是肯定的。

（1）评估互联网企业

大多数互联网企业都是亏损的。一些从业人员推荐使用替代性方法，比如收入乘数（在收入足够高时）或者市场价值乘数。但是这些捷径往往令人误入歧途，因为它们并没有考虑推动企业价值的长期因素（即收益）。

评估互联网企业的最佳方法是回到经济基本面。因为市盈率仅仅依赖于预测，所以缺乏有意义的历史数据并不要紧。换句话说，该模型能够很容易捕捉到经历初始几年亏损之后的企业价值。

如何预测互联网企业的未来收益？正如之前所说的，我们并不是预言家。这是否会妨碍我们根据企业从现在起几年后的情形进行评估？

假设它们不会破产，所有高速增长的企业都将变成适度增长的企业。因此，像渗般率或者单位用户收入等一般方法迟早都会用到。虽然需要一定的想象力，我们应该能够估计互联网企业在从现在起约 15 年时间可以取得的“正常化”收益及其长期增长率（从第 15 年开始生效）。

对于折现率，不要忽略这一点。互联网企业比一般企业的风险更高，其风险甚至超过周期性企业。

【例 2 –5】 社交网络新兴企业

一家专门研究社交网络的新兴企业提出了一种解决个人数据保密问题的革命性方法。但是，它需要投资于极其复杂和昂贵的服务器网络。管理层预测 2025 年的正常性收益为 20 亿美元，股本为 10 亿美元。目前，社交网络上市企业的市盈率为 35 倍，那么这个新兴企业的估值是多少？这一案例使用 15% 的资本成本。

首先以当前乘数为基础，计算得到这家企业在 2025 年的每股收益为 70 美元。但是，因为 2025 年距离现在太远，这一数值必须以每年 15% 的速度在到 2024 的 11 年时间进行折现，折现值为 $70/1.15^{11}$，即 15 美元/股。

这样计算是否正确？这取决于我们在社交网络上市企业当中所拥有的价值但是否还将在 2025 年看到这个市场的 35 倍市盈率？毕竟，随着大量竞争对手的出现，这个市场可能渐趋成熟，进而导致盈利能力不断下降。为了将这种可能性纳入考虑范围，我们将采用较低的倍数（如 18.5 倍）市盈率，相当于在市场长期均值 16.5 倍的基础上增加 10%。与如今相比，社交网络市场将获得很大的发展。因此，资本成本应该会随着“新兴市场”，相关风险的下降而一同下降。以 12% 资本成本为例，根据这些新的估计计算的股票价值为 10.6 美元。

这种方法存在很大的偏差。如果企业在数年内积累了太多的亏损，那么该企业将不得不在市场中补充其权益资本。但这一做法将会稀释企业的每股收益。这对股东来说意味着更低的预期回报。假设该公司的资本从现在到 2025 年将会翻倍，在这种情形下该企业的估值将会从每股 10.6 美元下降到每股 5.3 美元（见图 2 –6）。

		2014年		2025年
	收益（百万美元）			2 000
	股本（百万股）	35		1 000
	部门市盈率（倍）			
案例1	每股收益（美元）			2
	部门市盈率（倍）			35
	股票价格（美元）	15.0	←	70
	权益成本	15.0%	折扣	
案例2	每股收益（美元）			2
	部门市盈率（倍）			18.5
	股票价格（美元）	10.6	←	37
	权益成本	12.0%	折扣	
案例3	资本加倍之后的每股收益（美元）			1
	部门市盈率（倍）			18.5
	股票价格（美元）	5.3	←	18.5
	权益成本	12.0%	折扣	

图 2－6　用 15%资本成本计算估值

（2）评估生物技术企业

从技术角度来看，评估生物技术企业一点也不比评估互联网企业困难。这里，我们必须再一次坚持使用标准化模型。

事实上，主要问题在于发展一种新药比开发一个软件要花费多得多的时间。换句话说，生物技术企业可能要比互联网企业经历更多年的亏损。另外，退一步讲，在新药上市 5 年甚至 10 年前估计其可能的销售量并不是一件轻松的工作。

虽然未来收益很难预测，但是对卫生保健行业相当了解的分析师依然可以运用折现现金流模型（DCF）。

从理论上讲，生物科技企业就像看涨虚值期权，也可以使用期权定价模型来评估生物科技企业，但是这种方法在实践中几乎是不可行的。

2.2.3.3　现实检查

相较于正常化估值方法，周期性企业的股价是否更加接近于传统估值方法？在大多数情况下，它们更加接近于传统估值方法。这意味着投资者在长期内似乎并没有区分周期性收益和正常化收益。

这一发现并不能说明分析师无法正确估计企业未来收益，而是由于投资时间过短，不能将正常化未来收益纳入考虑范围。这一观点将在后面的章节继续讨论。由于存在短期投资者，因而股票市场的波动是动荡的征兆。

2.2.3.4　滚动市盈率（12 个月）

比率法的缺点是只针对特定年份。由于是基于 12 个月的时间跨度进行估计，因而在 2014 年 1 月预测 2014 年的市盈率是很自然的。但是，2014 年 6 月会发生什么呢？是否应该转至预测 2015 年市盈率？继续预测 2014 年市盈率？如果是，那么延续到什么时候？很多投资者以未来 12 个月作为时间跨度来计算两年的加权平均值。

【例 2－6】 12 个月滚动

2014 年 6 月 1 日，2014 年和 2015 年的预测每股收益分别为 4 美元和 5 美元。股票交易价格为 120 美元。那么，在 9 月 30 日该公司的滚动市盈率（12 个月）是多少？

从 2014 年 6 月 1 日到 9 月 30 日，有 4 个月时间，因此我们使用 2014 年收益的 4/12，即 1.33 美元。从 2014 年 10 月 1 日到 2015 年 5 月 30 日还有 8 个月时间，即 3.33 美元收益。未来 12 个月的收益总额为 4.66 美元，这意味着 25.7 倍的市盈率。市盈率将会在 1 年之内发生变化。

2.2.4　回报或现金流折现

比率方法可能比较简单，但有时却不够严谨。正常化收益的定义是模糊的，而且没有准确的资本要求度量。人们一致认为计算预期未来的优势在于：它迫使投资者从现在开始向后再考虑 5 年或者 10 年，并且可以问自己一个基本问题：该公司将如何管理增长？

本部分内容需要说明：

①如果假设是正确的，那么所有估值方法均会得出同样的结果；

②未来增长模型的选择至关重要；

③这些方法准确反映作为长期资产的股票的长期性质；

④它们是基于过度乐观的再投资假设的。

两种未来现金流预测方法的计算基础：

①企业价值（EV），并使用加权平均资本成本（WACC）作为折现率；

②市场价值，并使用权益资本成本（COE）作为折现率。

埃尔南德斯（Hernandez）[①] 根据估值方法是否包含资本成本的计算对这些方法进行了评价，显示它们都得到了同样的结果（见表2－10）。

表2－10　企业价值与市场价值的计算

企业价值 ［以加权平均资本成本（WACC）为折现率］		市场价值 ［以权益资本成本（COE）为折现率］	
最常见的方法	剩余收益	最常见的方法	剩余收益
企业自由现金流（FCFF）	经济增加值（EVA）	股权自由现金流（FCFE）	经济利润（EP）

图2－7显示的是公司资产负债表上的数据和不同现金流折现模型之间的关系。

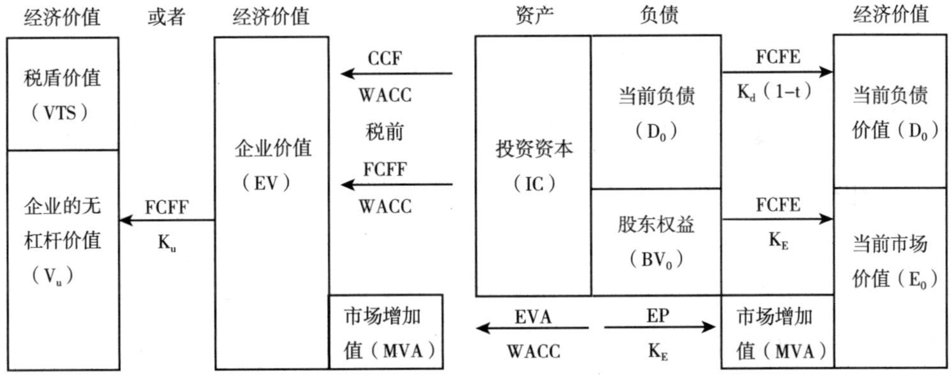

图2－7　资产负债表和现金流折现模型

为了计算企业价值（EV），即投资资本的股票市值，通常是以企业自由现金流（FCFF）为起点，即每年通过投资资本（IC）进行投资所产生的现金净额。然后，自由现金流以加权平均资本成本进行折现以获得企业价值[②]。

图2－7还显示出公司通过投资资本的运作所产生的简单增值。企业价值和投资资本之间的差额称作“市场增加值”（MVA），这也等于以加权平均资

---

① Valuing Companies by Cash Flows Discounting：Ten Methods and Nine Theories，2007.

② 该图还提到了其他两种产生相同结果的方法。尽管这些方法在实践中很少使用，但为了完整我们也汇总了这些内容：①以资本现金流（CCF）——税前FCFF为例，在税前以WACC进行折现；②如果是无杠杆公司（V_u），自由现金流也可以使用K_u进行折现以计算企业价值。然后，加上税盾价值（VTS），最终得出企业价值（EV）。

本成本进行折现的经济增加值流量。如果把市场增加值加到投资资本中，就可以得到企业价值。

这两种方法都是基于投资资本分析得出的。

当然，也可以使用负债价值进行计算：

债务经济价值（D_0）等于以税后债务成本［K_d（1－t）］对负债现金流量（FCD）进行折现所得的金额。股权经济价值，或者说是市场价值，等于以 K_E 对股权自由现金流（FCFE）进行折现所得的金额。当前负债价值（D_0）与当前市场价值（E_0）的加总等于企业价值（EV）。

我们看一下，投资资本运作中增加的价值：市场价值和股权资本的差额，即市场增加值（MVA）[①]。为此，我们增加负债，从而获得企业价值。

请注意，无论使用资产负债表中的资产数据还是负债数据，这 4 种估值方法都是等价的。

在计算企业价值时，增长预测模型的选择是决定性的。

2.2.4.1 股利折现模型

简单看几个基于股利折现模型的例子[②]，以便清楚地看出各种预测未来现金流方法的具体特征。

（1）零增长模型

假定预期股利根本不增长，永远保持不变。假设未来年度内的预期股利等于某一不变数值，也就是：

$$Div_1 = Div_2 = \cdots = Div$$

因此，零增长股票的股利也许可能看作永续年金。通过在 DCF 公式中代入恒定股利，同时使用几何级数，可以得到：

$$P_0 = \frac{Div}{K_E}$$

【例 2－7】 零增长模型

诺华（Novartis）股票在 2013—2015 年支付如下股利（未经调整）（见表

---

① 这也是以 K_E 对经济利润（EP）流量进行折现的折现之和。

② 股利折现模型（DDM）是自由现金流模型（DCF）运用股权自由现金流（FCFE）的特殊形式。股利折现模型假设公司的净投资是由留存收益提供资金的。从理论上讲，股利折现模型的最终价值应该使用以下数据进行计算：每年以持续增长率得到的企业收益。

2 - 11)。

表 2 - 11　　诺华股票支付股利情况

年度（年）	2013	2014	2015
股利（瑞士法郎）	2.3	2.45	2.60

假设折现率为 10%。2014 年刚刚发放股票股利之后，其理论价格是：

$P_0 = 2.45 \div 0.1 = 24.5$（瑞士法郎）

事实上，该股票在 2014 年 11 月的交易价格为 91 瑞士法郎。

计算过程存在一个问题：我们仅仅假设了折现率。为了避免这一假设，可以使用 2013 年数据来计算适当的折现率。2013 年的股票价格（P_{2013}）为 68.86 瑞士法郎，该股票的股利（Div_{2013}）为 2.30 瑞士法郎。可以使用定价公式来计算折现率，具体为：

$$K_E = \frac{Div}{P} = \frac{2.30}{68.86} \times 100\% = 3.34\%$$

对于隐含折现率的计算表明：零增长模型并不适用于诺华的案例。

如果折现率不发生变化，那么预计的股票价格将等于上一年价格。如果折现率发生变化，那么预计的股票价格将与上一年价格不同。为了得到预计的股票价格，就必须先计算出适当的折现率。

即使是在以前年度的股票价格不能获得的情景下（换句话说，如果该股票没有被交易），只要提供适用的折现率是已知的或能够计算的，那么该模型依然是适用的。该模型可以像上文演示的那样，按照同样风险的交易股票来计算折现率且用该折现率对股利流进行折现。例 2 - 8 就在阐述这一情形。

【例 2 - 8】 法玛维他（Pharmavita）

假定您想计算私营企业法玛维他公司的股票价格。该公司在过去的数年之内一直在持续支付固定股利 40 瑞士法郎。以诺华（Novartis）为例来进行计算，假设诺华和法玛维他属于同一行业，且都支付固定股利。将零增长模型运用到诺华，得到折现率 3.34%。这意味着法玛维他股票的理论价值为 1 176 瑞士法郎（40 瑞士法郎 ÷ 0.034）。

（2）固定增长模型

经验表明，几乎所有的企业每年都在支付股利。事实上，企业往往会尽力避免出现削减股利的情形，反而他们会努力每年增加股利。如此，零增长模型就显得不太适用。作为一种备选方法，假设股利每年按照固定增长率增长，可以得到一个定价模型。

如果股利按照固定比率（g）增长，则可以得到：

$$Div_1 = Div_0 \cdot (1+g)$$

$$Div_2 = Div_1 \cdot (1+g) = Div_1 = Div_0 \cdot (1+g)^2$$

$$\cdots$$

$$Div_t = Div_0 \cdot (1+g)^t$$

将这个估计未来股利的方法应用到一般估值公式当中①，则得到：

$$P_0 = \sum_{t=1}^{\infty} \frac{E \cdot (Div_t)}{(1+k)^t}$$

整理可得：

$$P_0 = \sum_{t=1}^{\infty} \frac{Div_0 \cdot (1+g)^t}{(1+K_E)^t}$$

借助某些简单的代数变换，重新整理这一公式。这就是所谓的固定股利增长模型（或者 J. B. Williams 模型）：

$$P_0 = \frac{Div_0 \cdot (1+g)}{K_E - g} = \frac{Div_1}{K_E - g}$$

因为，

$$Div_1 = EPS_1 \cdot \pi$$

其中，Div_1——第一期股利；

EPS_1——第一期每股收益（收益为现金收益）；

π——股利支付比率；

$1-\pi$——留存收益率。

可以代入并得到：

$$P_0 = \frac{EPS_1 \cdot \pi}{K_E - g}$$

需要注意的是，如果股权收益率为 r，可以写成：

$$EPS_1 = EPS_0 + r \cdot (1-\pi)$$

因为$(1-\pi) \cdot EPS_0$是再投资收益，因此：

① E（Divt）给出了预计的未来股利。为了简单起见，我们从现在开始将使用 Div_t 序列。

$$\frac{EPS_1}{EPS_0}=1+g=1+r\cdot(1-\pi)$$

这意味着：

$$g=r\cdot(1-\pi)$$

把 g 代入估值公式，并得到：

$$P_0=\frac{EPS_1\cdot\pi}{K_E-r\cdot(1-\pi)}$$

这通常称为“戈登－夏皮罗”模型（Gordon－shapiro）。

【**例 2－9**】表 2－12 显示雀巢公司（Nestlé）向其股东支付的调整后股利。

表 2－12　雀巢公司股利

年度（年）	2009	2010	2011	2012	2013	2014
股利（瑞士法郎）	1.4	1.6	1.85	1.95	2.05	2.15

按照 J. B. Williams 模型，雀巢公司的不记名股票在 2014 年的理论价格是多少？

①为估计雀巢公司不记名股票的股利历史增长率，需要计算每年增长率的算术平均数。已知：

$Div_1=Div_0\cdot(1+g)$

2009 年和 2010 年的股利增长率为：

$g=(1.6/1.4-1)\times100\%=14.29\%$

如果在每年都进行同样的计算，最后就可以得到 5 个年增长率，这样也可以计算算术平均数（$\bar{g}$）：

$$g=\frac{14.2+15.6+5.4+5.1+4.8}{5}\times100\%=9.06\%$$

②为估计适当的折现率，可以对 2013 年使用上述公式（雀巢公司在 5 月底支付股利）。因为 2013 年 6 月雀巢公司的股票价格为 59.73 瑞士法郎（历史数据），所以股利增长率 g 为 9.06%（从上面可以得到）

$$P_0=\frac{Div_0\cdot(1+g)}{K_e-g}$$

则有：

$$59.73=\frac{2.05\times1.0906}{K_e-0.0906}$$

$K_e = 2.05 \times \frac{1.0906}{59.73} + 0.0906 = 12.8\%$

③现在可以使用这些数据来估计 2014 年的推论股票价值：

$P_0 = 2.15 \times \frac{1.0906}{0.128 - 0.0906} = 62.69$ （瑞士法郎）

事实上，2014 年 6 月的股票价格为 68.75 瑞士法郎。

与先前一样，可以凭借深入思考而花费较少的气力来得到同样的结果。谨记：

$$P_0 = \frac{Div_0 \cdot (1 + g)}{K_e - g}$$

$$P_1 = \frac{Div_1 \cdot (1 + g)}{K_e - g} = \frac{Div_0 \cdot (1 + g)^2}{K_e - g}$$

或者，换言之：

$$P_1 = P_0 \cdot (1 + g)$$

在雀巢公司的案例中（这里用 P_{-1}表示雀巢公司在 2013 年的股票价格 59.73 瑞士法郎），可以计算得到：

$P_0 = P_{-1} \cdot (1 + g) = 19.73 \times 1.0906 = 65.19$ （瑞士法郎）

需要注意的是，65.19 瑞士法郎与上文得到的 62.69 瑞士法郎并不完全一致。两者的差异主要是由于 2014 年的股利支付 2.15 瑞士法郎并不完全等于 2013 年的股利支付乘以 1.0906（2.05 × 1.0906 = 2.23）瑞士法郎。如果 2013—2014 年股利真的增长 9.06%，我们将得到：

$P_0 = 2.05 \times \frac{1.0906^2}{0.128 - 0.0906} = 65.19$ （瑞士法郎）

回顾戈登 - 夏皮罗模型的假设可能是有益的：

- 公司完全自筹资金（不贷款、不增资）；
- 折旧基金管理；
- 未来增长所需的投资由留存收益提供资金；
- 投资率（自留率）不随时间推移而发生变化；
- 产生的收益将随时间推移而不断固定增长；
- 处于免税环境。

戈登－夏皮罗模型要求资产负债表和利润表之间保持一致性[①]。希金斯（Higgins）公式给出了公司的可持续增长率（见表 2－13）：

$$g = ROE \times 利润留存率$$

表 2－13　　可持续增长率

年度	2014 年	2015 年	2016 年	2017 年	CAGR
每股收益 EPS(1)	4.54	3.30	3.50	3.85	－5.3%
股利(2)	2.15	2.20	2.25	2.35	＋3.0%
净资产价值(3)	21.94	20.00	21.00	22.00	＋0.1%
ROE(4)＝(1)÷(3)	9.8%	11.0%	10.7%	10.7%	
利润留存率 (5)＝1－(1)÷(2)	53%	33%	36%	39%	
g＝(4)×(5)	5.2%	3.6%	3.9%	4.2%	

注：正如您所见，相比于历史股利增长数据中简单插值所得的增长率，这个增长率数字略低。

这一比率给出了与企业资产负债表的现有结构相一致的最大长期增长率，但这并不能说明这个比率在每年都是相同的，它仅仅是增长率的均值。

（3）多阶段增长模型

企业通常会经历生命周期，增长速度会随企业年限而发生变化。在增长发生变化时，企业股利也会相应发生变化。多阶段增长模型允许股利遵循不同的增长模式。分析师可以分别预测第一阶段第 T 年的股利，且假设在此之后股利固定增长。分析师可以对近期各年的股利进行较为准确的预测；至于之后的股利，分析师将仅可以进行平均的预测。用一个例子对该模型进行演示。

【例 2－10】 多阶段增长模型

表 2－14 列示出 4 个历史年度（2011—2014 年）的股利数据，同时列示出分析师对今后 3 年（2015—2017 年）雀巢公司每股记名股票股利的预期。

表 2－14　　对雀巢公司每股记名股票股利的预期　　（单位：瑞士法郎）

年度	2011 年	2012 年	2013 年	2014 年	2015 年	2016 年	2017 年
股利	1.85	1.95	2.05	2.15	2.20	2.25	2.35

使用 4 年股利的历史数据，计算最近的股利增长率 g（就像前文的例子一样，计算每年股利增长率的均值）。

① 固定增长是一个非常挑剔的“情人”。如果您不按照“她”的规则行事，那么他/她会提供给您不一致的结果，即固定增长模型的增长率（詹姆斯·莫里斯，2006）。

$$\bar{g}=\frac{4.8\%+5.1\%+5.4\%}{3}=5.1\%$$

这里，假定在2017年之后，股利将保持5.1%的增长率。因此，2018年的预期股利为2.47瑞士法郎（2.35×1.051）。

依据2014年的数据，按照年末大约73瑞士法郎的股票价格来计算折现率。运用固定增长模型，可以得到：

$$73=2.15\times\frac{1+0.051}{k_e-0.051}$$

$$k_e=8.19\%$$

利用上述数据，可以计算雀巢公司记名股票的理论价格为：

$$P_0=\frac{2.2}{1.0819}+\frac{2.25}{1.0819^2}+\frac{2.35}{1.0819^3}+\frac{\frac{2.47}{0.0819-0.051}}{1.0819^3}=68.74\text{（瑞士法郎）}$$

需要注意的是，2014年11月雀巢公司的股价大约为71.9瑞士法郎。

现金流折现具有匹配估计收益与股票自然寿命的优势。股票是长期资产，因此仅根据当前年度收益来估计其价值是存在争议的。

需要注意的是，简单回顾一下债券部分的计算。债券久期等于：每年现金流现值乘以现在距离该笔现金流发生时间点的年限，然后进行求和。例如，股权自由现金流（FCFE）为100，按10%进行折现将得到11.0［(1+y)/y］的久期。最后一栏的总和显示的是股权自由现金流的贴现值与相应年份的乘积。这些年度结果对永续年金的贡献之和为11.0（见表2-15）。

表2-15　　债券久期

日期	自由现金流	贴现的自由现金流	权重	日期×的权重
1	100	90.9 1	9.09%	0.091
2	100	82.64	8.26%	0.165
3	100	75.13	7.51%	0.225
4	100	68.30	6.83%	0.273
5	100	62.09	6.21%	0.310
∞	100	…	…	…
合计				11.00

久期用于股票时有一个有趣的特性：久期=1+1/COE。因此，COE越低，久期越长。这就解释了央行降低利率时，投资者为什么会承担更多风险。如果以10.4%作为长期股票表现的均值并以相等的权益成本来计算，则股票平均持有期限将为10.6年。因此，股票持有期限是长期的。

流量模型的特点之一是它们依赖非常强大的再投资假设。折现现金流模型（DCF）假设在估值期内产生的所有自由现金流（FCF）都以加权平均资本成本（WACC）[①] 进行再投资。如果企业既没有投资能力又没有意愿投资于经济，那么这种假设在利率非常低的时期可能过度悲观，而在高风险溢价期间则过度乐观。

【例 2－11】 再投资比率

匈牙利公司投资 100 福林，每年获得 10 福林的现金流量。它在第 10 年末收回资本。

图 2－8 列示了企业产生的现金流再投资。计算内部收益率（IRR）时，假定再投资比率是 10%。但是，如果公司或资本出资人只能以 5% 的收益率进行再投资，那么对他们而言有效投资回报率为 8.48%。这一数据是怎样得出的？以第 1 年的 10 福林现金流量为例，以 5% 利率投资 1 年，使用复利方式在第 2 年获得 0.5 福林，之后依次获得 0.53 福林、0.55 福林，直到第 10 年。按照同样的公式，第 2 年的自由现金流（FCF）进行再投资，在第 3 年产生另一个 0.50 福林，然后投资 9 年，直到最后一年。10 年再投资的总收益为 25.78 福林。有效利率是 225.78 福林在 10 年里以 10% 折现计算得到的。如果以 10% 作为再投资比率，那么将获得 10% 的回报率，包括有效再投资。

年份	0年	1年	2年	3年	4年	5年	6年	7年	8年	9年	10年		
A. 现金流量 (1+2)	−100.00	−10.00	10.00	10.00	10.00	10.00	10.00	10.00	10.00	10.00	110.00	企业价值（EV）： 内部收益率（IRR）：	100.00 10.00%
B. 再投资赚取的现金流量			0.50	1.03	1.58	2.16	2.76	3.40	4.07	4.77	5.51		25.78
5.00%			0.50	0.53	0.55	0.58	0.61	0.64	0.67	0.70	0.74		
				0.50	0.53	0.55	0.58	0.61	0.64	0.67	0.70		
					0.50	0.53	0.55	0.58	0.61	0.64	0.67		
						0.50	0.53	0.55	0.58	0.61	0.64		
							0.50	0.53	0.55	0.58	0.61		
								0.50	0.53	0.55	0.58		
									0.50	0.53	0.55		
										0.50	0.53		
												0.50	
												企业价值（EV）+再投资	125.78
												考虑有效再投资的内部收益率（IRR）：	8.48%

图 2－8　现金流再投资

① 请记住，在确定内部收益率（IRR）时，只有把所有现金流进行再投资，IRR 的计算在财务上才是正确的。使用现金流量回报率（CFROI）也是如此。

最后一个实际问题是：模型中最为重要的是用于对证券进行估值的输入参数和严格性。相较于一直以寻求“更公平”的结果为借口而不断变换模型，最好使用一种具有一致偏差的模型。分析师和投资者普遍存在的一个不好的习惯就是，只考虑支持他们基本印象的比率而忽略了与之相矛盾的比率。

2.2.4.2 期权估值和蒙特卡洛模型（Monte - Carlo）

一些人建议使用期权定价框架来评估企业价值。这样做的理由是：投资决策并不是固定不变的。在了解市场、新技术可用性以及投入产出价格不确定性等因素的基础上，管理者会修改其投资策略。事前调整企业投资政策的可能性（扩大或缩小、推迟投资决策、从一种技术转换到另一种技术等的可能性）代表着无法使用标准折现现金流模型（DCF）进行评估的期权。这就需要期权定价模型来解决这个估值问题。

【例 2 - 12】 期权

这个例子①对于像诺华（Novartis）这样的制药企业是适用的。该公司推出的针对热带疾病的疫苗每年可能产生 500 万瑞士法郎的现金流量，并推动其增长率达到 3%。研发和设备投资估计为 7 000 万瑞士法郎。有关食品和药品管理部门的监管决策历史表明，一般的申请在第三阶段被拒绝，这将导致试用期延长至两年，并将增加 500 万瑞士法郎的成本。如果申请被拒绝，诺华估计将不得不与葛兰素史克（Glaxo）合作进行产品营销，同时重新专注于研究。在这种情况下，该公司的自由现金流（FCF）将达到 1 000 万瑞士法郎，因为它将使医疗代表网络增加 1 倍，但在仅仅 20 年之后它的增长率将会降低 2%，并将产品授权给葛兰素史克。该项目的加权平均资本成本为 10%（见图 2 - 9）。

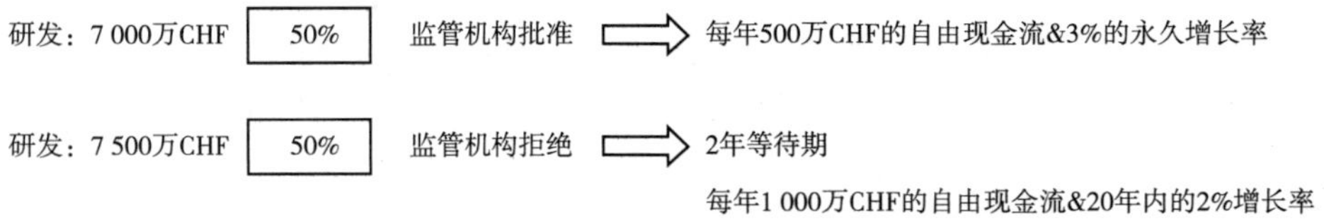

图 2 - 9 诺华加权平均资本成本

①在第一个解决方案中，假设公司获得了生产这种药品的许可，使用戈

① 对于感兴趣且想深入研究的人，请参阅 Berck 和 DeMarzo 的《公司理财》的第 22 章。

登－夏皮罗模型，500 万瑞士法郎现金流量以 10% 的加权平均资本成本和 3% 的增长率进行调整，可以获得 7 357 万瑞士法郎的价值。

$$企业价值 = \frac{FCFF_1}{WACC - g} = \frac{5 \times 1.03}{10\% - 3\%} \approx 7\ 357\ (万瑞士法郎)$$

这一价值接近投资成本，并得出 360 万瑞士法郎的边际资产净值（NAV）、内部收益率（IRR）为 10.1%。

②但是，还有另一种可能（即药品不被批准），这将使药品开发增加两年。矛盾的是，诺华的情况并非如此糟糕。该公司的现金流量总计将达到 9 740 万瑞士法郎，即 1 000 万瑞士法郎和 20 年的 2% 增长率，仍然以 10% 进行折算。

③所有收益的现值为 $\frac{a}{1+i} \cdot \frac{\left(\frac{1+g}{1+i}\right)^n - 1}{\frac{1+g}{1+i} - 1}$。因此，20 年期 1 000 万瑞士法郎收益的增长率为 2%，折现率为 10%，等于：

$$\frac{10}{1.1} \times \frac{\left(\frac{1.02}{1.1}\right)^{20} - 1}{\frac{1.02}{1.1} - 1} = 9\ 740\ (万瑞士法郎)$$

如果考虑推迟两年开始项目，这些贴现现金流量将低于 8 050 万瑞士法郎。尽管如此，期权的净现值将为 550 万瑞士法郎（8 050－7 500）。

这类项目的净现值是：

$$50\% \times 360 + 50\% \times 550 = 455\ (万瑞士法郎)$$

一个典型的折现现金流模型可能会导致诺华使用单一加权平均资本成本对现金流进行折现的问题。对诺华来说，企业整体加权平均资本成本（WACC）并不一定等于该项目的加权平均资本成本。此外，折现现金流模型不允许对不同的期权进行建模。

需要注意的是，制药公司分析师的通常做法是对药品批准过程的每个阶段都分配一个概率。分析师计算每种药品的净现值（NPV），然后根据候选药品批准的可能性进行调整（如第三阶段的概率为 70%）。在监管机构批准之前，他们得到的药品净现值为 252 万瑞士法郎（70%×360）。另一个缺陷则显示这种方法没有考虑诺华对该药品的期权。

2.3　DCF的实务应用

本节详细讨论折现现金流模型（DCF）的以下几个方面：

①长期增长；

②资本成本，特别是风险溢价和贝塔系数；

③资产负债表结构。

2.3.1　长期增长

2.3.1.1　永续年金

从戈登－夏皮罗模型开始，建立企业价值与其永续增长之间的关联性：

$$企业价值 = \frac{FCF_1}{WACC - g}$$

增加企业价值的一个简单方法是选择一个高的长期增长率。这无疑是这种估值模型最常见的知情或不知情的错误。

要意识到长期指数计算产生的强劲增长是很重要的。表2－16将展示以不同的利率投资10年的资本价值：

表2－16　　资本价值

利率（%）	时间	资本价值	投资类型
1	增长10年，等于	1.1倍	初始投资
2.5	增长10年，等于	1.3倍	初始投资
3.5	增长10年，等于	1.4倍	初始投资
5	增长10年，等于	1.6倍	初始投资
7.5	增长10年，等于	2.1倍	初始投资
10	增长10年，等于	2.6倍	初始投资
12.5	增长10年，等于	3.2倍	初始投资
15	增长10年，等于	4.0倍	初始投资
17.5	增长10年，等于	5.0倍	初始投资
20	增长10年，等于	6.2倍	初始投资
25	增长10年，等于	9.3倍	初始投资

一家以 25% 速度增长的公司资本价值在 10 年后将增加 9.3 倍。对于初始公司，这当然是可能的。但是，对于已经成为世界领先企业并雇佣超过 10 000 名员工的公司，这是难以想象的。在将盈利预测纳入折现现金流模型之后，投资者的一个有益做法就是退一步考虑实际增长水平的可能性以及该公司是否具备支撑这种增长的管理、行业和财务能力。在这类实践当中，大多数投资者倾向于过度乐观。

2.3.1.2　增长来源

从长远来看，增长主要来自有利可图的投资。最简单的公式是用新投资回报率乘以再投资比率，或者：

$$\mathrm{IRR}_{\mathrm{new}} \cdot \frac{\mathrm{Capex}}{\mathrm{NOPAT}}$$

对企业来说，所有这些价值在中长期都必须是可持续的。换句话说，它们不应该在公司内造成难以克服的紧张局势。

增长的短期来源差异很大。经济周期是增长的主要来源。企业无法摆脱经济环境及其不同阶段的周期，必须在其中运营。

通货膨胀是另一个增长因素。尽管在过去几年通货膨胀率已经大幅下降，但仍然决定着公司行为。在 2000 年后的 10 年里，日本的长期通缩致使企业的态度转变。随着整个经济的价格下跌，公司的长期资产价值稳步下降。这种价值损失为因维持一贯的杠杆水平而减少的债务抵消，最终将一部分现金流从生产性投资中转移出去。

削减成本或撤资计划：有几种方案可以解决缺乏竞争力的问题。一种方案是关闭或出售亏损生产设施；另一种方案是投资于工厂和员工培训以降低生产成本和恢复竞争力。虽然第一种方案能够带来短期回报，但不应将其视作盈利的经常性来源，即使这两个方案都能提升公司的营业利润率。

最后，不应该完全忽视“机会”因素，即在正确的时间处于正确的位置。公司的长期战略显然很重要，但有时机会也同等重要。考虑一下，在我们想不到的激变中，其他人开发的技术所扮演的角色。一个典型的例子是互联网的兴起。互联网兴起降低了中介成本，提高了市场透明度。这反过来又推动了新的消费模式。

2.3.1.3　历史性的宏观经济增长

比较一下美国市场的增长率和回报率（见表2-17）。

表2-17　美国市场的增长率和回报率

项　目	增长率和回报率（%）
美国经济的名义增长	6.4
生产率	1.8
人口	1.4
通货膨胀	3.2
上市公司的净收益	6.9
上市公司的每股净收益	6.5
国民收入和生产账户（NIPA）[①] 的利润	6.3
长期国债利率	6.4
现金流量回报率（CFROI）（实际回报）	6.0

利率来自伊博森（Ibbotson）和各种经纪人。它们已经被美联储公布的1930—2004年的数据所证实，并在詹姆斯·莫里斯（James Moris）的论文中被引用（见表2-18）。

表2-18　美联储公布的1930—2004年数据

	算术（%）	几何（%）
美国经济的名义增长	6.77	6.51
人口	1.18	1.18
通货膨胀（CPI）	3.36	3.26
上市公司的净收益	7.13	7.11
股利	8.05	7.84

在估算收益增长时，几何平均数要准确得多。特别是在微观经济层面，对于具有显著收益波动的公司，算术和几何结果可能会有很大的差异。

陈（Chan）、卡塞斯基（Karceski）和拉科尼肖克（Lakonishok）在他们2009年的研究[②]中分析了1951—1997年2 900家公司的历史长期增长率，并证明了10年间的平均增长率：10.2%的销售增长率、9.5%的EBITDA增长率和

① 美国经济中上市公司和非上市公司的总收益［美国经济分析局编制的国民收入和生产账户（NIPA）］。

② The Level and Persistence of Growth Rates, Chan et al., Journal of Finance, 2003.

9.7%的每股收益增长率。

如果考虑两种现象，那么这些结果是相对同质的，可以作为长期增长预测的基础。

（1）2000年的放缓

法国外贸银行（Natixi）的一项研究通过计算生产力增长和预期人口增长来确定潜在的全球增长。该项研究发现过去10年的净增速有所放缓（见图2-10）。

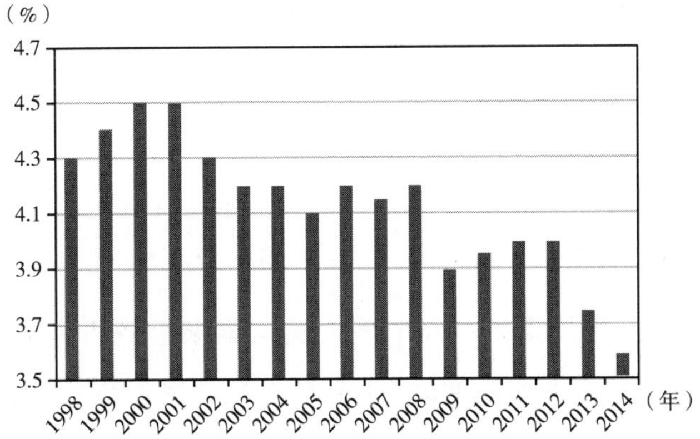

图2-10 世界潜在增长率

1998年以来，全球实际增长率急剧下降。很明显，全球损失近1%。这些数据是基于长期增长的以下两个基本组成部分计算的：一是人口，以20~60岁的人口来衡量；二是生产率，以人均国内生产总值的增长来衡量。

法国兴业银行（Société Générale）计算了不同国家的10年历史平均名义增长率，并以此作为折现现金流模型中的最终增长率。在过去10年中，美国经济的名义增长率为3.5%，10年来急剧放缓（见图2-11）。

显然，由图2-11可以看出，新兴经济体的增长速度几乎达到10%，甚至更高。如果回顾前几页的复利表，那么印度的平均增长率为12%。这意味着在10年内该国的CDP增长了2倍，其中包括通货膨胀。该国的实际增长率接近7%，表明经济在这段时期增长了1倍。

目前，所有国家的平均水平为5.5%。一个包括20世纪70年代通货膨胀时期在内的更长历史时期，经济增长接近6.5%~7.5%（这与美国经济的长期数据相差不大），但在成熟市场和新兴市场则差距很大。

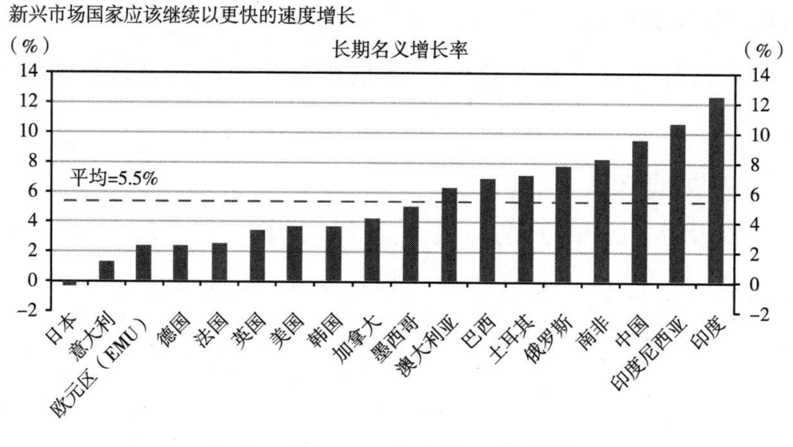

图 2-11 不同国家的10年历史平均名义增长率

注：美国国家经济研究局按照滚动的10年历史平均增长。

资料来源：法国兴业银行。

（2）经济周期长度

另一方面涉及经济周期的持续时间。美国国家经济研究局（NBER）的报告显示：1854年以来的平均周期为60个月；第二次世界大战结束以来，经济衰退时间从17个月降至11个月。迄今为止，最长的经济周期持续了120个月（见表2-19）。

表 2-19 美国经济周期历史

经济周期		持续期（个月）			
		紧缩	扩张	周期	
高峰	低谷	高峰到低谷	前一个低谷到高峰	前一个低谷到低谷	前一个高峰到高峰
1945年2月	1945年10月	8	80	88	93
1948年11月	1949年10月	11	37	48	45
1953年7月	1954年5月	10	45	55	56
1957年8月	1958年4月	8	39	47	49
1960年4月	1961年2月	10	24	34	32
1969年12月	1970年11月	11	106	117	116
1973年11月	1975年3月	16	36	52	47
1980年1月	1980年7月	6	58	64	74
1981年7月	1982年11月	16	12	28	18
1990年7月	1991年3月	8	92	100	108

续表

经济周期		持续期（个月）			
高峰	低谷	紧缩	扩张	周期	
		高峰到低谷	前一个低谷到高峰	前一个低谷到低谷	前一个高峰到高峰
2001 年 3 月	2001 年 11 月	8	120	128	128
2007 年 11 月	2009 年 6 月	18	73	91	81
平均		11	60	71	71
目前			59	59	66

注：美国国家经济研究局并没有将连续两个季度的 GDP 下滑期间定义为衰退阶段。确切地说，经济衰退是整个经济中持续几个月以上的经济活动显著下降，通常可见于实际 GDP、实际收入、就业、工业生产和批发零售业。更多相关信息，请参见美国国家经济研究局的商业周期测定委员会于 2010 年 9 月 20 日发布的最新公告。

资料来源：美国国家经济研究局，SG Gross Asset Research/Global Asset Allocation。

表 2－19 列示了 1945 年以来的美国经济周期，并衡量每个周期的经济紧缩月份和扩张月份。最后一列衡量周期持续期，即自上一个峰值以来的月份数。1991—2001 年是第二次世界大战以来最长的经济扩张时期。

收益在高峰与低谷之间的波动性很大，股票收益也是一样。1975 年以来，美国公司的股票收益显示它们在高峰与低谷之间的跌幅可能高达 10%。从收益的角度来看，这一跌幅几乎占到收益跌幅的 50%（见图 2－12）。

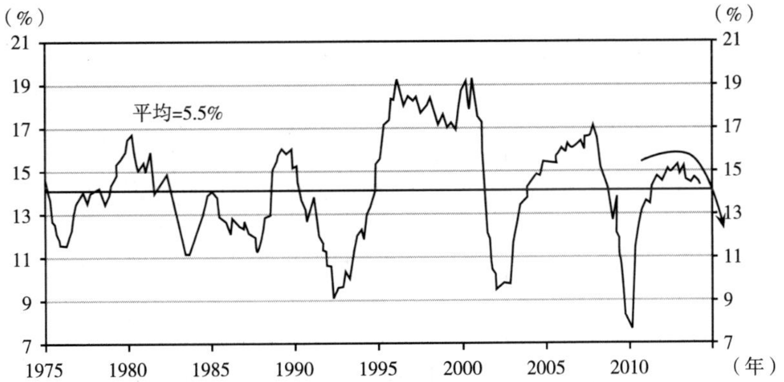

图 2－12　美国股票收益

资料来源：法国兴业银行。

1975 年以来，正如您所看到的，美国公司的股票回报率（见图 2－12）几乎稳定在均值 14.2% 上下波动。还需注意，在过去的 3 个周期中，股票回报的下降幅度非常大，而且这些低谷时期越来越长。然而，这一趋势在美国国家经济研究局所公布的宏观经济周期数据当中并不明显。鉴于公司必须调整资产负债表以适应市场价值这一会计原因，有必要报告经济衰退时期的损失。

通过以上这些观察结果，可以得到如下 4 个实际结论。

一是总体而言名义经济增长与收益增长之间不存在多大区别。对一个包含市场投资组合的普通公司来说，GDP 增长是整个市场收益增长的有用基准。

二是避免过度乐观看待长期增长率。15 年后，应该排除超过两位数的增长。但是，也不要对长期增长率过度悲观，除非一家公司面临可能致其破产的严重竞争问题，否则该公司的增长可能至少会与通货膨胀率保持一致。

三是鉴于经济危机发生的规律性，避免预测线性增长，5 年内收益不会出现萎缩，因此不明智地使用戈登模型是非常危险的。

四是过去的增长并不是衡量未来增长的良好指标。达莫达兰（Damodaran）显示了持续期不同的连续时期的收益增长率之间的弱相关性。一年期增长率和大盘股的相关性最强，不过需要谨慎使用过去的增长率来分析小盘股。

对于大型企业，股票市场指数的隶属效应相关性往往更高。这种相关性也会随着时间的推移而发生变化；而在牛市，尤其是在金融泡沫期间，更是如此（见图 2－13）。

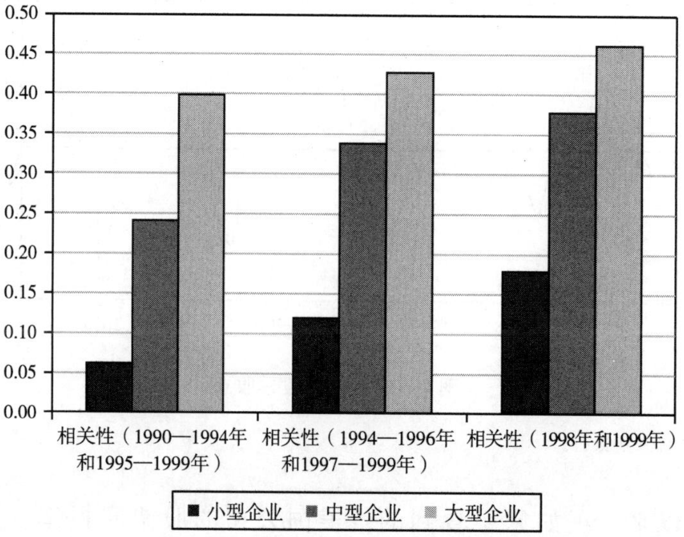

图 2－13　不同企业股票市场指数的隶属效应

2.3.1.4　衰退、竞争优势时期

传统上，未来现金流预测可以分为 2 个时期：

一是确定的增长阶段：战略和经济周期的可预见性使对年度现金流的估计成为可能；

二是平均增长水平的回归阶段：竞争压力驱使利润接近于经济体的平均水平。

拉帕波特（Rappaport）和莫布森（Maubusin）提出了竞争优势时期的概念。以一个收益高于行业平均水平的公司为例，它不可避免地会吸引提供产品、类似产品和服务的竞争对手以较低的成本进入市场。这种机制是自由市场的本质，高回报率是难以维系的。

在一定程度上，均值回归表明收益（或者业绩）是可预测的。

在提出实用的计算方法（B）之前，先回顾一下相关理论（A）的知识。

（1）均值回归的持续时间

毫无疑问，霍尔特（Holt）是对均值回归时间研究最多的公司。该公司指出，长期来看，投资资本和投资现金回报率（CFROI）的增长率会向均值水平回归。竞争对手往往会追赶利润非常丰厚的公司，而苦苦挣扎的公司最终会改变策略，回归到更适当的增长水平上。

投资现金回报率在 15%～20% 的公司，其 5 年后的 CFROI 将在 10%～15%。起始投资现金回报率在 10%～15% 的公司，其在 5 年后会重新回到行业的平均水平。在霍尔特开发的模型中，投资现金回报率在 35 年的时间里会恢复到 6% 的平均水平，这是市场实际回报率的历史平均值。增长率和利率呈现出与之相同的趋势（见图 2－14）。

经济利润（EM）立即开始的衰退过程称为“衰败”。以下情形中衰退将加速发生：

①更多的利润是极端积极或极端消极的；

②更多的利润是周期性的或接近其拐点；

③市场对风险的厌恶程度更高；

④公司的市值更小。

增长率观察值：衰退真的发生了

最初增长率（t+1）　　　　最终增长率（t+5）

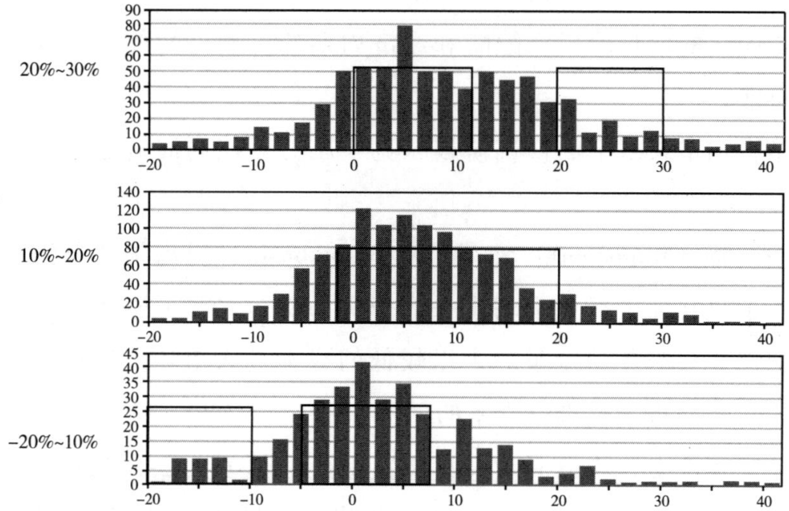

美国大盘股&中盘股：1980—2005年。

（a）

投资现金回报率观察值：衰退发生了

最初投资现金回报率（t+1）　　　　最终投资现金回报率（t+5）

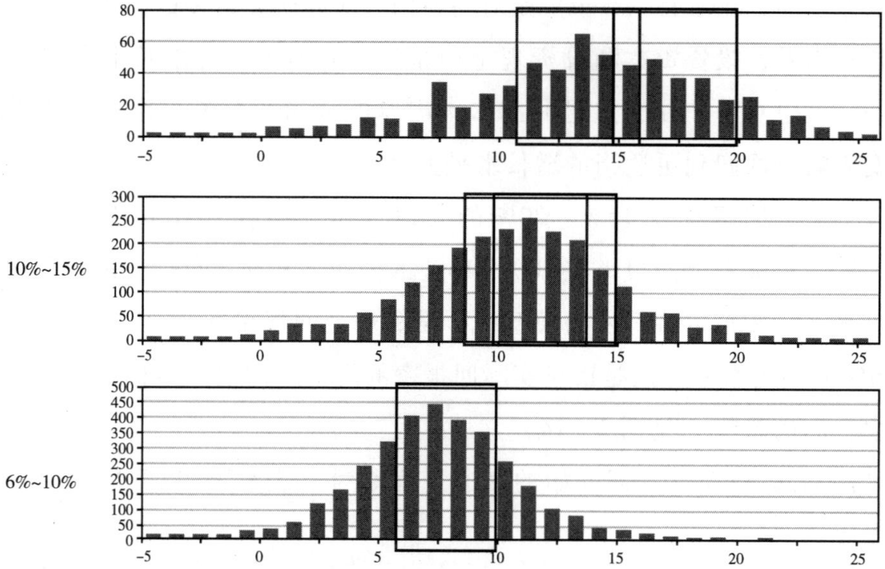

美国大盘股&中盘股：1980—2005年。

（b）

图 2－14　投资资本和投资现金回报率

资料来源：Holt 瑞士信贷银行。

《估值手册》一书中，作者针对大、小市值公司研究了一个与 CFROI 非常相似的比率。他们指出，对于小公司，均值回归更为明显，其永久增长率为 3%，回报率为 12.6%。

图 2－15 重点强调，小市值公司比投资组合更多样化的大型企业更有活力。小市值公司产生的损失较小，往往回复得最快。10 年后，4 类公司回报率之间的差异仍然很明显，但差距却大大缩小。

经济增加值（EVA）在使用年数 T 时考虑 2 个因素：公司周期和市场乐观程度：

①周期性公司具有很少或没有竞争优势（0～3 年，取决于市场乐观程度）；

②根据市场的乐观情绪，生产通用或相对无差异产品的公司具有 4～6 年的优势；

③卡特尔组织中的公司具有 6～10 年的竞争优势（最终，监管压力弥补了市场的障碍）；

④以被证明的创新为支撑的成长型公司，其竞争优势在 10～25 年。

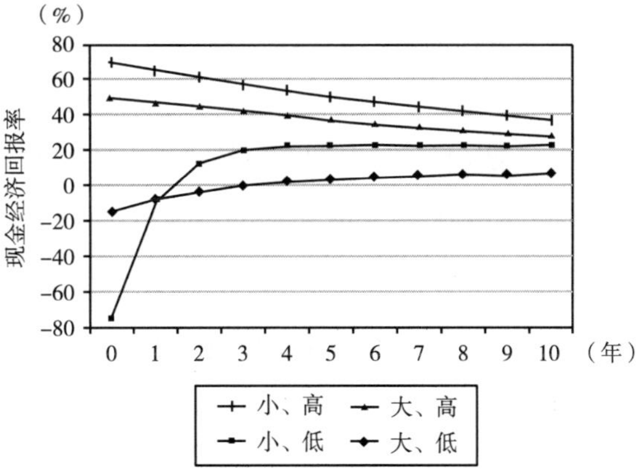

图 2－15 4 类公司（小/大市值、高/低利润率）回报率的均值回归

资料来源：《估值手册》。

（2）均值回归率

均值回归率通常表示为股价回归到被认为是“正常”价值的速率。均值回归率的计算方法有两种。

第一种方法是在直线图上每年使用固定的变化。假设一只股票价格(S)＝

50，股票的公允价值（FV）=20，股价回归到这个公允价值所需要的时间（N）=10 年。衡量这个回归率（T_n）的公式是：

$$T_n = \frac{1}{\text{所需年数} - \text{已过年数} + 1}$$

3 年后，均值回归率为 12.5%，或 1/(10－3＋1)。当接近“公允价值”时，均值回归率会机械地增长：在第 9 年，均值回归率将是 50% 或 1/(10－9＋1)。

第二种方法是使用固定的回归率。假设回归率固定为每年 30%，在第 3 年股价只有 30.3，而不是 41。年复一年的股票价格变化将减少，等于：

$$S_x = (S_{x-2} - S_{\text{最终}}) \cdot (1 - T_n)$$

其中，S_{x-2}是两年前的均衡价格，$S_{\text{最终}}=20$，T_n 是固定的回归率。

均值回归曲线是趋向于公允价值的渐近线，而不是一条直线。

法玛（Fama）和法兰奇（French）[①] 采用的均值回归率为 38%，但不是线性的。当回报率低于平均水平或与市场平均水平相差甚远时，回归率会更明显。在 2004 年的一项研究中，哈里斯（Haris）发现每年公司损失的初始价值的 50% 都是由投资回报率和加权平均资本成本之间的差价所决定的[②]。

在 2013 年的一篇论文中[③]，瑞士信贷银行显示，在一个细分市场中，不同股票的投资现金回报率（通常是相对稳定的）之间的相关性对均值回归的概念很重要，“当相关性较低时，很大程度上依赖于预测的均值。这表明，可以预想消费必需品的均值回归速率比能源领域要慢”。利润波动率低的行业表现出更高的相关性和更长的持续时间，而波动率较大的行业（比如能源行业）的持续时间较短，更少的持续时间意味着回复得更快。

表 2－20 显示了 1986—2012 年欧洲 10 个行业的平均投资现金回报率相关系数。这些相关关系基于 4 年期投资现金回报率的变化。相比于周期性行业（比如能源），最具防御性行业的相关性更高，比如消费必需品（特别是配送）。

---

① Forecasting Profitability and Earnings, *Journal of Business*, 2000: pp161－175.

② 例如，对于最初的已占用资本回报率（ROCE）20% 和加权平均资本成本（WACC）10%，ROCE 在 4 年以后是 1.3%，或者$\frac{20\%}{2^4}$。

③ How to Model Reversion to the Mean－Credit Suisse, 2013.

表2-20　不同行业的回归率与均值

行业	回归率（1986—2012年）	CFROI中位数	均值（1990—2012年）		
	平均相关系数		CFROI均值	CFROI标准差	变异系数
消费必需品	0.70	8.0	9.2	0.5	0.76
医疗保健	0.60	7.8	6.5	1.4	1.68
可选消费品	0.56	7.7	8.7	0.6	0.88
公用事业	0.54	3.7	4.1	0.6	0.72
工业品	0.52	6.5	7.3	1.0	0.81
电信服务	0.47	5.5	4.6	1.7	1.82
织物	0.44	4.4	4.1	0.8	1.82
金融	0.43	6.6	6.8	1.6	1.41
信息技术	0.38	7.9	7.7	2.4	1.38
能源	0.36	5.2	5.1	1.5	1.25

资料来源：瑞士信贷银行。

实际上，建议采取以下取值，

一是均值回归的持续时间：

①周期性公司——3年；

②一般公司——5年；

③进入壁垒保护的卡特尔组织中的公司——8年；

④具有真正竞争优势而不受新竞争者进入影响的公司——10~15年。

二是均值回归的速率：

①每年因价值创造差异而带来的损失的40%；

②如果回报率较高或者公司是小市值或周期性的，那么这一比率会更高；产品范围越接近大众消费市场，在市场新进入者的压力下，均值回归的速度也越快。

【例2-13】 衰退速率

假设有两家在美国消费市场活跃的公司，其自由现金流量（FCF）有500亿美元。其中，一家公司回归到市场均值需要10年时间（具有真正的竞争优势），回归速率为每年30%；另一家公司回归到市场均值需要5年时间（处于市场的平均水平），回归速率为每年60%。在当期期末，该公司的回报率与其资本成本10%是一致的。需要注意的是，这里假设回报率和现金流是相同的

(见表2－21)。

表2－21 两家公司的回归速率

时间	价格（10亿美元）	价格变化（10亿美元）	比例（%）	价格（10亿美元）	价格变化（10亿美元）	比例（%）
0年	50.0			50.0		
1年	38.0	12.0	30.0	26.0	24.0	60.0
2年	29.6	8.4	30.0	16.4	9.6	60.0
3年	23.7	5.9	30.0	12.6	3.8	60.0
4年	19.6	4.1	30.0	11.0	1.5	60.0
5年	16.7	2.9	30.0	10.0		
6年	14.7	2.0	30.0			
7年	13.3	1.4	30.0			
8年	12.3	1.0	30.0			
9年	11.6	0.7	30.0			
10年	10.0					

第一家"慢衰退"公司的企业价值为1 639亿美元，第二家"快衰退"公司的企业价值为1 003亿美元，两者相差63.4%。公司回归行业均值的时间越长，市场对其估值越高。投资者喜好纯粹的经济租金（见图2－16）。

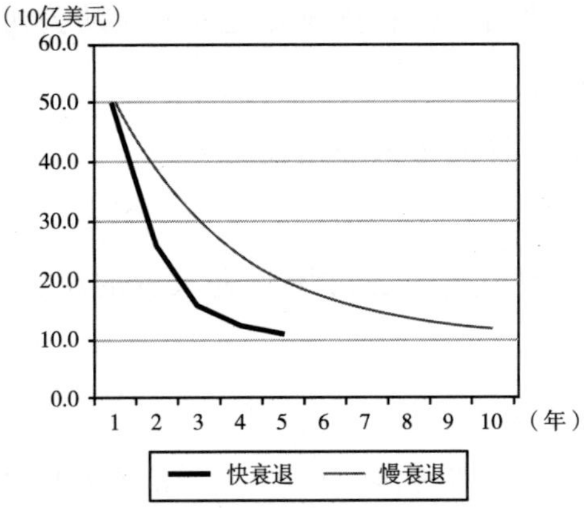

图2－16 衰退速率

需要注意的是，假设在研究了一家公司的战略之后，投资者能够预测未来5个会计年度的收益预期，并认为公司有10年的竞争优势。实用的建议是将现金流的预测期延长至该公司在开始衰退之前的最大回报阶段。

2.3.1.5　年中惯例

截至目前，举例中的DCF现金流都发生在会计年度的年初，但是自由现金流（FCF）在整年的大部分时间都会发生。为了克服这一难题，可以将指数0.5应用到第一个现金流中，然后再将其应用到未来的现金流中。因此：

$$EV = \frac{FCF_1}{(1+WACC)^{0.5}} + \frac{FCF_2}{(1+WACC)^{1.5}} + \cdots + \frac{FCF_n \cdot (1+g) \cdot (1+WACC)^{0.5}}{(WACC-g) \cdot (1+WACC)^{n}}$$

【例2－14】 年中惯例

一家公司在第1年到第3年产生的现金流量分别为100、110和120。永久增长率是5%，WACC为12%。使用或不使用年中惯例的估值差异是多少？(见表2－22)

正如您所看到的，差别在5%~6%，加权平均资本成本（WACC）和增长率之间的差距决定了这个数值。

表2－22　　**标准法和年中惯例法估值差异**

	1	2	3	永续价值	EV
标准法	100.0	110.0	120.0	1 800.0	
	89.3	87.7	85.4	1 281.2	1 543.6
年中惯例	100.0	110.0	120.0	1 904.9	
	94.5	92.8	90.4	1 355.9	1 633.6
					5.8%

2.3.2　资本成本

我们首先从资本资产定价模型（CAPM）公式开始：

股权资本成本 = R_f + (Beta × 股权风险溢价)

其中，R_f是无风险的国债借款利率，股权风险溢价是指股东为投资股票市场所要求的额外收益。因此，它代表了市场风险的总成本。Beta是衡量一家公司系统风险的指标。换句话说，它衡量某只股票相对于整个市场的波动性或与公司业务相关的经营风险以及在承担债务时所产生的财务风险。

2.3.2.1　风险溢价

从长期来看，股票的收益往往高于无风险投资。较高的收益补偿了股票市场波动所带来的较高风险[①]。

尽管投资者认为股权风险溢价本质上是"技术性的"，而且几乎是一个微不足道的因素。但它是所有估值模型的重要组成部分。法国兴业银行发布的这张图显示（见图2－17），从2000年左右的互联网泡沫开始，美国市场的风险溢价波动率非常高。标准普尔的风险溢价在2000年达到低谷（对应于1%的风险溢价），在2008年达到峰值（当时风险溢价为7%），两者之间的差异为6%。

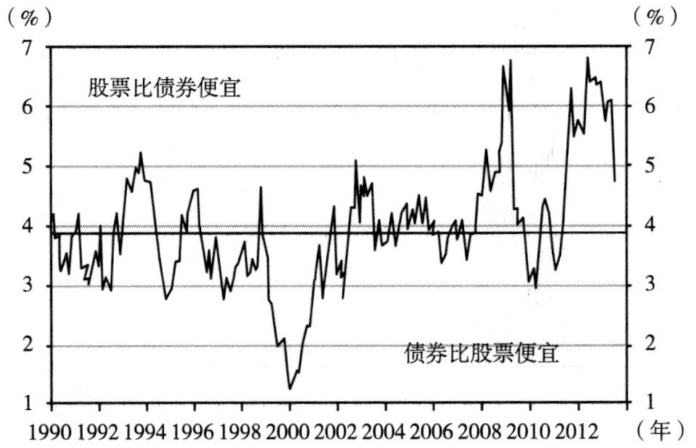

图2－17　美国风险溢价

资料来源：法国兴业银行。

法国兴业银行使用分析师预测的3年周期回报率计算市场风险溢价，然后将所计算的长期增长率作为历史平均水平，可以观察到回归现象。图2－17显示了2000年互联网泡沫时的股票市场和2008年次贷危机爆发时股票市场之间的巨大差距。通过历史对比，2000年时市场价格非常昂贵。但根据2008年的计算结果，并没有发现明显估值过高的迹象。这一模式与Alan Greenspan使用的美联储模型非常相似，而且深受利率水平的影响——在2008年崩盘后的最低水平之后——相对而言，这有利于股市。

假设利率在整个期间保持在3%的稳定水平。这意味着，如果不考虑未来

① Equity Risk Premium (ERP): Determinants, Estimation and Implications, edition of 2013, Aswath Damodaran.

的增长，权益资本成本 4% 到 10% 的变化将导致市盈率在 10 倍（1/10%）到 25 倍（1/4%）之间变化。这说明，投资者在互联网泡沫破裂之前愿意支付 2.5 倍于相对于次贷危机之后的回报率。投资者行为易变的原因是什么？

首先，要更详细了解风险溢价的概念。

①事后（或历史的、已实现的）风险溢价和事前（或预期）风险溢价。

事后风险溢价衡量的是股权收益率与无风险利率（即 10 年期长期利率）的历史差异。将像标准普尔这样的主要指数的整体表现与无风险回报进行比较。这个计算过程并不复杂。

事前风险溢价衡量的是股东预期回报（股权资本成本）与到期无风险回报之间的差异。这些预测并不是直接可见的，所以必须使用不同的模型进行估计。这里的计算比较复杂，但提供了 DCF 分析所需的风险溢价。使用这些模型计算的风险溢价和当前的市场水平被称为隐含风险溢价。

②无条件和条件风险溢价。

无条件风险溢价是一种长期溢价，其计算周期超过单个经济周期。它被用于 DCF 模型。可以看到，它在 3.5%~4% 变化。

条件风险溢价反映了观察期间的市场状况。因此，它包括可被描述为非经常性的周期性因素，在非常长期的预测中不应加以考虑。条件风险溢价在扩张时期非常低，在衰退期间非常高①。根据佛罗伦（Fornari）② 的说法，条件风险溢价与长期利率成反比。从某种程度上说，这代表着动量（在后文会提及），意即跟随趋势而不是评估市场。当市场情绪高涨时，投资者将注意力集中在不断上涨的价格上而忽略了估值比率。由于投资者要求的风险溢价较低，因而市场可以超越均衡价格。

③算术和几何风险溢价。分析师常在算术平均和几何平均方法之间进行切换，并优先选择前者。我们更倾向于那些与股票市场收益率不一致的结果序列的几何平均值。

【例 2-15】 算术平均或几何平均？

下面的示例（见图 2-18）给出了 10 年期间的算术平均值和几何平均值。

---

① 根据法国兴业银行的计算，在互联网泡沫时期隐含的市场风险溢价还不到 1%。这告诉我们，在这段时间里，周期性因素拉低了“正常”（或无条件）风险溢价 2.5/3%。

② The Size of the Equity Premium，Fornari，2002.

第一种情形显示的是线性增长，指数每年上升10。在这种情况下，算术平均值和几何平均数之间没有很大的差别。相比之下，在第二种情形下，在第5年发生崩盘，但对长期趋势没有影响（这或多或少发生在现实中）。这里，算术平均值就高得太多了。

	平稳的趋势			有崩盘的趋势		
	100			100		
1	110	10.0%		110	10.0%	
2	120	9.1%		120	9.1%	
3	130	8.3%		130	8.3%	
4	140	7.7%		140	7.7%	
5	150	7.1%		100	-28.6%	
6	160	6.7%		160	60.0%	
7	170	6.3%		170	6.3%	
8	180	5.9%		180	5.9%	
9	190	5.6%		190	5.6%	
10	200	5.3%		200	5.3%	
		7.19%	算术		8.95%	算术
		7.18%	几何		7.18%	几何

图2-18　10年期间算术和几何平均值

评估股权风险溢价取决于持有期。由于股票波动性随持股期的长短而降低，因而其算术平均收益趋于几何平均收益。

综上所述，需要一个基于几何平均收益率的、事前的、无条件的风险溢价来计算DCF。

（1）历史风险溢价

美国的历史股权风险溢价。

根据晨星公司1928—2014年的数据，通常以平均值6.4%作为算术平均值，而以4.8%作为几何平均值（见表2-23）。

表2-23　历史股权风险溢价（ERP）　（单位:%）

时间	ERP：股票-短期国债		ERP：股票-长期国债	
	算术平均值	几何平均值	算术平均值	几何平均值
1928—2014年	7.68	5.76	6.29	4.59
1967—2014年	6.04	4.60	4.41	3.33
1997—2014年	5.81	3.83	3.58	1.86

资料来源：达莫达兰（Damodaran）。

达莫达兰（Damodaran）根据晨星的数据进行计算。一些投资者将短期利率作为无风险利率，考虑到股权投资天然的长期属性。这是一种我们不推荐的做法。在这 3 个计算期间，风险溢价稳步下降。其原因与 1995—2000 年股票市场的高估值有关，而在过去的 20 年中利率的惊人下跌只部分抵消了这一情况。

达莫达兰引用了西格尔（Siegel）的书《长期股票投资》，估计 1802—1870 年的风险溢价为 2.2%，1871—1925 年的风险溢价为 2.9%（见表 2-24）。

表 2-24　1990—2005 年国际和美国市场的历史风险溢价　（单位：%）

国家	股票 - 长期国债	
	几何平均值	标准差
澳大利亚	6.22	1.83
比利时	2.57	1.95
加拿大	4.15	1.74
丹麦	2.07	1.57
法国	3.86	2.16
德国	5.28	2.69
爱尔兰	3.62	1.78
意大利	4.30	2.89
日本	5.91	3.21
荷兰	3.86	2.10
挪威	2.55	2.66
南非	5.35	1.88
西班牙	2.32	1.96
瑞典	5.21	2.17
瑞士	1.80	1.70
英国	4.06	1.61
美国	4.52	1.96
除美国外的	4.10	1.48
全球	4.04	1.45

资料来源：达莫达兰（Damodaran）。

美国的几何平均值接近 4.5%，全球市场则接近 4%。

费尔南德斯（Fernandez）估计分析师使用的历史风险溢价平均为 5%[①]（标准差为 1%），略低于普遍采用的水平，而公司首席财务官使用的风险溢价约为 5.5%（标准差为 1.5%）。

① Fernandez: Equity Premium Used in 2011 for the USA by Analysts, Companies and Professors: A Survey.

达莫达兰列出了这些不同的方法，并计算出美国市场的平均风险溢价为4%。

由于非预期的经济和历史事件会助长人为夸大或降低历史风险溢价，因而这些价值往往会被一些带偏差的来源①扭曲。

经济事件：

第二次世界大战期间和之后的利率控制，使其远低于正常水平。格拉博夫斯基（Grabowski）认为，这使1926—2008年的风险溢价增加了约0.5%。

按照麦克格拉腾（McGrattan）的说法②，降低税率，特别是股息，将使股票的历史收益率上升1.8%。

从一个非常低的基线计算溢价，1926年美国市场的收益率是10%，而2008年只是略高于5%。P/E比率的增加使风险溢价上升了0.5%左右。

政治事件：

从长期来看，收益包含了对市场表现产生深远影响的重大历史事件。例如，俄罗斯的市场在各自的革命之后就消失了。许多其他国家，特别是欧洲国家，战争、侵略或内战都会对其收益产生影响。

简言之，按真实水平来看，美国股票市场的长期收益率约为5.5%，债券市场的实际收益率约为2%。

经有利的经济事件和历史事件调整的历史风险溢价约为3.5%，标准差为0.5%~0.7%。

经济事件和政治事件能够解释历史数据向上偏差的1%~1.25%。这似乎是合理的，但对于一些文献中的相关数据来说，这是偏高的。

鉴于上述情况，我们将以3.5%~4%作为远期无条件风险溢价。

影响风险溢价的主要因素是什么？从字面意思来看，风险溢价反映了市场中不确定因素的增加。③ 不确定性可能与经济周期或基本经济情况有关。

风险溢价与风险厌恶之间存在联系。宏观经济均衡模型描述了总风险厌

---

① Triumph of the Optimists, Dimson, Marsh and Staunton, 2002.

② McGrattan Prescott (2001): Taxes, Regulation and Asset Prices.

③ 风险和不确定性是不一样的，而Knight在他的时代提出了一个很清晰的解释："风险和不确定性两者之间的实际差异是前者的结果分布在一组实例中是已知的（通过先验计算或对过去的经验进行统计），然而对于不确定性，这是不正确的。一般情况下是因为面对的情况是高度独特的，不可能形成一组实例。不确定性通过阻止理论上对竞争趋势的完美超越，使企业的特征形式成为整体的经济组织并对企业家的特殊收入进行解释。"(Risk, UncertaintyandProfit, Knight, 1964)。

恶系数（即典型投资者的风险规避）。它是具有强大效用函数的系统风险的价格。风险厌恶取决于对消费者偏好及其效用函数的假设。习惯型偏好会在衰退时期产生更易变和反周期性的风险规避。

风险规避也可能与投资者年龄有关。这可以从某种程度上解释，目前市场上的风险溢价相对较低，35～50 岁之间的人口比例高于 50 岁以上的人群，而且更加厌恶风险。席勒①认为，“婴儿潮”一代对风险的容忍度更高，或许是因为他们不记得 20 世纪 30 年代的极端经济状况。

风险溢价与自上而下的市场策略有关。它不涉及与公司基本面相关的因素。在计算 Beta 值时，这些微观经济因素将被包括在内。正如 CAPM 所描述的那样，这两个因素共同表明了股东投资公司需要增加的收益率：

股权资本成本 = R_f + (股权风险溢价 × Beta)

其中，股权风险溢价描述了自上而下的全球因素，而 Beta 则描述了自下而上的公司特定因素。

与经济周期相关的变量（自上而下的方法）：

戈登（Gordon）的一项研究强调了从 1895 年到 1995 年的 100 年间以股息率衡量的 GDP 波动和市场估值之间的联系（见图 2－19）。

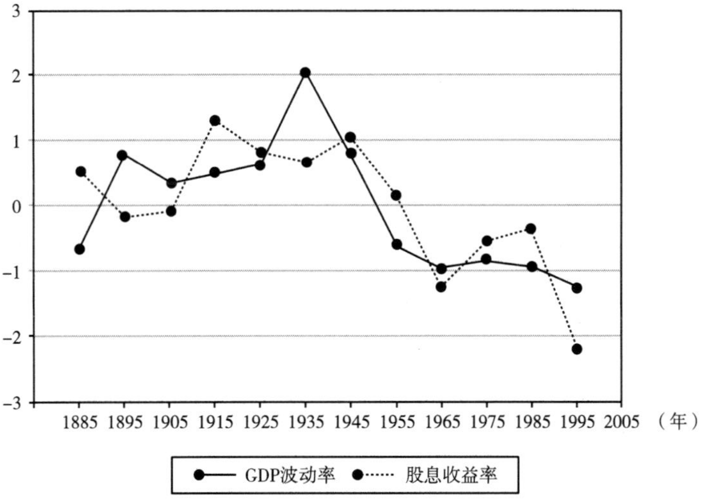

图 2－19　美国 GDP 增长率和股息价格比率的标准差

资料来源：Gordon。

① Shiller (2000), Irrational Exuberance for the Effect of the Baby Boom on the Stock Market, or Campbell and Shiller (1998).

图2－19显示了1882—2000年美国GDP增长率和股息/价格比率（或股息收益率）的标准差。两组数据都经正态化处理。当未来的不确定性增加时，投资者要求更高的额外收益。美国经济增长的不确定性在20世纪30年代的大萧条时期达到峰值。此后，不确定性稳步下降，直到21世纪股市价值乘数（P/E或P/Div）才不断上升。

贾斯汀尼亚洛（Justiniano）和普里米切里（Primiceri）[①] 认为，20世纪80年代美国的牛市行情是这一时期美国经济的波动性下降造成的。经济学家们所称的“大缓和”（Great Moderation），不仅源于低通胀和技术创新（尤其是在IT方面），而且根据作者们的说法，更来自信贷管制的放松，尤其是对房地产市场的放松（之前设定了银行存款利率上限的监管Q取消了）。结果是市场的新进入者增加了竞争，减少了金融摩擦。在1955—1983年和1984—2003年，美国经济变化的标准差下降了一半。

加贝克斯（Gabaix）和许多学术机构[②]都认为经济或金融的不确定性是风险溢价的主要决定因素，尤其是对财富产生重大负面影响的罕见灾难的可能性。“有关可能发生灾难的强度的变化着的信念与行为学文献所称的‘动物精神’非常接近。”瑞士联合银行（UBS）最近发表了一篇关于波动率正常水平[③]的论文。该银行提到的波动因素包括央行政策的清晰性和主要经济变量的不确定性，尤其是消费价格指数和国内生产总值。他们的研究结果表明“波动率的主要潜在因素实际上是经济增长的波动性”。

兹韦费尔（Zweifel）最近在LeTemps[④] 上发表的一篇论文阐述了新兴市场经济增长波动性与股市估值之间的联系。相对于更成熟的经济体，最不稳定的新兴股票市场（如俄罗斯市场）的交易会大打折扣。它们的经济结构提供了部分解释，因为它们依赖于获得商品，就像它们股票市场的分割结构一样（限制持有国际股票“糟糕的公司治理”政治风险和信息质量低下）。新兴市场的经济贝塔系数更高，因此资本成本更高（见图2－20）。

图2－20展示了主要地理区域和“金砖四国”（巴西、俄罗斯、印度和中

① The Time－Varying Volatility of Macroeconomic Fluctuations，Justiniano and Primiceri，NBER Working Paper，2006.

② Gabaix，2009：Variable Rare Disasters.

③ Q Series－What Happens When Volatility Normalises?，2014.

④ Les raisons de la décote des pays émergents，Patrick Zweifel，Le Temps，2014.

国）的指数。它衡量了实际国内生产总值（GDP）增长的波动性以及相对于工业化国家 PE 的百分比差异。例如，发达国家 GDP 增长的波动率为 2.5%，而新兴市场 GDP 增长的波动率为 3.5% 左右。1995 年以来，相关系数一直很高，R^2 为 0.41。

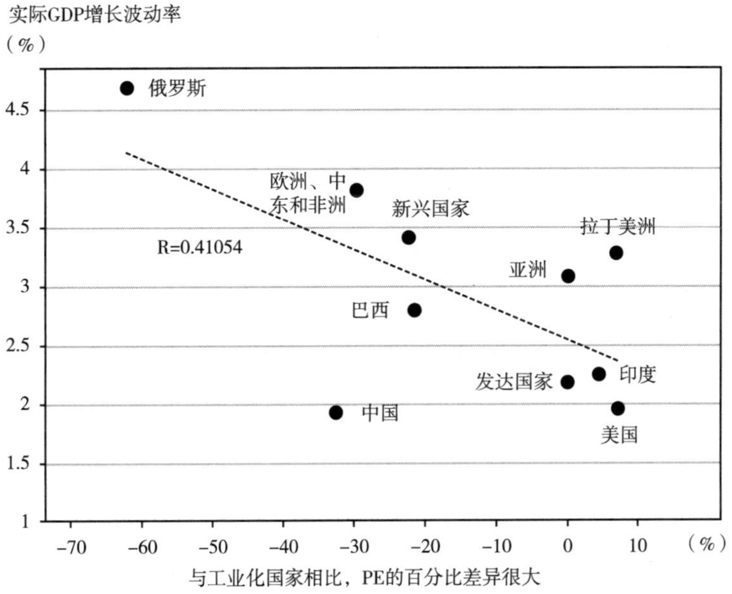

图 2－20　主要国家和地区及“金砖四国”的指数

增长的不确定性可以连同未来通货膨胀的不确定性一并发生①。

通货膨胀对金融资产有双重影响：在恶性通货膨胀的情况下，一般经济体，尤其是公司，通常无法及时调整其价格（通常是因为政治上的反对）；另外，通缩会侵蚀公司资产的价值。每年，资产价值的下降会自动导致更高的杠杆率，促使公司利用部分现金流来偿还债务。这被称为“资产负债表衰退”（Balance Sheet Recession）。这是日本投资者非常熟悉的现象。

当公司估值被视为通货膨胀率的函数时，会出现两个重点：一是在温和通胀水平下估值达到最高，但在恶性通货膨胀或通货紧缩时期估值下降。二是“通胀微笑”（Inflation Smile）是指温和通胀水平时的价值乘数峰值。

图 2－21 显示了 1881—2006 年美国市场通货膨胀率与市盈率之间的关系。

---

① 对于 Brandt 和 Wang（2003）来说，如果通货膨胀率高于（低于）预期，市场风险溢价就会上升（下降），与实际通胀水平相比。风险溢价与通胀风险更相关。

在许多市场中都是这种典型的钟形曲线关系。在中间通货膨胀率为 2.5% 的情况下，市盈率最高。图 2-22 显示的日本市盈率和通货膨胀率是根据相对较长时期的年化数据计算而得的。

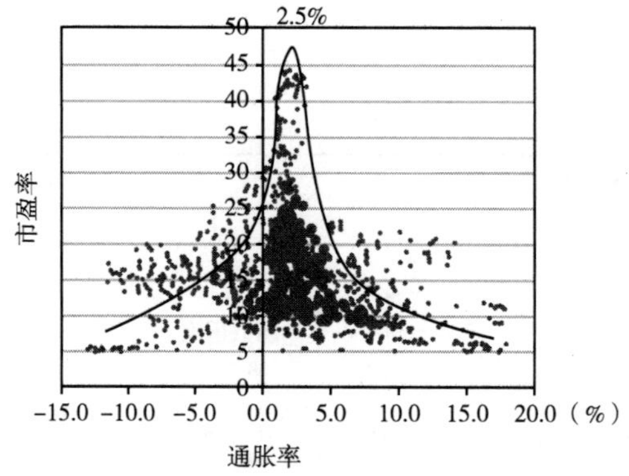

图 2-21 1881—2006 年美国月度市盈率和 CPI 通胀率

资料来源：Shiller，Goldsmith。

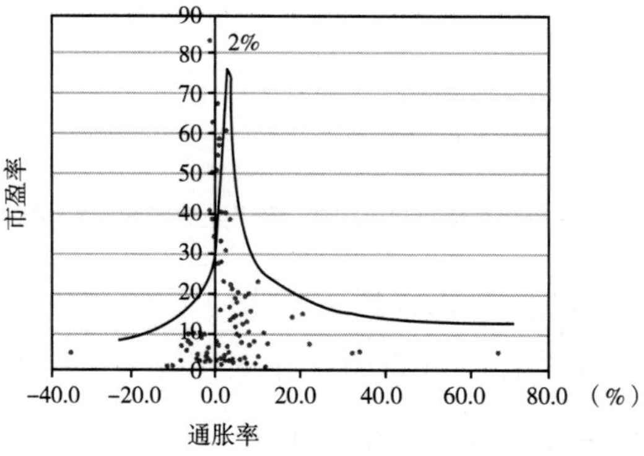

图 2-22 1886—2006 年日本年度市盈率和 CPI 通胀率（不包括 1940—1953 年）

资料来源：Shiller，Goldsmith。

法国兴业银行指出，通缩倾向于增加债务成本，而通胀则降低了债务成本。一项 15 年期的贷款，每年 4% 的通货紧缩意味着贷款偿还的实际金额为票面价值的 185%。如果通货膨胀率为 10%，那么同样的贷款 15 年后将以实际金额为最初价值的 24% 进行偿还（见表 2-25）。因此，投资者要求更高的风险溢价来尝试避免这两种风险。

（2）波动率与风险溢价之间的联系

根据格拉厄姆（Graham）和哈维（Harvey）对美国公司首席财务官的调

查数据，达莫达兰展示了波动率指数（VIX）与 10 年期利率风险溢价之间的联系。VIX 指数通常被称为“恐惧指数”（Fear Index），是投资者避险情绪的指标（见图 2－23）。

表 2－25　　通胀预期

通胀降低债务成本，通缩增加债务成本			通货膨胀率								
			－4%	－2%	0%	2%	4%	6%	8%	10%	
例 1：15 年期的贷款，如果贷款期间通胀率为 －4%，到期日贷款的真实价值从 100 增加到 184.5	久期（年）	3	113.0	106.2	100.0	94.2	88.9	84.0	79.4	75.1	例 2：通胀率为 10%，票面价值为 100 的贷款 15 年后的真实价值为 23.9
		5	122.6	110.6	100.0	90.6	82.2	74.7	68.1	62.1	
		8	138.6	117.5	100.0	85.3	73.1	62.7	54.0	46.7	
		10	150.4	122.4	100.0	82.0	67.6	55.8	46.3	38.6	
		15	184.5	135.4	100.0	74.3	55.5	41.7	31.5	23.9	
		20	226.2	149.8	100.0	67.3	45.6	31.2	21.5	14.9	
	基期 100 公式：100 ÷（1 + π），到期利率 π = 通胀率。 数据来源：SG Economic Research。										

资料来源：法国兴业银行。

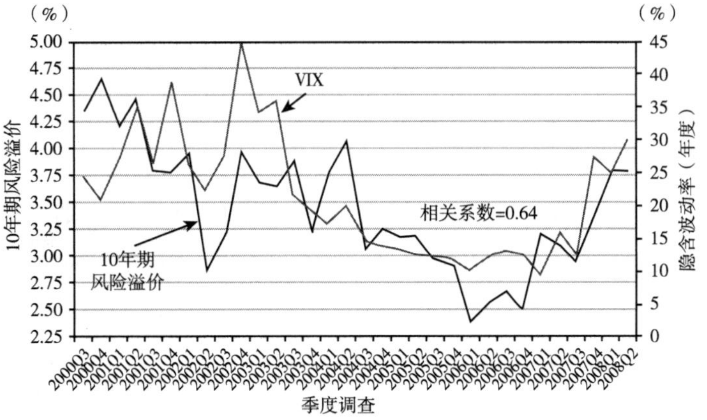

图 2－23　波动率指数与 10 年期利率风险溢价之间的联系

资料来源：Damodaran。

根据美国 10 年期长期利率和波动率指数变化计算的风险溢价，投资者对未来股票市场波动的看法是基于标普指数 30 天看涨期权和看跌期权的隐含波动率的，其相关性相当高（$R^2=0.64$）。随着经济、政治或结构性风险的不确定性的增加，期权市场的波动性将更高，股票市场的风险溢价也将上升。

基于股票长期收益率和债券收益率之间的差异，艾斯尼斯（Assnes）[①] 通过衡量风险感知，提供了一个非常好的风险溢价估计方法。

对达莫达兰来说，信用违约互换（CDS）的利差接近 2 倍，而利差本身就是波动率和风险溢价的函数。然而，这个经验比率是非常易变的（见图 2－24）。

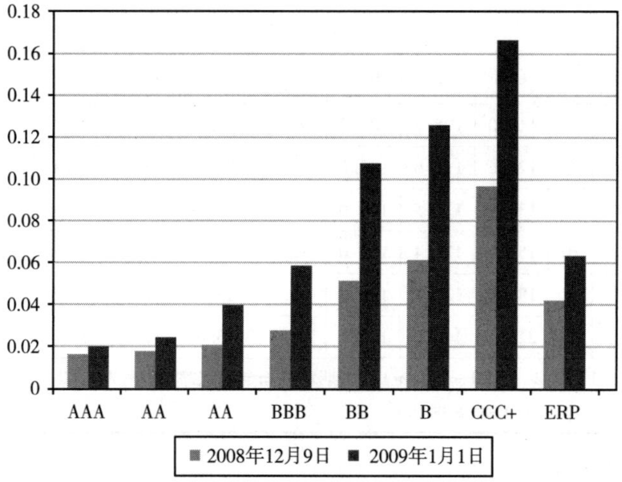

图 2－24　不同评级的信用违约互换利差

资料来源：Damodaran。

2008 年 11 月的金融危机期间，金融行业的不确定性增加。图 2－24 显示了在两个不同日期按评级分类的债券以及相对于政府债券的利差。债券息差上升与股市风险溢价一致。估算股票市场风险溢价的经验法则是将 A/A2 评级债券的利差乘以 2。这种方法的优点是可以在市场上随时观察到这个利差。

类似于股权风险溢价，波动性的一个特征是：它在危机中迅速上升，而后又逐渐回落。克莱门茨（Clements）和富勒（Fuler）[②] 显示，波动性明显表现为日收益率的正偏斜分布（0.67）。

考虑到所有这些因素，我们建议：

①成熟市场的无条件风险溢价为 3.5%～4%，是根据历史偏差对历史风险溢价略微向上调增了 1% 所得；这些指标下降到了最近学术理论[③]中较低的平均水平［达莫达兰（Damodaran）4%、拉帕波特（Rappaport）3%～5%、格

① Stocks versus Bonds：Explaining the Equity Risk Premium（Assness，2000）.

② Forecasting Increases in the VIX：a Time－varying Long Volatility Hedge for Equities，2012.

③ Data sourced from Cost of Capital，Pratt and Grabowski.

雷厄姆·多德（Graham Dodd）4%~6%、西格尔（Siegel）3.5%~4.5%、斯特恩·斯图尔特（Stern Stewart）6%、彭曼（Penman）5%和费尔南德斯（Fernandez）4%]。

②为匹配当前经济周期的显著性，使用条件风险溢价，特别是两个主要变量，即实际增长和通胀预期以及金融市场的波动程度；莱博维茨（Leibovitz）和波瓦（Bova）（2007）主张区分3种具有不同风险溢价的经济系统。

莱博维茨和波瓦区分了3种利率环境。第一种（低利率）是由非常低的预期通货膨胀决定的。当通货紧缩迫近时，投资者要求较高的风险溢价（6%或更高），这有保持低市盈率的作用。在2%~3%的正常利率（即“最佳利率”）时，市场估值最高（见表2-26）。

表2-26　三种利率环境

因素	低利率（0~1%）	最佳利率（2%~3%）	高利率（6%以上）
股票风险溢价	高（6%）	低（4%或更低）	高（5%）
通胀预期	低（1%~2%）	低/中（2%~3%）	高（4%以上）
贴现率	中（7%）	中（7%）	高（11%）
政策持久性	可能较短	可持续	几乎肯定很短
理论PE	低（10%~11%）	最高（16%~17%）	低（9%~10%）

资料来源：CFA研究基金，对ERP的重新思考。

2.3.2.2 Beta：公司风险

公司的特定风险有如下两种。

第一种是纯粹的经营风险。纸浆造纸的风险比分销日常消费品的风险要大，因为造纸的生产周期是众所周知的难。通过计算经营Beta[也称“资产Beta”或“无杠杆Beta（Bu）”①]来解决这一风险，它考虑了公司相对于市场所产生的NOPAT的未来可变性。如果使用CAPM模型，则公司的无杠杆成本等于无风险利率加上经营Beta数据乘以股票市场风险溢价。

$$K_u = R_f + (\text{经营 Beta} \times \text{股权风险溢价})$$

① 这三个定义的共同点是它们指的是在公司投资的资本，即资产负债表上的资产。给定营业收入变化的风险，管理层的任务是产生最大收益。由于该模型没有考虑到公司的债务，所以Beat系数与100%股权的公司类似。

第二种是财务风险，将 k_u 变成 k_e[①]（权益资本成本）。影响资本成本的各种因素有：

①额外的债务创造了一个增加企业价值的税盾；

②如果考虑破产和代理成本，税盾的规模就会减少。

存在一个最佳的加权平均资本成本（WACC）水平，高级财务经理的作用就是尽可能地接近这个最优水平。

需要牢记的是，加权平均资本成本等于：

$$WACC = k_d \cdot (1 - t) \cdot \frac{D}{D + E} + k_e \cdot (1 - t) \cdot \frac{E}{D + E}$$

其中，k_d 为债务资本成本，k_e 为权益资本成本。

在计算债务成本时，税盾是由加权平均资本成本公式中因子（1 - t）来体现的。最终的破产成本和代理成本被计入权益成本和债券持有人所需借款的到期收益率中。

随着杠杆的增加，全部或部分债券的违约风险相应增加，债券持有人或债权人将要求更高的回报来抵消风险。根据莫迪利亚尼和米勒第二定理，无杠杆权益资本成本（k_u）和有杠杆权益资本成本（ke）的换算公式是：

$$k_e = k_u + (1 - t) \cdot (k_u - k_d) \cdot \frac{D}{E}$$

只要资产负债表上的债务比率保持不变，这个公式就是有效的。我们可以看到，在实践中如何将这一公式应用到不同的场景中。

计算 Beta 的模型有很多种：

①分析师估计的纯粹基本模型；

②与 CAPM 有关的模型，该模型考虑了股票市场的行为；

③根据 CAPM 推导的模型，该模型采用了其他风险因子，如公司规模和估值；

④与竞争有关的估计 Beta 的比较模型。

最基本的方法是关注公司的活动：

每位分析师都列出一系列可能导致公司未来几年回报率波动的因素。这

---

① 对于 Daouk 和 Ng（“Is Unlevered Firm Volatility Asymmetric?”，2008，在《Cost of Capital》中被引用），财务杠杆占股票发行波动的 85%，经营杠杆占 15%。

个清单越长，公司的 Beta 系数就会上升。分析师确定该公司相对于市场平均水平的排名。这就是所谓的基本测试。

【例 2-16】基本测试

假设以 20 世纪 80 年代的赌场为例。当时，该行业进入门槛很高。一个活跃在这一领域的公司的风险状况比一个经济体的平均水平要好，因此它的Beta系数较低。21 世纪，网上博彩的进入门槛大大降低了。风险上升到了高于市场平均的水平，Beta 也上升了（见图 2-25）。

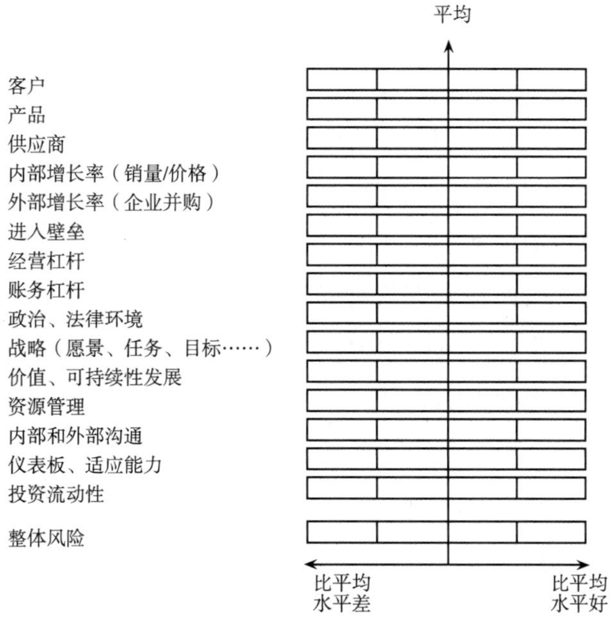

图 2-25　商业风险指数

这是一种纯粹的自下而上的方法，不是影响短期市场现象的因素。斯图尔特（Stewart）将此指数称为“商业风险指数”。对拥有大量分析师的经纪人来说，这是非常有用的但对普通投资者来说成本就太高了。

CAPM 基于市场模型：

该模型假定 Beta 是未来公司收益波动的唯一来源[1]。这种方法基于有效市场假设，投资者可以利用公司提供的信息计算额外收益，以补偿该公司固有的风险。随着风险的增加，Beta 值也会增加。我们首先通过 5～10 年期的回归

① 特质波动不会产生补偿。

来计算历史的 Beta 值。这是一种自上而下的方法，用于评估企业相对于市场其他部分的股票市场行为。从长期来看，市场投资组合是有效的，（持有市场投资组合和无风险资产的）投资者有很好的多样性，而且要求与公司的风险相匹配的额外回报。

$$\beta = \frac{Cov\ (r_p,\ r_m)}{Var\ (r_m)}$$①

我们可以从历史收益中估算出预期的数据。人们一致认为，过去的 Beta 并不能很好地反映未来的 Beta，因为公司不断地改变其相对于市场的风险状况。

• 例如，一家科技公司可能必须解决其产品过时的问题，而另一家公司则可能大幅增加债务以资助一项重大收购。

• 风险状况也会相对于构成该指数的其他公司发生变化。将石油公司 Transocean 列入瑞士市场指数（SMI）改变了该指数的风险状况，因为它是第一家被纳入 SMI 的石油公司。结果是其他公司的 Beta 下降了。

在极端情形下，比如经过彻底变革后的收购，计算历史的 Beta 没有任何意义。准则是将被收购方的风险状况按照新业务的营业利润份额包括在 k_u 中。

【例 2 –17】 股票市场 Beta

以诺华为例，根据 5 年的日数据计算出 Beta。该数据依次与 SMI 和摩根士丹利资本国际公司（MsCIWorld）相比较。Bloomberg 用经典公式（未来Beta = 历史 Beta × 2/3 + 1/3）对结果进行了调整，并将其作为长期收益率均值回归的因素（见图 2 – 26）。

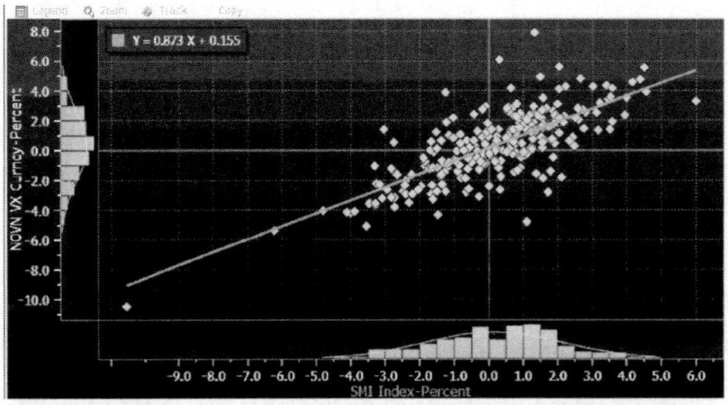

统计 Y=NOVARTIS股票收益率 X=瑞士市场指数收益率 线性回归	转换 范围1
原始的斜率项	0.873
调整的斜率项	0.915
截距项	0.155
相关系数的平方	0.569
相关系数	0.754
误差的标准差	1.525
截距项的标准误差	0.095
斜率项的标准误差	0.047
T统计量	18.442
显著性	0
最后T值	-0.075
最后P值	0.470
观测值的数量	260

图 2 – 26　与 SMI 比较

① 公式也可以写成：$\beta = Corr_{im}\frac{\sigma_i}{\sigma_m}$。

这表明诺华的 Beta 系数与市场的平均水平非常接近（根据定义等于 1）。这可以用诺华在 SMI 中的权重和 Roche 的主导地位来解释。SMI 拥有大量的制药公司，占该指数的 41.5%。因为指数中没有包括周期性股票，所以诺华的风险状况低于世界指数。这种情况是正常的，因为瑞士市场状况在整体上是防御性的（见图 2－27）。

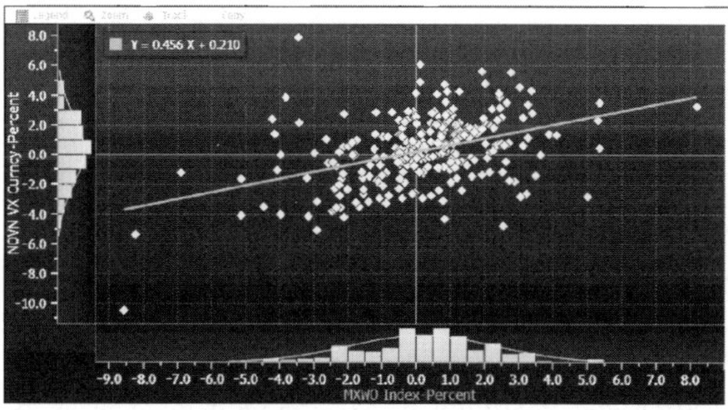

统计 Y=NOVARTIS股票收益率 X=MSCI World收益率 线性回归	转换 范围1
原始的斜率项	0.456
调整的斜率项	0.638
截距项	0.210
相关系数的平方	0.177
相关系数	0.421
误差的标准差	2.106
截距项的标准误差	0.131
斜率项的标准误差	0.061
T统计量	7.456
显著性	0
最后T值	0.434
最后P值	0.668
观测值的数量	260

图 2－27　与 MSCI World 比较

现在再用两个统计变量来评估回归对均值计算的相关性：

一是 R^2 相对于 SMI（0.56）较高，但与世界指数（0.17）相比较低。

二是 t 统计量表明，这种关系是显著的，因为示例中给出的结果高于通常使用的下限 2。

统计模型本身也可能是 Beta 统计显著性更大或更小的来源：

参考指数中包含了极具非典型风险特征的公司（如濒临破产的公司），可能会将偏差引入计算中。我们把这些公司称为“局外人”。它们倾向于出现在小型股指数中。

使用最小二乘法的回归没有考虑包括“肥尾”的较高的投资组合收益的分布，当样本容量足够大时，异常事件的统计频率远高于其按正态分布规律所估计的发生概率。

法玛（Fama）和法兰奇（French）指出，市场上，除了 Beta，还有其他系统风险因素（即规模和估值）。因此，简单地观察金融工具相对于市场的波动，本身就不足以计算 Beta 系数，这与在 CAPM 中的计算一样。我们需要深入研究并确定公司规模以及归属于公司估值的份额所导致的股价波动。为了弄清这三个因素，计算历史价格对市场的回归。

按照法玛和法兰奇的说法，由于流动性不足（规模因子）以及低估值公司失败风险会增加（估值因子）小市值公司的风险更高。使用这种方法得到的 Beta 要比对市值最小公司和估值最低公司使用 CAPM 所得的 Beta 低。

普拉特（Prat）和格拉博夫斯基（Grabowski）[①] 对美国公司进行了评估，并将之与 Fama – French 方法和“简单”CAPM 计算的 Beta 值进行了比较（见表 2 – 27）。

表 2 – 27　　几种指数比较

	CAPM Beta	FF Beta 因子	FF 小市值因子（%）	FF 估值因子（%）
Chevron	0.65	0.97	–1.2	–1.9
Gap	1.2	0.98	+0.3	–1.6
Zimmer	1.07	0.65	+1.4	+2.5

雪佛龙是一家大公司。运用 Fama – French 模型，雪佛龙的资本成本低于其他上市公司，主要是因为它具有更高的流动性。为了计算出只与公司的业务相一致的 Beta，必须增加这种规模的优势，以便与其他石油公司的 Beta 进行比较。

雪佛龙（在格拉博夫斯基的研究之中）以高估值进行交易，吸引了偏爱增长/热门股的投资者的浓厚兴趣。如果要计算雪佛龙的实际 Beta 值，那么必须考虑这个因素。

当对这两个因素建模时，相对于仅仅以 Beta 因子为基础进行计算得到的回归值 0.65，得到石油巨头的 Beta 0.97。

需要注意的是，在制定财务预测方面有关期权市场重要性的文献相当多。期权市场集中了对各种资产的大部分投机性需求。波动性差异直接影响期权市场，它可以被视为传统市场（股票、债券和外汇）收益的主要风险市场。这个被认为是“衍生品”市场的市场，无疑对这些传统市场的走势有重要影响。在 2008 年的论文中，克里斯托弗森（Christoffersen）等[②]指出，在一到两年的时间跨度内，期权市场对预期 Beta 的估计比使用历史数据计算出的Beta

① Cost of Capital, Pratt and Grabowski, pp357.

② Forward – looking Betas, Christoffersen, Jacobs and Vainberg (2008). 当股票的偏度为负值时，该测度方有效，因为市场通常是负偏态的。

要好。该论文提出，用一个新方程来代替经典的协方差方程[①]。该新方程考虑了不同时刻的证券[②]。

$$\mathrm{Beta} = \left(\frac{\mathrm{Skew}_i}{\mathrm{Skew}_m}\right)^{1/3} \cdot \left(\frac{\mathrm{Variance}_i}{\mathrm{Variance}_m}\right)^{1/3}$$

其中，i 表示公司变量的值，m 表示市场指数值。期权的偏度是指金融工具或市场中看涨期权与虚值看跌期权隐含波动率的比率。由于投资者普遍是风险规避的，看涨期权的波动率要低于看跌期权的波动率，而投资者可以用后者对冲他们的投资组合，因而更受投资者青睐。

麦克纳尔蒂（McNulty）[③] 提出了一种使用未来期权市场估计值的 CAPM 方法[④]。

第四种计算 Beta 的方法是基于竞争公司的 Beta 来计算。然而，由于每个公司都有自己的财务杠杆，因而我们必须首先对整个行业卸掉杠杆以计算真正的资产 Beta 值。

以下展示了 5 个公式，这些公式被广泛应用于无杠杆或有杠杆的 Beta，然后解释它们的组成部分（见表 2－28）。

表 2－28　　广泛应用于 Beta 的 5 个公式

	公式	假定
Hamada	$B_l = B_u + B_u \cdot \frac{D}{E} \cdot (1-t)$	固定债务
Fernandez	$B_l = B_u + (B_u - B_d) \cdot \frac{D}{E} \cdot (1-t)$	固定账面价值杠杆率
Miles－Ezzell	$B_l = B_u + (B_u - B_d) \cdot \frac{D}{E} \cdot \left(1 - \frac{t \cdot kd}{1+kd}\right)$	固定市值杠杆率
Harris－Pringle	$B_l = B_u + (B_u - B_d) \cdot \frac{D}{E}$	固定市值杠杆率
从业者（Practitioners）	$B_l = B_u + B_u \cdot \frac{D}{E}$	固定市值杠杆率

注：B_l = 有杠杆 Beta；B_u = 无杠杆 Beta；B_d = 债务 Beta。

① Skew_m 测度的是市场指数收益分布的隐含波动率的偏度。Skew_i 测度的是一个公司的隐含波动率的偏度。

② 对于股票，一共有 4 种形式或矩参数：衡量期望收益的平均值；衡量波动性的标准差；衡量收益分布不对称性的偏度；衡量测量平整度系数的峰度。如果你正在处理收益的非高斯分布，期权收益就是该情形，以上都是重要的参数。

③ J. McNulty, T. Yeh, W. Schulze, and M. Lubatin, What's Your Real Cost of Capital?, 2002.

④ 霍尔施泰因（Hollstein）和普洛科普祖克（Prokopczuk）最近的一篇论文表明，估计隐含期权相关性的 Buss 和 Vilkov 隐含期权模型（2012）的预测结果比许多其他 Beta 估计技术的结果更好。

税盾：

这5种公式的本质区别在于它们是否使用了税盾、如何计算税收收益的现值以及折现率的选择。莫迪利亚尼（Modigliani）和米勒（Miller）已经展示了税盾对公司的好处。如果企业产生营业利润（所以要纳税）或者在资产负债表上使用税损结转[①]，公司就会有税盾。

哈马达（Hamada）比率假定只要资产负债表上有债务，税盾就一直起作用。这假定可能过于乐观了。

在第二行中使用费尔南德斯（Fernandez）比率。该比率以莫迪利亚尼和米勒的第二个公式为基础。它假定一个固定的杠杆比率，并使用资产负债表中的值。

对于迈尔斯－艾泽尔（Miles－Ezzel）和哈里斯－普林格尔（Harris－Pringle），税盾依赖于报告资产负债表资产方面的营业利润。这是一个更现实的假定。

迈尔斯（Miles）和艾泽尔（Ezzel）在第一年对税收减免以 k_d 进行折现，然后在接下来的年份中以 k_u 进行折现。

哈里斯（Harris）和普林格尔（Pringle）对债务所产生的税赋节余以要求的资产回报率作为折现率进行折现。

从业者的方法不包括税盾，因此错在过于保守主义。

在此推荐结合使用哈里斯－普林格尔和从业者的比率。如果用p来表示未来存在税盾的概率，则可以改写为如下公式：

$$B_l = B_u + B_u \cdot \frac{D}{E}\left(p \cdot B_d \cdot \frac{D}{E}\right)$$

【例2－18】 有杠杆的Beta

假定该示例使用了上面的5个公式和组合公式。该公司的资产Beta为1，杠杆率是3/7。现假定在未来能够使用税盾的可能性为50%（见表2－29）。

有杠杆的Beta相对一致，均值为1.34，标准差为0.06。如果假设不课税、债券利差为0，那么所有方法的结果都是相同的。

在实践中，公司有不同的加权资本成本和Beta值。如果要估计行业中每个公司的资产Beta值，那么采用组合公式并对每个竞争公司的 B_u 进行修正。

---

① 税损结转的意思是公司可以用以前年度的亏损抵减它的税收。在通常情况下，时间限制在过去的5～10年，各国对何种情况下可以进行结转的政策也大相径庭。

表 2-29 有杠杆的 Beta

	Hamada	Fernandez	Miles - Ezel	Haris - Pringle	从业者	综合
无风险率（%）	2.00	2.00	2.00	2.00	2.00	2.00
股票市场风险溢价（%）	5.00	5.00	5.00	5.00	5.00	5.00
有杠杆 Beta	1.300	1.246	1.348	1.351	1.429	1.390
K_e（%）	8.5	8.2	8.7	8.8	9.1	9.0
市值/企业价值（%）	70	70	70	70	70	70
到期收益率（%）	2.90	2.90	2.90	2.90	2.90	2.90
债券利差（%）	0.90	0.90	0.90	0.90	0.90	0.90
债务资本 Beta	0.18	0.18	0.18	0.18	0.18	0.18
税率（%）	30	30	30	30	30	30
Kd（1-t）（%）	2.0	2.0	2.0	2.0	2.0	2.0
债务/企业价值（%）	30	30	30	30	30	30
加权资本成本（%）	6.56	6.37	6.73	6.74	7.01	6.87

$$B_u = \frac{B_l + \left(p \cdot B_d \cdot \frac{D}{E}\right)}{1 + \frac{D}{E}}$$

债务 Beta（B_d）：

杠杆高的公司违约的可能性更高，这被计入了它们在市场上的隐性融资成本。这就是所谓的债务 Beta，等于一个公司的到期收益率和一个相同期限的国债利率之间的差额（即利差），除以股权风险溢价。

$$B_d = \frac{R_d - R_f}{ERP}$$

假设一家公司的债券平均到期收益率为 5%，国债无风险利率为 2%，市场上的远期股权风险溢价（ERP）为 4%，那么债务 Beta 系数为 0.75［（5% -2%）÷4%］。

利差是债务水平的函数，并与公司的债券评级挂钩。这意味着债务 Beta 在市场上是可观测的。

资产负债表结构：

了解资产负债表的结构如何演变是很重要的。

- 它会维持固定的负债权益比率吗？
- 根据资产负债表中的数值或市场价值，能否计算出这个常数比率？

如果这个比率是固定的，就意味着只能在整个期间内使用单一的资本成本。但是，这并不一定是一个非常现实的假设。大多数投资者的资本成本不同。

- 按实际价值计算，Holt 的资本成本在 20 年的时间里趋向于 6%。
- 韦尔尼芒（Vernimmen）建议在估计时使用利率曲线，并将相应的利率应用到每个时期。

【例 2－19】 利率期限结构

以一家瑞士公司为例，它在第一年有 1 亿瑞士法郎的自由现金流，已经增长了 50 年。在 2014 年 11 月 17 日，瑞士的利率曲线对较短的到期日是负的，对较长的到期日有轻微的回升（期限 50 年的互换利率为 1.13%）。我们将计算两个折现现金流量。第一个以 50 年期的固定利率进行折现；第二个是在瑞士法郎互换利率曲线上，每个流量以对应于其到期日利率进行折现。这个结果将使用 0 和 10% 的增长率进行测试。用 2004 年 11 月的瑞士法郎互换利率曲线进行了复测，以强调 2014 年由于大规模量化宽松政策所导致的特定利率情况（见表 2－30、表 2－31）。

表 2－30　　2014 年 11 月 17 日互换利率曲线

企业价值	以相同利率折现的 FCF	以互换利率曲线上到期收益率折现的 FCF	百分比差异
0	2 629	2 710	－3.0%
10%	107 312	107 674	－0.3%

表 2－31　　2004 年 11 月 17 日互换利率曲线

企业价值	以相同利率折现的 FCF	以互换利率曲线上到期收益率折现的 FCF	百分比差异
0	1 586	1 665	－4.7%
10%	35 072	34 873	－0.6%

使用单一资本成本的方法和在增长率较高时采用可变利率的方法之间的估值差别不大。然而，在零增长时差距接近 5%。

费尔南德斯建议，当每年债务发生重大变化时，应采用调整现值法（APV）。该方法的起点是以无杠杆的资本成本（K_u）对公司自由现金流（FF-CF）进行折现。当最初的高负债需要 3～7 年的现金流偿还时，调整现值法通常用于杠杆收购（LBO）。在这种情况下，计算贴现现金流（DCF）意味着每年根据预期的杠杆结构变化使用不同的 WACC。APV 方法能得到相同的结果，但破坏了企业价值的变化：因为“经济”价值与公司业务的固有风险有关，因此相对稳定；税盾估计在 D · t[①]；破产成本。

这种方法分离了以上三个的总体影响，并且更加透明。

Beta 计算要点见图 2－28。

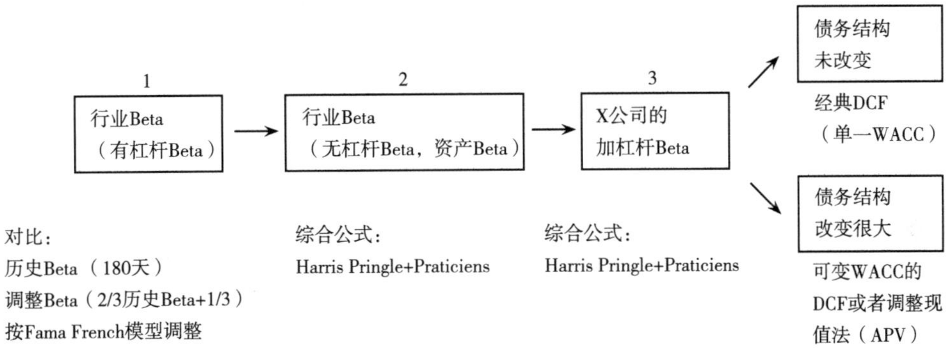

图 2－28　Beta 计算要点

2.3.3　负债结构

<u>无利息负债和少数股东权益：</u>

不计息利息流动负债（NIBCLS[②]）可以从资产中扣除，而不包括在 WACC 的计算中。

少数股东权益必须以市场价值来衡量：

①少数股东权益的年度增长是根据损益表计算的；

②计算少数股东权益 ROE 的方法是将损益表中少数股东权益的份额作为分子和资产负债表中少数股东权益的数值作为分母；

③如果少数股东权益的增长和 ROE 高于集团公司整体，那么这就是一个非常有吸引力的基础，估值溢价适用于少数股东权益。

计算假定公司全年的合并范围没有发生重大变化。

【例 2－20】 *少数股东权益*

一家荷兰公司拥有数个工业股权，其中包括一家语音识别公司 90% 的股

---

① 我们假设负债固定以及税盾固定为 $t \cdot k_d \cdot D$，按 k_d 进行折现。

② 参见“公司金融”一章。

份。该集团公布了合并财务报表，摘录如下（见表 2-32）。按 DCF 计算，该集团的估值为 1.2 亿欧元。在过去 5 年中，该集团整体增长率为 8%，净资产收益率（ROE）为 12%。我们想知道如何衡量子公司少数股东权益的份额。

表 2-32　　合并财务报表

	2009 年	2010 年	2011 年	2012 年	2013 年	复合年增长率（%）
少数股东收益（损益表）	100	110	121	132	144	9.5
少数股东权益（资产负债表）	800	810	830	845	860	1.8
						平均值（%）
少数股东的 ROE（%）	12.5	13.6	14.6	15.6	16.7	14.6
股利支付率（%）		91	83	89	90	88.1
可持续增长率（%）：ROE×（1-股息支付率）		1.2	2.4	1.8	1.7	1.8

考虑到该公司增长了 1.5%，2013 年的净资产收益率为 33%，表现均优于集团，这一切都有利于提高语音识别子公司的估值。但一些细节可能会吸引投资者的目光。子公司对母公司的股利支付率很高。股利支付率是通过比较该子公司的利润（1.1 亿欧元，即子公司利润的 10%）和它的股权份额（8.10 亿欧元，或子公司股本的 10%）来计算的。该子公司的股权在 2010 年只增长了 10%。这表明除了其他因素，该子公司在当年向母公司支付了 100 欧元的股息。因此，我们发现，由于利润留存率较低，因而可持续增长率相对较低。子公司能否为其未来的增长提供资金？这是管理层要思考的问题。在这个特定的情形中，相对于该集团，少数股东权益溢价是不合理的。例如，如果该集团以 11 倍 P/E 进行交易，那么可以从企业价值中扣除 15.84 亿欧元（11×144 百万欧元）。

股票回购的影响①：

股票回购是企业向股东支付报酬的一种日益流行的方式。为了预测股息率，一般会认为把股票回购包括在股息中（Boudoukh，2007）。我们质疑股票回购对现金流量贴现法（DCF）或股利折现模型（DDM）的实际影响。

从戈登（Gordon）的经典公式出发，总股权收益率（COE）等于股利支付率 d 和股价增长率 g 的总和：

$$COE = d + g$$

① Stowe，McLeavey and Pinto，Share Repurchase and Stock Valuation Models，2009.

史杜威（Stowe）从估值的角度显示股利支付与股票回购的等价性。以 b 代表股票回购利率（或回购收益率，等于回购的价值除以当前的市值），起初的公式变为如下形式：

$$COE = (d+b)+g$$

史杜威强调了一家派息公司的自由现金流增长率（FCFE）与股价增长率的区别。公司的现金流以及总市值将增长：

$$G_{FCFE} = COE - (d+b)$$

而股价则会上涨：

$$G_P = COE - d$$

由于股票回购，股票价格将会增长得更快，但无论股息和股票回购如何搭配，因而公司的总市值增长仍将保持不变。股票回购只涉及股票价格的人为增值。用于股票回购计划的资金产生了更高的增长率，但减少了总现金流。

【例 2-21】 *股票回购*

以一家瑞士公司为例，其股权资本成本为 10%。它打算支付相当于其市值 3% 的股息，并在市场上回购 2% 的市值。使用 Stowe 的公式，其现金流将增加 5%［10% -（3% +2%）］，而其股价将上涨 7%（10% -3%）。

公司每年产生的现金流等于 $F_nD_n + f_nP_n$。其中，f 和 F 分别代表该公司在第 n 年回购的股份比例以及公司尚未回购的初始资本比例。年度股份回购比例的计算公式为：

$$f_n = \frac{b}{1+g_P} \cdot \left(\frac{1+g_{FCFE}}{1+g_P}\right)^{n-1}$$

因为股票数量逐年减少，因此回购股份的比例并没有作为资本的某一比例而保持不变，也不等于 b。这在实践中是一个常见错误。

表 2-33 涵盖了第一个 5 年的情况，第 1 年的股票比例为 1.869%。

表 2-33　　第一个 5 年股票回购的情况

年份	F：剩余比例年初（%）	f：回购比例年末（%）	股价（CHF）	股利每股（CHF）	回购（每股）（CHF）	现金流第 0 年（CHF）		现金流第 1 年（CHF）
			20.000			20.00		
1	100.000	1.869	21.400	0.600	0.4000	1.0000	$F_1D_1 + f_1P_1$	21.40

续表

年份	F：剩余比例年初（%）	f：回购比例年末（%）	股价（CHF）	股利每股（CHF）	回购（每股）（CHF）	现金流第0年（CHF）		现金流第1年（CHF）
2	98.131	1.834	22.898	0.642	0.4280	1.0500	$F_2D_2+f_2P_2$	1.0700
3	96.297	1.800	24.501	0.687	0.4580	1.1025	$F_3D_3+f_3P_3$	1.1235
4	94.497	1.766	26.216	0.735	0.4900	1.1576		1.1797
5	92.730	1.733	28.051	0.786	0.5243	1.2155		1.2387

股东的年度现金流等于股息和一年回购的资本份额。例如，在第2年，股权的现金流将等于：每股红利乘以98.131%，因为一小部分资本在第1年就已经被回购了或者CHF 0.64；第2年回购股份的比例，即0.42瑞士法郎（1.834%×22.898）。

尽管股价和股息或股票回购增长了7%，但股权自由现金流（FCFE）每年增长了5%。可以用权益成本（10%）对所有自由现金流进行折现，假定增长率为7%，我们得到第0年的价格是20瑞士法郎，第1年的价格是21.40瑞士法郎。

如果把股票回购从等式中剔除，那么会发生什么呢？现金流将会减少，但每年的股票数量将保持不变。因此，现金流现在以7%的速度增长，折现现金流得到的价值同样为第0年20瑞士法郎，第1年21.40瑞士法郎（见表2-34）。

表2-34　剔除股票回购的情况

年份	F：剩余比例年初（%）	F：回购比例年末（%）	股价（CHF）	股利（每股）（CHF）	回购（每股）（CHF）	现金流第0年（CHF）		现金流第1年（CHF）
			20.000			20.00		
1	100.000	0.000	21.400	0.600	0.0000	0.6000	$F_1D_1+f_1P_1$	21.40
2	100.000	0.000	22.898	0.642	0.0000	0.6420	$F_2D_2+f_2P_2$	0.6420
3	100.000	0.000	24.501	0.687	0.0000	0.6869	$F_3D_3+f_3P_3$	0.6869
4	100.000	0.000	26.216	0.735	0.0000	0.7350		0.7350
5	100.000	0.000	28.051	0.786	0.0000	0.7865		0.7865

因此，可以选择对股东进行组合支付。表2-35与公司估值的观点完全相同。在所有这些情况下，股东的总回报率或权益资本成本将等于10%。在前两个例子中，股价上涨了7%。但在第一种情况中，这一涨幅来自7%的FCFE

增长，而第二种情况则来自 5% 的 FCFE 增长和 2% 的股票回购。在这两种情况下，我们都增加了 3% 的股息。第三行显示了没有派发股息的情况，股价上涨了 10%，其中 1% 是股票回购造成的。

表 2-35 **组合支付**

COE	(%)	G_P (%)	G_{FCFE}	(%)	b = B/Po (%)	d = D/Po (%)
	1 000	7.00		7.00	0.00	3.00
	1 000	7.00		5.00	2.00	3.00
	1 000	10.00		9.00	1.00	0.00

请记住，这里只涉及股票回购和现金流量折现法（DCF）的“机制”方面。但是，如您所知，股票回购还有另一方面，即当公司决定引入股票回购计划时，股票价格是否过高或过低①。

还要注意，公司经常使用股票回购来平衡新问题。正如依尔曼恩（Illmanen，2011）提出的 Haver Analytics 图（见图 2-29）所示，股票回购本质上是股东报酬补偿的一部分。

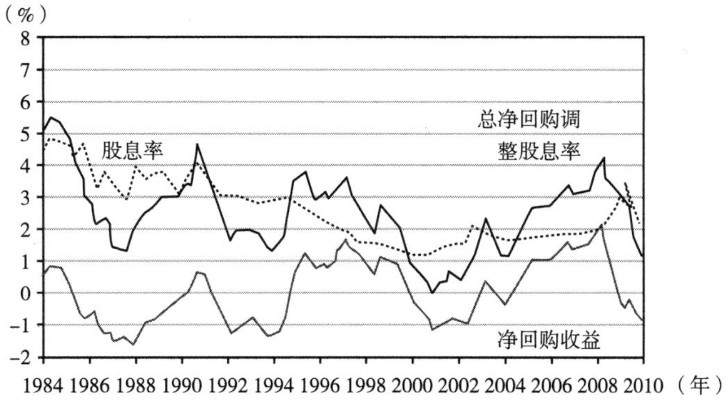

图 2-29 Haver Analytics 图

从 1984 年到 2010 年，股票回购的增长与新兴市场的增长一致，特别是在互联网和次贷泡沫时期。这种模式倾向于证实以下假设：股票回购并不是打算在股价被严重低估的情况下购买股票，而是为了平衡新的股东报酬支付方式的问题。

① 如果一家公司在市场估值过高时回购股票，就将稀释剩余股东的股份，并将财富从长期持有者转移到卖方。尽管股票回购/出售可能是一种不会创造价值本身的金融交易，但财富转移确实发生了。通过出售部分或全部股份，投资者把回购价格换成未来的利润分配（Stowe）。

资产负债表上的现金：

截至 2013 年底，美国企业在资产负债表上积累了大量现金。产生这一现金储备的两个因素是什么？第一，面对通货紧缩的风险，公司采取了非常谨慎的债务管理政策。第二，美国的量化宽松计划在经济中产生了强劲的复苏，出乎意料地保护了利润率和不断增加的资产负债表现金。

这种情况促使公司发布大规模的股票回购计划。尽管美国股价创下新高，但在过去几个季度里发布的新股票回购计划却是例外。与此同时，也有创纪录的并购交易数量。那么，资产负债表现金的最佳用途是什么？用作收购竞争对手还是回购股票？在上一节中可以看到，公司在回购计划的时机上失败了。在获得股份支付后，管理层有很强的驱动因素去行权。

资产负债表上有 3 类流动性：

一是用于支付工资、供应商和避免使用银行信贷额度的流动资金。根据行业的不同，这种类型的流动性通常相当于收入的 1% ~ 3%，而且通常由管理层公开披露。营运流动性是净营运资本的一部分，因此包括在投资资本中。

二是指定用于公司未来投资的流动资金，因此已经包含在未来的现金流中，这种流动性也包括在投资资本中。

三是剩余流动性可以认为是盈余，下面的例子就是有关这个剩余流动性的。

【例 2 - 22】 股票回购和稀释每股收益

这里有一个公司的例子。该公司有 10 000 美元的股本、8 000 美元的产业资本和 25% 税率的税后资本收益率，现金回报率为 2%（见图 2 - 30）。

账面价值	损益表	资产	股东权益	盈亏		利润率	资本收益率	净资产收益率	
现金	40.00	2 000.00				现金	2.00%		
营运资本	2 000.00	8 000.00	10 000.0	2 040.00	股东资金	营运资本	25.00%	20.40%	股东资金
合计	2 040.00	10 000.00	10 000.0	2 040.00	合计	合计	20.40%	20.40%	合计

图 2 - 30　股票回购和稀释每股收益

假设资产负债表上的现金是盈余现金，而不是在周期性收益情况下需要的预防性现金。盈余现金代表过去几年的未分配利润总额。无论是对股东还是对实业活动，都是现金。

以 8% 作为实业活动 K_u，以 4% 作为金融投资组合 K_u。从长远来看，股东对纯粹的金融资产要求较低的回报是正常的（见图 2 – 31）。

市场价值	企业价值	企业价值	
现金	1 000.00		
营运资本	25 000.00	26 000.00	股东资金
合计	26 000.00	26 000.00	合计

资本成本	K_u	K_E	
现金	4.00%		股东资金
营运资本	8.00%	7.85%	合计
合计	7.85%		

图 2 – 31　股东回报

假设该公司从金融部分（2 000 美元）转出“实业”部分（8 000 美元）。实业部分价值 25 000 美元，即实体业务的税后净营业利润（2 000 美元）除以 8%；金融部分价值 1 000 美元，即财务盈亏额（40 美元）除以 4%。因此，市场估计实业部分的乘数为 3. 125 倍 P/B，这正是资本收益率与没有增长的 WACC 之比。金融部分的乘数估计为 0. 5 倍 P/B，等于金融资产收益率（2%）与金融业务 K_u（4%）之比。因此，当权益成本为 7. 85% 时，总价值为 26 000 美元；当现金流为无穷大时，价值为 2 040 美元。假设有 100 股本，在股票回购之前，股票的均衡价格是每股 260. 00 美元。

由于管理层和股东都不满意资产负债表上的现金储备，因此引入了股票回购计划。假设股票以当前股价（每股 280 美元）进行回购。该价格略高于计算出的均衡价格。

该公司有 2 000 美元的可用现金，因此可以回购 7. 14 股。这些现金将不再产生金融收入。公司有 8 000 美元的投资资本，出资 92. 86 股，得到 25% 的资本收益率和 100% 的股权。市值为 2. 5 万美元，除以 92. 86 股，从而得到一个新的均衡价格为 269. 22 美元，上涨了 3. 85%（见图 2 – 32）。

市场价值	企业价值	企业价值	
现金	0.00		
营运资本	25 000.00	25 000.00	股东资金
合计	25 000.00	25 000.00	合计
有效的市场价值		25 000.00	

资本成本	K_u	K_E	
现金	4.00%		股东资金
营运资本	8.00%	8.00%	合计
合计	8.00%		

图 2 – 32　股东回报增加公司市值

这表明股票回购可能增加了公司的市值：

均衡价格÷(金融资本收益率÷金融加权平均资本成本)

均衡价格假设下的最大股票回购价格为520美元[260÷(2%÷4%)]。在回购之前金融活动损害了价值（2%的回报比4%的资本成本低50%）。股东活动产生的ROCE/WACC比率为0.5。现在，它被一项ROCE/WACC比率为0.93（或260÷280）的经营活动所取代。按此逻辑，该公司可以以更高的价格回购股票。为了回到股东之前的均衡状态，回购将不得不重新产生这个0.5倍的比率。这将使股票回购价格上升到一个水平，使资本收益率达到4%。股票回购价格为520美元时，回购的有效收益是4%（8%×260÷520）。

应该指出的是，这一公式并不意味着公司可以系统地以高于市场报价的价格回购股票。在这个例子中，假设金融资本成本为4%，这意味着可以合理地获得4%的金融市场回报。但是，假设公司的回报率只有2%，这可能是管理不善的表现，但也有可能是用于金融活动的4%资本成本过高。而实际上，在审查了所有的投资可能性之后，该公司实际无法获得超过2%的回报。在这种情况下，我们必须改变上述假设，并将资金成本降低到2%。因此，股票的最大回购价格将降至270美元，即最初的均衡价格调整以COE的下降为代价，从7.85%降至7.56%。如果保持这些不切实际的回报预期，很快就会遇到一个悖论：公司以更高的价格回购自己的股票的好处是资本成本的上升。

另外，在股票回购时，每股收益增加或减少的概念是没有意义的。这个标准与外部增长交易无关。为了在股票回购前后保持每股收益的稳定，公司可以按照如下价格回购股票：

$$最高价格=\frac{总收益}{财务盈利}\times\frac{回购数量}{初始股份数量}$$

在股份回购之前，公司每股收益为20.4美元（2 040÷100）。应用这个公式，该公司可以回购股份1 020美元[(2 040÷40)×(2 000÷100)]。在1 020美元的基础上，该公司可以重新购买其初始股本100的1.96股。该公司的新收益为2 000美元（工业收益），其每股收益为20.40美元（2 000÷98.04）。正如您所看到的，每股收益在股票回购前后是相同的。这个简单的计算表明，一个人应该对股票回购计划持怀疑态度，仅仅是为了减少资产负债表上的现金量。这个公式是独立于有关企业的资本成本来确定价格的。在这个例子中，2%或4%的资金成本对于计算稀释每股收益是无关紧要的。

股票回购与外部增长交易同样存在问题。即使它们会增加每股收益，但在任何情况下都不意味着它们会为股东创造价值。股票回购还有一个缺点，那就是没有会计跟踪。当一家公司以虚高的价格收购竞争对手时，资产负债表上的商誉就会出现，投资者可以评估与交易相关的财务风险。股票回购没有发生这种情况。只有当市场价格低于回购价格时才会确认损失。因此，随着金融泡沫的发展，金融风险的积累变得清晰起来。公司以越来越高的价格回购股票；由于没有回报，因此交易不断增加股东的利益。公司的内在价值不会起到反作用。

第 3 章　股票市场均衡*

关于股票市场的教学有几种方法。学术研究侧重于企业行为（资本的增加和分红）或公司估值[①]。就我们而言，我们将选择对市场中投资者行为的总体描述。这是一种动态的方法（即资产定价），研究的是市场波动，其中也包括投资者的投资期限和短期行为。

一项对市场的分析揭示了一系列影响回报的偏差。因此，我们的分析往往借鉴计量经济学的研究。在本章中，这些研究将被广泛引用。投资者必须牢记的是，即使是相关系数高也不意味着具有确定性。两种现象之间的相关性并不一定意味着这两者之间是相互联系的，除非它们之间有间接的、共同的因果关系。例如，在国际范围内寿命都是与酒精消费密切相关，但仅仅是因为这两种现象本身都与每个国家的生活水平有关。这两种结果有共同的原因，但两者之间没有因果关系。

为了便于阅读和方便起见，我们做了一些改进，以避免在每一项陈述中提及各种例外的情况。每个人都应牢记的是，市场在短期内将朝投资者推动的方向前进，而对合理性或公平性的关注不多。

3.1　公允价值*

3.1.1　关于有效市场的思考

公允价值或均衡价格的概念是由弗里德曼（Friedman）和芝加哥学派提出的信息效率概念直接衍生而来的。这是一个公认的使投资者能够根据经济信

① 例如，我们认为是法国金融专业学生标准用书威瑞曼（Verimmen）的金融教材，只用了 4/54 章讨论市场本身，而且其中有两章涉及 IPO。

息和公司提供的信息作出决策的估值模型。这个模型在短暂的不确定情况下可以适应一定程度的波动性。例如，关于公司未来的收益，投资者不断利用所有可以获得的信息，并迅速矫正偏差。而监管机构的职责是确保市场透明。

在该模型中，市场是公司上市的场所，但对股价不会产生任何内源性影响。金融是中性的，一切变化都源于公司和经济。在无用和昂贵的交易中，不知情的投资者会感到疲惫不堪[①]。

传统研究认为，市场效率是市场良好运作的条件。学术理论为支持有效市场提供了客观的证据：

- 股票价格接近随机游走；
- 股票收益具有较低的序列相关性；
- 股票收益在短期内很难预测；
- 投资组合经理的平均业绩水平并不能超越市场，几乎没有人能一贯击败市场。彼得森（Pedersen）认为，市场效率低到刚好足以补偿熟练的活跃投资者的努力、成本和风险，但其效率足以阻止任何比这更积极的投资。

麦基尔（Malkiel）认为，金融市场是有效的，因为它们不允许投资者赚取高于平均水平的风险调整后回报。

传统研究还强调了效率检验的问题：数据挖掘[②]，样本内可预测性并不意味着样本外的预测能力（韦尔奇和戈亚尔，2008）[③]。

3.1.2　一些关于有效市场的“经典”问题

为了整合研究中发现的各种市场“异象”，我们对模型进行了一些修改。

3.1.2.1　自相关性及横截面回归

- 研究表明了个股价格在短期内（留下一点时间进行交易和技术分析[④]）

---

① 投机者的数学期望值为零，“投机理论”（路易斯·巴歇利尔，1900）。

② 进行了大量的试验，以排除极少数的“异象”结果。

③ 它们在给定期限内表现出一种历史反常现象，但不能通过重复测试来覆盖另一个时期。

④ 近期的计量经济学进展和经验证据似乎表明，金融资产的回报在某种程度上是可预测的。现代金融经济学告诉我们，其他完全理性的因素也可以解释这种可预测性。金融市场的计量经济学，（坎贝尔·罗·麦金利，1999）。

和长期内（涵盖了对过往业绩反映的股价均值反转的概念[①]）的自相关现象。动量也在这些自相关现象中起到了作用：一个股票的过往表现并不完全独立于其未来的表现。

- 这种自相关现象促使传统的 CAPM 方法发生了变化，即股票市场 Beta 不是唯一的风险因素，观察到的剩余回报不仅仅被视为对投资者风险增加的补偿。寻找源头很重要。在这里，我们发现自己面临着众所周知的“联合检验问题”现象。在这一现象中，有两个可能导致市场统计异常的原因：一是市场效率低下，二是额外的风险导致了更高的市场表现。传统市场效率的理论家们选择了第二种原因。法玛（Fama）和弗兰奈（French）指出了所有公司都有的两个额外的风险因素，即“小盘股”效应和“价值”效应。他们解释说，本质上这些现象可能是非常短暂的。例如，发现价值效应并不违背市场效率。在这里，我们会认为，公司有一个很好的理由，有一个较低的价格/账面价值。它们的风险高于市场平均水平，而且无疑也比构成该指数的健康公司更接近破产。“小盘股”因素也是如此。它反映出市场下行风险更大，信息效率更低。
- 动量效应也得到了更深入研究，表明了动量效应对投资者行为的重要性（一个市场趋势在 9 ~ 12 个月内形成，然后在 3 ~ 4 年内恢复至平均水平）。当这一现象被发现时，它被解释为额外的风险，因为动量的参与者大多是投资者，他们因获取相关信息的高昂成本而被“排除在信息之外”。因此，他们由“羊群效应”所支配，随波逐流，没有多少自己的思路。卡哈特（Carhart）把动量效应考虑到了他的系统性风险因素模型中。

诺维·马克思（Novy - Marx）在他 2010 年的论文中引入了第五个因素：公司盈利能力。公司目前的盈利能力是决定其未来股票表现的主要因素。该研究表明，通过购买基本面良好的公司的股票来组合投资可以跑赢市场。这种盈利的预测功效在长期内持续存在，第一个和最后一个百分位的企业之间的盈利差距为每月 0.28%，而经过 Fama - French 三因素（β、大小和价值，且这些因素不取决于公司的规模）模型调整后的 α 收益为 0.42%。在传统的

① 有一些证据表明，长期来看，股票回报是可预测的。当只使用过往的回报来预测未来的回报时，这一证据在统计上难以支撑该观点，但是当其他变量（如股息价格比率）被纳入分析时，这一证据就变得很有说服力了（坎贝尔·罗·麦金利，1999）。

方法中，盈利的公司更容易受到特定类型的风险（竞争，更快地反转到平均盈利指数）的影响。投资者要求更高的溢价，也是为了更高的回报。因此，公司质量是一种反常因素，就像标准 CAPM 模型中的价值因素一样[①]。

3.1.2.2　不同的预期回报

第二个变化是，投资者的预期回报可能会随着时间的推移而变化（即随时间变化的预期收益[②]），特别是在应对经济周期时这种变化更明显。人们普遍认为，经济周期的主要变量（如短期利率）相对来说是可预测的。预期回报的这种变化，无疑是由于存在着不知情的投资者（噪声交易者）。他们的特点是有部分理性行为和极端短期行为，不能根据经典的金融理论来优化投资。

最近，美国经济学家席勒的研究表明，仅仅考虑随机利率本身并不足以解释股价的变化。我们必须引入一个风险溢价，这也是随时间可变的[③]。席勒指出，我们不能根据收益和利率的变化来理解股票市场价格的变化。如果在只考虑这两个因素的条件下进行逆向测试，那么得到的市场的实际波动性将远低于 1870—1975 年一个世纪以来的市场波动性（见图 3 - 1）。

席勒加入实际的历史股息增长因素，并根据股息贴现模型（DDM）重新构建了理论股价模式。席勒得出的结论是，市场的实际发展不能仅仅通过股息和利率来解释，因为绘制的这条曲线并不能反映股价的剧烈波动。最后，他认为市场的风险溢价很高，而且波动很大。

- 席勒的研究说明了风险溢价的巨大变化，换句话说，就是人群的心理差异很大。这种变化的部分原因源于两大经济总量波动的不确定性，即增长和通货膨胀。后期研究转向期权市场的隐含波动现象，并以此来解释风险溢价波动。当频繁的“小概率事件”发生时，波动的模式将更加不典型，部分

① 这一结论对长期投资者来说基本上是违反直觉的。过去几年，他们投资雀巢公司或法国液化空气公司的股票，以此作为投资组合的基础，并惊讶地发现，他们正因投资高质量的公司而承担着额外的风险。

② 股票市场波动太大，以至于不能趋向合理化：这场争论已经平息，部分原因在于人们现在更清楚地认识到，拒绝固定股息贴现率模型与拒绝有效市场假说有所不同。部分原因是回归测试使许多金融经济学家相信，预期的股票回报是随时间变化的，而不是固定不变的（坎贝尔·罗·麦金利，1999）。

③ 风险规避的基本机制是随时间变化的。当消费与习惯的相关性下降时，由此产生的避险情绪的增加会增加高风险资产（如股票）的风险溢价。这同时压低了股票价格，从而解释了为什么股票回报率比消费增长或无风险的实际利率更为波动（坎贝尔·罗·麦金利，1999）。在同样的问题上，我们也可以引用坎贝尔（Campbell）和科克伦（Cochrane，2009）的“习惯形成”来解释，其中风险规避的变化解释了预期收益的变化。

原因可用个人投资者的风险厌恶来解释。

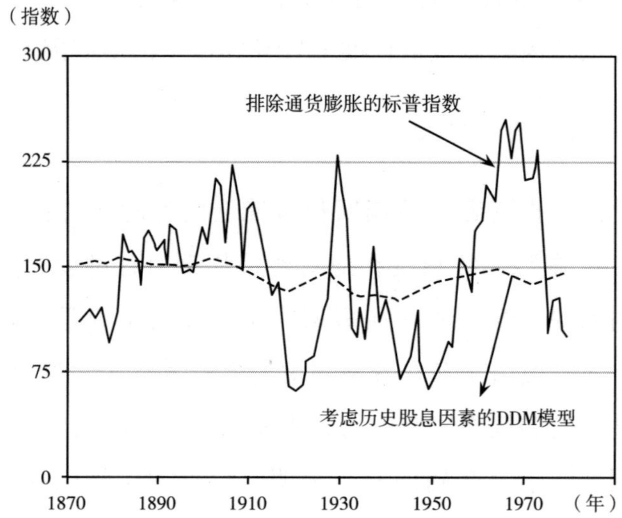

图 3－1　1970—1975 年美国市场的实际增长情况

3.1.2.3　"小概率事件"的重要性

"小概率事件"在金融泡沫和崩盘中占据了相当大的份额。J. PMorgan[①] 在最近的一篇论文中谈到了这些"小概率事件"的重要性。尽管它们被认为是特殊的，但它们实际上发生的频率比统计理论得到的期望要高得多。实际上，标准普尔指数的标准差大于 4 倍的情况比统计模型计算出的频率高出 20 倍。另一项研究提到，法国 CAC40 指数的日收益率少于－7%的情况大约每 4 000 年才会发生 1 次，然而在 1998—2011 年发生了 6 次[②]。这就告诉我们，金融市场存在特有的内生性波动，这在很大程度上是由于短期内过度集中战略。金融不是中立的[③]，因为它会对自己的期望作出回应并对其进行放大。这也是一个在公司估值方面不容忽视的现实。

---

① JPM－Global Quant－Systematic Strategies Across Asset Classes，2013.

② Les modèles fractals en finance，Julien Idier.

③ 更有趣的是，卡拉维（El Karaoui）提到，交易者会对日历天数和工作天数进行调整。他们的经验法则是，非交易日等于交易日的 1/3，这意味着市场"正常"的波动率将增加到 3 倍。如果市场是中性的，那么每一天都是平等的。罗尔（Rol）调查了美国橙汁期货价格和天气的影响，发现了过度波动率（Stock Return Variances：the Arrival of Information and the Reaction of Traders，*Journal of Financial Economics*，1984）。弗兰奈（French）和罗尔（Roll）发现，资产价格在交易所交易时间内比非交易时间内的波动大得多，他们推断这是由于私人信息的交易造成。市场会产生自己的消息（1986）。

图 3 - 2 显示了以标准偏差表示的标普 500 的季度回报。1928 年以来，已有 55 个季度的回报表现为 3 个负标准差，18 个季度变现为 4 个标准差，1/4 个季度超过 6 个标准差。在此期间，根据正态概率分布，有 55 个季度超过 3 个标准差的概率为 0.6%，但按照正态分布实际上为 1.3%。总体来说，这些非常负面的事件对回报率产生了 1.87% 的负面影响，尽管理论上只有 0.62% 的可能性。该统计结果说明了回归分布中存在"厚尾"现象。

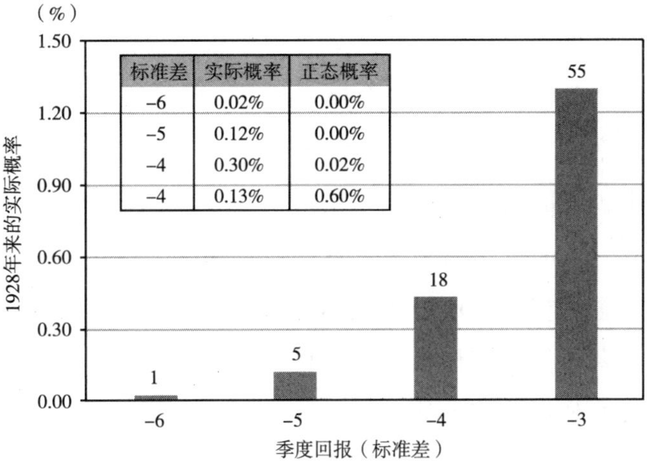

图 3 - 2　标普 500 指数中出现不利的季度变动的频率

注：内嵌表格比较了实际概率和理论概率（基于正态分布）。

3.1.3　关于有效市场的新问题

在过去几年中，围绕有效市场的概念出现了与如何处理信息有关的新问题。最初的有效市场模型假设投资者根据新的信息调整股票市场价格，从而合理地采取行动。但是，在实践中会发生什么呢?

3.1.3.1　信息处理

财务信息量显著增加，使跟踪这些信息的成本也增加了。与不易获取和理解的数据相反，市场面临着大量的数据。在全球范围内，只有少数几个投资者能够跟上这一不断上升的数据量。其他人则将程序简化了，不知情的投资者总数也相应地在增加。那么，知情的投资者是否从中受益呢[1]？

报告数量的增加并没有降低公司报告“量身定制”业绩的自由度。巨大的信息不对称对财务分析产生了不利影响，因为公司可以利用会计“缓冲”来延迟报告这一基本趋势。在这种情况下，分析师将无法预测到公司盈利模式的变化。

这种收益异象并不是市场上唯一可以观察到的异常现象。诺维·马克思[2]对最普遍接受的异常现象进行了快速的回顾。

研究发现，许多是由于如下信息处理不完善造成的：

①市盈率（P/E）低、自由现金流（FCF）收益率增长高的公司，往往表现优于资产周转率高或毛利率较高的公司；

②业绩出乎预期的公司往往表现出色；

③以奥尔森（Ohlson）的违约风险“O－评分”等不同指标来衡量，那些失败概率较高的企业相对于市场表现不佳；

④股票发行者往往会高估股票的价格；

⑤资产增长的公司业绩不佳；

⑥收入中应计收入总额高的公司业绩不佳，驳斥了无关公共信息的概念。

3.1.3.2　估值方法差异

不同投资者类别之间的时间跨度差异会产生不同的价格。目前，人们还没有就应用何种公司估值方法达成共识。从理论上讲，我们都会应用一种考虑公司长期收益的现金流折现法（DCF），并对未来的收益采取适当的折现。金融中介机构（尤其是经纪人）更喜欢短期估值比率［例如，一段时间内的企业价值/息税折旧摊销前利润（EV/EBITDA）］，因为这种方法不仅简单[3]（低成本），而且他们有机会仅考虑相对估值而频繁改变对一只股票的看法。

所谓的长期“企业家”投资者与凯恩斯主义意义上的“投机”的投资者

---

① 价值报告革命（Eccles）：信息不完整和短期过度关注收益博弈，使股市效率低下。我们假设知情投资者为信息付出更高的成本，并能够产生更高的总收益。但在均衡情况下，知情投资者和不知情投资者的收益等于扣除获得信息成本后的净额。

② The Other Side of Value：Good Growth and the Gross Profitability Premium，NBER Working Paper，2010.

③ 见格林伍德（Greenwood）和史莱弗（Shleifer）一篇论文（2014）表明，短期投资者并不作预测，他们单单只是推断估值比率。这一发现与理性预期有代表性的投资者回报模型相矛盾。

在市场上共存[①]，他们错误地认为他们拥有相关信息，然而这只是市场噪音。最近，有关于市场微观结构的研究强调了这种内源性市场波动。该研究主要从群体心理学和行为金融学中借用了大量的知识。这些方法表明了对市场现象“赋予意义”的重要性，为投资者提供了一个合理的解释、一个知识上的理由，使他们有能力解决回报率的波动问题。这种“追求”是当今行为金融学的核心，而技术分析就是一个很好的例子。如果所有的投资者都认为头肩走势的形成反映了市场低迷，那么市场就会下跌[②]。这种集体信念可能是暂时的，但它确实在一定程度上形成了股市行为的合理性。它再次出现在“市场体系”这一概念中，我们将在下一节回到这个概念上，或者在凯恩斯的著作中重新回到“惯例”这个概念上。这是一个如何解读未来经济发展的共同价值观。

3.1.3.3　短期行为问题

我们可能会遇到这样的情况，即使投资者认真研究，并且作出准确的估计，也仍然不能保证获得更好的回报。如果判断业绩的时间太短，他们就不能肯定他们的表现会超过那些仅仅利用市场趋势的投资者（动量投资者）。动量投资者跟随趋势进行投资，他们通常是小投资者，但也可以是对冲基金。如果这些投资者稳步增加市场份额[③]，同时估值工具（其中主要是 DCF）是建立在市场经历很长时间（3～5 年）[④] 恢复平衡的概念之上，每三个月根据对标基金组对基金进行基准评估的传统基金经理所掌管的基金，最终也会遵循同样的趋势。由于其中一些预期会影响股价，基金管理人的行为不能被理解为非理性的，因而他或她会考虑非理性投资者的期望（内生因素）。尽管如此，这种“理性”的行为是自相矛盾的，因为它促使价格进一步偏离其基本水平。

---

① 凯恩斯（Keynes）对绝对市场效率持怀疑态度：金融市场的价格并不是基于消息灵通的投资者的长期回报预测，而是基于市场的短期心理学（第 12 章就业、利息和货币通论），引用于 2008 年“瓦尔特（Walter）和布赖恩（Brian）”的“风险评估”。

② “每一项新的观察都证实了他们最初决定的理由。这些预测的有效性并不反映自然规律。只有在它被认为是正确的情况下，它才是正确的。”基亚波里（Chiappori，1994，同上）。

③ 弗里德曼关于市场自然选择的琐碎论点在数量上是不完整的，（因此寄生者的重要性）的增长速度比理性投资者的增长速度要快（德隆）。

④ 参见塞拉（Cella）、厄路耳（Ellul）和詹内蒂（Giannetti）于 2013 年发表的一篇关于这一问题的论文，其中我们可以发现短期投资者放大了负面的市场冲击。

3.1.4 结论

第一，无论是“赞成”还是“反对”有效市场假说，都不会有什么好处。事实证明，随着时间的推移，文献已与适应真实的市场任务相一致，而且这一问题仍在广泛讨论之中①。简单来讲，在过去50年里，有效市场的概念发生了很大变化，以至于在20世纪70年代的学者眼中，新市场有效假说的当代支持者将被视作一个危险的异端者。

第二，作为“从业者”，我们的工作是让投资者了解相信即时和公平市场效率的风险。我们赞同凯恩斯的观点，即存在着黏性市场，此市场变化发生的速度比理论上的变化速度要慢。我们也同意卡尼曼关于所有投资过程（包括我们在这里所研究的股权估值过程②）中存在永久行为偏差的观点。

第三，在金融市场上，人们容易因押注于股票向平均价格的快速回归而导致失败，因为无论是交易员还是投资者，都不能保证迅速恢复到均衡状态③。从估值方法的角度来看，这意味着只有在时间范围和投资风格适合于他们开始设定的价值低估的情况下，最精准的方法才有意义。

第四，对从业者而言，这意味着整个金融行业所要求的评估规则必须与影响市场的“整体信念”或“制度”的理解紧密联合。只有在长期和对低周转率的投资组合中，准确的α估值才是有意义的。在短期内，我们在评估纯粹以股票估值为基础购买股票的证据时应极为谨慎。

---

① 萨默斯（1986）强调了判断市场是否有效的困难度。布莱克（1986）认为：“我们可以将一个有效市场定义为价格在价值的2倍以内的市场，即价格是价值的一半以上、价值的两倍以下……根据这个定义，我认为几乎所有的市场都是有效的。”（至少，它提供了一个非常宽泛的定义）。默顿（Merton，1971）提出了一个模型，即长期均衡价格是有效的，但短期价格不是。

② 伯顿·麦基尔（Burton Malkiel）长期以来一直被认为是“严格”市场效率的狂热追随者。他在2003年发表了“有效市场假说及其批评者”（The Efficient Market and its Critics），并提出了一个大家都同意的定义：我不认为市场定价总是完美的。事后，我们知道市场已经犯下了非常严重的错误，正如我认为在互联网“泡沫”期间发生的那样。我也不否认心理因素会影响证券价格。但我确信，本杰明·格雷厄姆（Benjamin Graham，1965）认为，股市短期内可能是一种投票机制，但从长远来看是一种权衡机制。这一观点是正确的。真实价值最终会胜利。在此之前，投资者无法可靠地利用可能存在的异象或模型。

③ 可能是一些投资者因为外部因素，或许是心理原因而买卖股票。这些“噪音交易者”会影响股票价格。如果将效用最大化的投资者对风险持保守态度，那么他们只会从噪音交易者那里购买股票。如果股票价格下跌且预期收益上升，他们就会出售股票。该模型暗示理性投资者不会持有市场投资组合，也不会消耗掉总消费，因为有些消费是由噪音交易者引起的。效用最大化的股票市场投资者也有可能在重要的方面存在差异（坎贝尔·罗·麦金利，1999年）。

第五，我们将对两种均衡进行研究：传统的证券交易价格均衡、长期的买入和持有均衡，以及更注重几个月收益的短期均衡。

短期是噪音交易者进行操作的时期，在这个时期内会发现大量无用的信息。理论上，短期投资者通常以最低的成本运作，并且利用无附加价值的信息或估值方法。短期也是行为金融学的领域：大多数投资者“合理化”了他们的非理性。例如，在技术分析方面，他们在多数人的意见中找到了支持他们选择的理由。

另外，长期更值得深思熟虑。α 是有成本的，主要是研究成本。回归均值的现象是长期投资的主要策略。大量的短期投资者倾向于将回归周期延长到均值，使长期投资变得更加棘手。特别是在业绩考核频繁的情况下，这种倾向更加明显。

第六，指明我们将这种分类用于教育目的也许是有用的。这也不应被视为是规范，而应是一种简化，旨在澄清金融市场的复杂现实。

3.2　长期均衡*

市场需要多长时间才能意识到自己的“错误”，并根据更符合企业基本估值分析的价格进行调整？假设使用了 DCF 模型这种通常适合于长期投资的工具，又应该等多久？

对于支持基本分析的人，答案总是痛苦的：需要等待很长的时间，通常是几个季度，有时甚至是几年。

凯恩斯认为，市场非理性的时间可能比你能支撑的时间更长。

野村证券认为，作为宏观制度的一个函数，价值可能会长时间表现不佳。

实证研究认为，耐心不仅仅是一种美德，更是一种 α 的机会。耐心是一种稀缺的商品。

回到前面提到的席勒的研究。席勒先根据过去 10 年的平均实际收益来计算一个市场的市盈率（P/E），然后将这一市盈率与市场后续的实际回报率进行比较，以检验这一比率的预测能力（见图 3－3）。

席勒指出，当市盈率接近 30 倍时，人们只能期望实际回报率略高于 0。市盈率在 5～10 倍时，可能产生 5%～20% 的年回报率。特别是对于平均回报

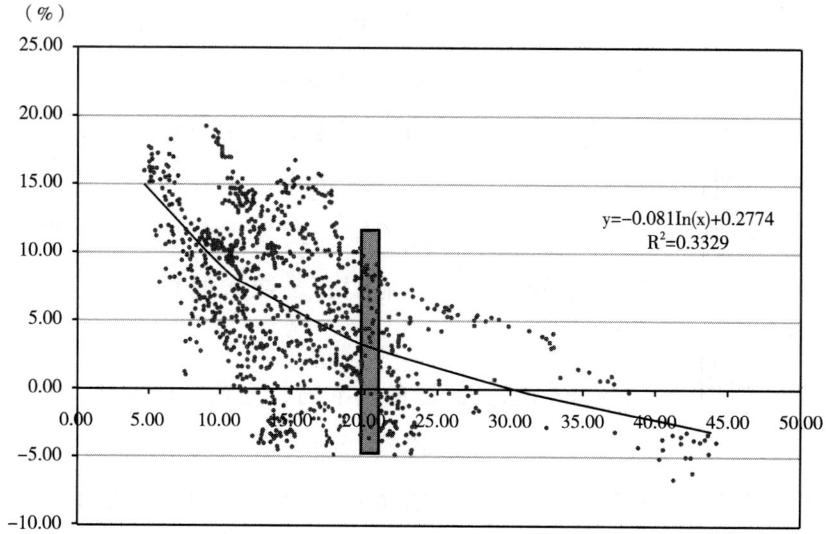

图 3-3　以年化 10 年实际回报率计算的席勒市盈率

率为 15～20 倍的股票，回报率之间的差距很大。

席勒市盈率的简单实际应用（也称“CAPE”，即周期调整市盈率）：

- 市盈率（P/E）为 10 倍时，预计未来 10 年市场的实际价值将翻一番；
- 平均市盈率为 15 倍时，预计未来 10 年将增长 50%；
- 市盈率为 25 倍时，表明市场在未来 10 年内按实际价值计算将保持不变[①]。另外，很难准确确定估值比率产生显著效果所需的时间。

厄尔曼（Illmanen）[②] 表示，在 1 年的时间里，在估值显著偏低的低市盈率之后是高回报（在市盈率 CAPE 为 8 倍的情况下相对于市场平均值约为 3% 的额外收益）。如果市场被高估，相同的市盈率就会产生较低的回报。换句话说，更直观解释是他们的行为变得更加不稳定。这项研究证明了市盈率用于预测未来市场回报的能力。

这项研究以过去 10 年的平均收益率为基础进行初始估值，衡量了 5 个市场组合的实际月度收益。收益率与市盈率成反比，因此第一列中的 4% 收益率表示为 25 倍的实际市盈率。其中数据显示的预期回报是基于席勒的主要结论（见图 3-4）。

---

① BCA Research, The 5 Most Important Valuation Measures, 2014.

② Illmanen (CFA), Time Variation in the Equity Risk Premium.

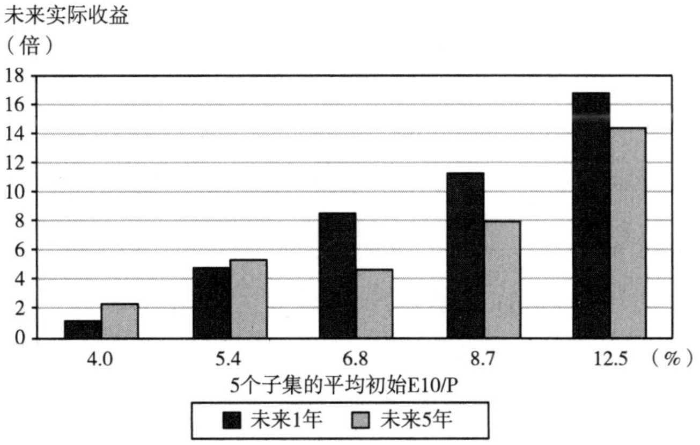

图 3-4 市盈率与未来市场回报

注：图是基于每月初 E10/P 的真实水平，将其归入 5 个子集之一，然后基于样本的历史表现计算 5 个子集的 E10/P（x = 轴标签）的平均水平以及随后 5 年股票市场的回报（y = 轴对应的值）。实际回报为标普 500 的回报。

资料来源：Shiller website（www. econ. yale. edu/ ~ shiller/data. com）；Haver Analytics。

万加德（Vanguard）测试了 1 ~ 15 年的平滑盈利[①]，没有任何历史时间跨度具有较高的预测能力。另外，对于所有时期，这一预测仅对 10 年左右的较长期限内具有统计学意义（见图 3-5）。

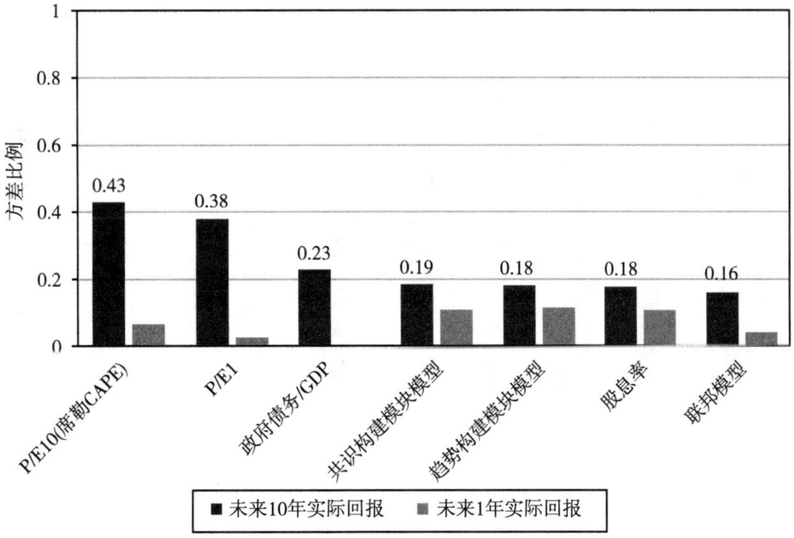

图 3-5 未来实际股票收益的方差比例

① Vanguard: Forecasting stock returns: what signals matter, and what do they say now? 2012.

各项指标都表示了 1 年期间的平均预测能力，其中包括衡量 E/P（收益率）和长期利率之间差额的联邦储备模型。然而，次年的市盈率或席勒周期调整市盈率模型显示，10 年的时间范围内有较高的 R^2s 值。

这种行为是“不正常的”，因为市场在任何时候都应该处于均衡状态，并反映出等于股权资本成本（COE）的期望回报。这一成本按实际价值计算应接近 6%。因此，只有风险规避能用于解释为什么市场不会为了适应新的经济基础而自发地调整到最佳均衡水平。

下面我们将简要提到有关这一问题的其他一些文献。

在著名的 1934 年的教科书《证券分析》中，本杰明·格雷厄姆和大卫·多德坚持认为，为了检验估值比率，人们应该使用“不少于 5 年，最好是 7 年或 10 年”的盈余的平均值。

麦基尔认为，D/P 和 P/E 能够预测未来 10 年的回报率。他解释说，这不一定与有效市场的观点不一致，但这是利率回归均值这一趋势的结果（见图 3－6）。

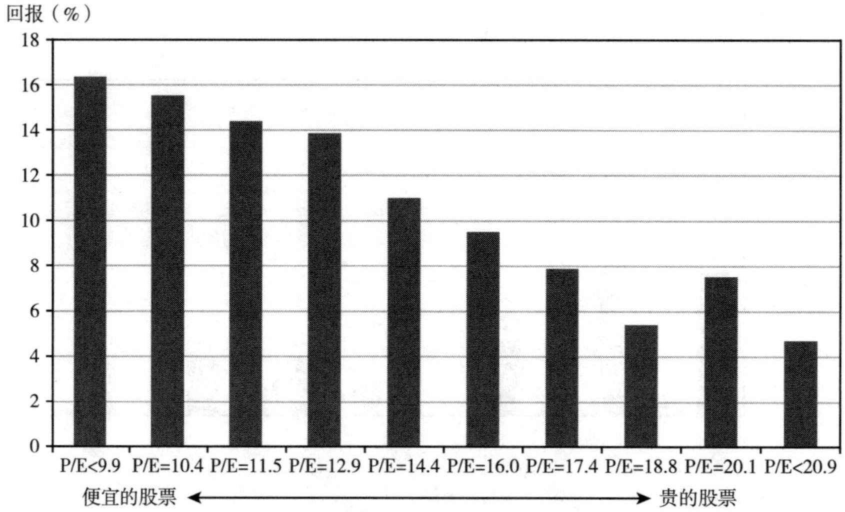

图 3－6　股票购买时的可选市盈率与未来 10 年期回报率

麦基尔认为，在 10 年的时间内，未来市场回报率与市盈率成反比。市盈率为 16 倍（接近历史平均水平）的 10 年预期回报率约为 9%。预计市盈率超过 21 倍的市场的年化回报率为 4%。

长周期的另一个特征是，无争议的买卖信号相对罕见。法国兴业银行从纯粹的统计角度研究了席勒的市盈率信号。为了保证足够的安全边际，法国兴业银行的分析师只考虑了长期平均值的1或2个标准偏差。显然，这种投资方式要求人们有很大的耐心：在过去的100年里，只出现了6个无可争议的信号（见图3－7）。

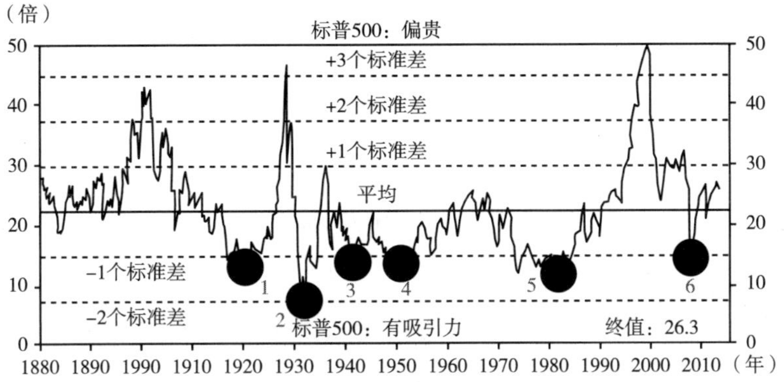

图3－7　历史标准化P/E（用10年滚动平均每股收益）

注：1880年以来，基于耶鲁大学罗伯特·席勒（Robert Shiler）收益的系列数据。标准化P/E＝用扣除第二次世界大战前重新申报纳税部分的滚动平均每股收益计算的P/E。

资料来源：SG Gross Asset Research/Globle Asset Allocationg，IRS Statistics of Income Bulletin，Robert Shiller，Yale University。

席勒的周期性调整市盈率（CAPE）自1880年起在美国市场中使用。人们计算了该比率的标准差，并认为简单的低估是不够的。为了得到一个令人满意的安全边际，法国兴业银行只考虑相对于22.5倍的长期平均值至少有一个标准差的移动周期。该银行在此期间内确定了6个买入信号，此期间包括次贷危机后的时期。

科克伦（Cochrane）认为，利用其他投资方式在短期内无法预测回报。"这一现象发生在商业周期和更长的时间范围内。每日、每周和每月的股票回报率仍几乎是不可预测的。"即资产定价（科克伦，2001）。

克雷默斯（Cremers）和帕里克（Pareek）（2014）看出了两种投资范围。第一种是短期投资范围：根据他们的定义，短期投资约占投资基金的13%。这些经理人的信念参差不齐，容易过度自信，特征是对股市反应得过于夸张。他们指出了一些短期内存在的问题。

一是20%的长期投资组合比20%的短期投资组合高出4%，这是根据Fama - French 三因子模型调整的结果。

二是他们强调，股市崩盘后回归到平均水平需要 2 ~ 3 年，甚至 5 年以上的时间。能回归到均值的理想对象是过去 3 年表现良好、相对于市场平均水平估值过高、在过去 6 个月中出现负回报的股票。

三是平均投资组合持有时间缩短，导致价格/账面比率增加约 30%。

因此，问题就出现了。为什么尽管存在这些争论，许多投资者还是故意选择更短的时间范围[①]。

3.3 短期均衡*

让我们把注意力转向市场的短期均衡。短期均衡在如何运作、应用比例和心理上都有很大差异。虽然在短期可获得大量的新闻，但并不总是相关的。在季度末或年底进行的多重业绩考核导致许多投资者的羊群行为（购买能够带来良好回报的证券）以及更多的避险行为（出售管理不善或业绩不佳的公司的证券）。空气中弥漫着急迫的气氛。竞争常常加剧这种行为。这个口号可以概括如下：作为一个投资者，我相信我可以比其他市场参与者更快地调整我的投资组合头寸。

3.3.1 短期的“理由”*

选择较短时间范围的投资者可以找到导致这一变化的一些“基本”原因。短期投资学派并不缺乏应对传统教学的理论：这些理论对有效市场的基本原理提出了挑战。例如，分形学派对规范化的高斯市场行为的观点宣战。分形学派的拥护者代表了运用数学和统计学方法的正统理论的挑战者。

根据其最初的定义，有效市场上股价之间没有任何程度的自相关性。20 世纪 50 年代以来的很长一段时间内，这一理论得到了许多研究的支持，且这些研究发现没有统计上的联系。该模型将股票市场行为与正态分布结合在

---

① 机构所买卖的股票价格往往是有效的，因此这种行为不太可能在短期内产生盈利的交易（伯默尔和凯利，2009）。

一起。

这种做法从 20 世纪 70 年代开始就受到了严厉批评，尤其是曼德尔布罗特（Mandelbrot）和塔勒布（Taleb），他们基于证券交易所价格的不连续性对其提出批评：

• 无论是上行还是下行都面临着巨大差距，往往都会阻碍交易者充分对冲他们的头寸；

• 价格变化不是平稳的（昨天对今天有影响，坏消息会一起出现）。

温和（或良性）有效市场的随机性和高斯分布实际上是粗糙的（或野性的），且受制于幂律和分形规律。新的模型被提出，这些模型假设市场的冷静时期后面会紧跟着极其剧烈的波动。在这一理论中，Levy 过程取代了布朗运动。

利用布朗运动或 Levy 过程来描述股票交易价格是一个随机过程。布朗运动于 1900 年首次应用于金融领域。该模型基本不存在大幅度运动，最大标准差接近 2.5。另外，右边的图标利用 Levy 过程，这更接近分形的逻辑。Levy 过程[①]产生了不稳定的回报和非常大的标准偏差。因此，它被用来解释金融市场（特别是期权市场）的回报（见图 3-8）。

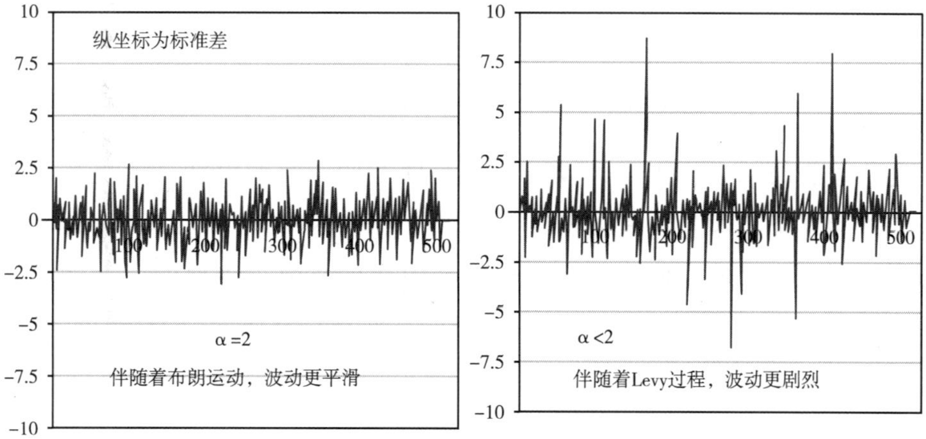

图 3-8　用布朗运动或 Levy 过程描述股票交易所的价格波动

曼德尔布罗特（Mandelbrot）以 2008 年的欧洲利率差作为例子：在长期

① Wiener 过程只是 Levy 过程的一种特殊类型。

保持接近 0 的水平后，利率差从 0 上涨至 20% 。

每月、每周、每日甚至当天的价格变化都呈现出统计规律。在每个频率上都可以使用 α 稳定定律来分析一个特定的分布，它的 α 参数代表分布尾部的厚度[①]（小概率事件发生的概率）。在平静的环境中，相关的信息会以一种规律的方式出现，人们以相当有序的方式作出决定。但之后会陷入急剧压缩时间跨度的极端情况（危机）中。在这里我们观察到，价格的变化随着时间的推移而扩大。尽管如此，在许多其他情况下仍然可以观察到这些价格的变化，它们在不同的时间跨度上被复制。

分形维度是长度计量的对数与标度因子对数之比。曼德尔布罗特（Mandelbrot）在他的著作中以英国海岸线为例，海岸线的长度越长，度量的增量就越小。较短的尺子测量的是海岸的弯曲曲线，而较长的尺子只是在同一地方画一条直线（见表 3 – 1）。

表 3 – 1　　有效市场假说（EMH）VS 分形市场假说（FMH）

EMH	FMH
回报分布是正态的（高斯）	回报分布不是正态的
平稳过程（平均分布不变）	非平稳
回报没有记忆效应（没有趋势）	回报有记忆效应（趋势）
无重复模式	大量在各种尺度上重复的模式
在所有尺度上连续稳定	任何尺度下的可能不稳定性

这种做法的基本原则是，投资者不是同质的：他们包括高频交易、日间交易、对冲基金、养老基金和保险公司等。这些不同的时间范围是常见的分形模式的来源。当长期投资者缩短投资期限或完全退出市场时，市场的整体投资期限将缩短到一个统一的水平。这反映在趋势跟踪和分形维度的下降上[②]。

其他投资者对市场运行方式持相当怀疑的态度。他们认为，估值是一种长期现象，并没有将其用于投资期限上。他们只是试图用动量比普通投资者更快地作出反应。

① 资料来源：Idier，Banque de France。

② 资料来源：BCA Research：Fractal Dimensions and Market Turning Points。

动量指标告诉我们，一个过去有规律地购买表现良好或不好的股票的投资者，在未来将继续遵循同样的购买方式。动量指标说明了跟随市场的趋势。正如诺维-马克思所说，指标是物体在运动中保持运动的倾向。

杰加迪西（Jegadesh）和蒂特曼（Titman）于1993年发现，动量指标是在除了新兴市场以外的股票市场中反复出现的一种现象。戈顿（Gorton）和林淳一郎（Hayashi）于2012年在利率、大宗商品和货币市场，特别是新兴货币市场上也发现了这一现象。

其重要性是显而易见的。投资者可以轻松击败市场，而不需要花钱在一支庞大的金融分析师团队上。

建立动量指标最初所需的观察期为6~12个月。在这段时间之后，价格通常会有如下的表现：

- 非常短的巩固期，一般为1个月（短期视角、微观结构）；交易者对这一时期非常熟悉，他们倾向反复、系统地出售短期表现良好的证券。

- 动量指标本身持续9~12个月，并可能被季度业绩公告（中期视角）刺激；基金经理通常在这段时间内表现得非常活跃；他们热衷于保留那些能够获得相对较好回报的证券，还通过高估上涨的股票和忽视下跌的股票来维持这一趋势。

- 缓慢回归到平均水平的时期可持续5年之久（长期视角）；那些在9~12个月内表现显著优于市场的股票通常会被高估，投资者更容易从中获利。

以下是动量指标的两个例子。

一是图3-9展示了一种金融工具的相对表现。该工具触发了一个相对于标普指数的动量信号。正如所见，在前9个月中，它的表现比大盘高出6%。在随后5年多的时间里，其价值缓慢下降，并恢复到平均水平。当然，必须强调的是，这是大量股票之间的平均水平，而对于某一家公司发现完全相同的趋势是极其罕见的。

二是从1927年到2010年的月平均回报率与标准普尔的对比。图3-10中的黑色表示价值加权的表现，灰色表示平均加权的表现。请注意动量指标的3个经典时期：1个月的获利回吐，9~12个月的动量持有期（图3-10中为11个月）；然后趋势反转，表明缓慢回归到平均值。

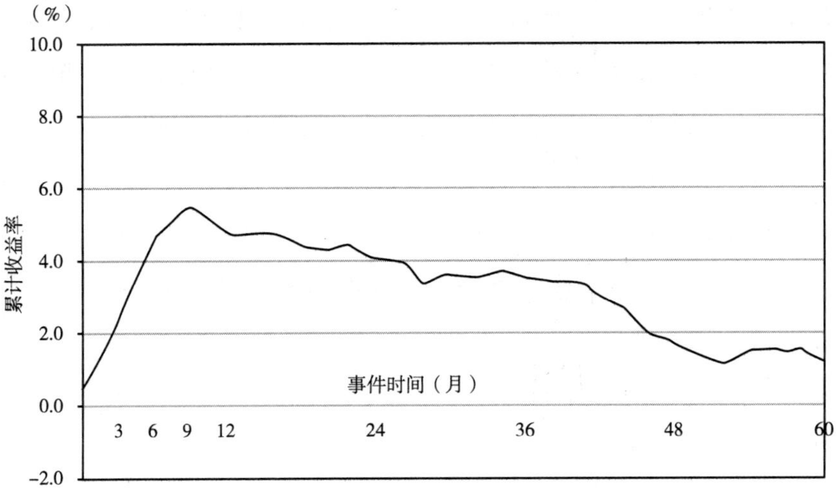

图 3－9　累计收益策略

资料来源：Bornholt and Malin。

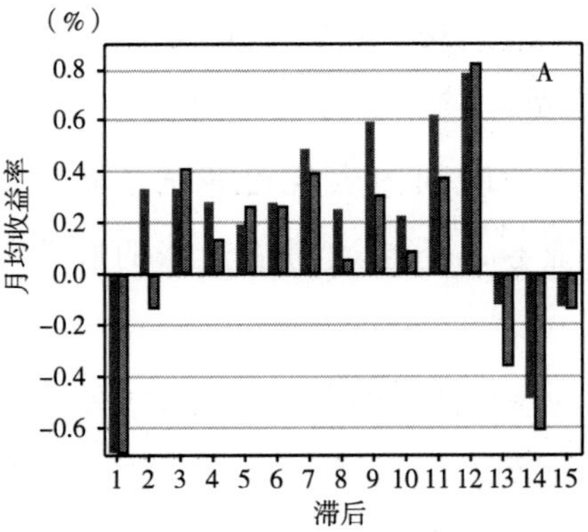

图 3－10　$MOM_{log,log}$表现

资料来源：Navy－Marx。

投资基金行业在过去几十年中的崛起能很容易解释这种现象。正如所见，基金经理在选择证券或估值方法时都不是中立的。

更令人不安的是，这种势头已经持续了很长时间。杰克日（Geczy）和萨蒙诺夫（Samonov）①在其最近的一项研究中确定了在19世纪类似现象的存在"从1801年到1926年，排序在价格势头上的平均加权排名前1/3的股票比底部1/3的股票每月表现高出0.28%，而1927—2012年则高出0.58%。将这两

① 资料来源：212 Years of Price Momentum（Geczy and Samonov，2013）。

个时期联系起来，形成一份212年的动量回报史，平均每月高出0.4%”。20世纪50年代和60年代的势头非常好，动量指标上也有所突破，特别是1871—1921年。而在过去的几年里，势头逐渐减缓（见图3-11）。

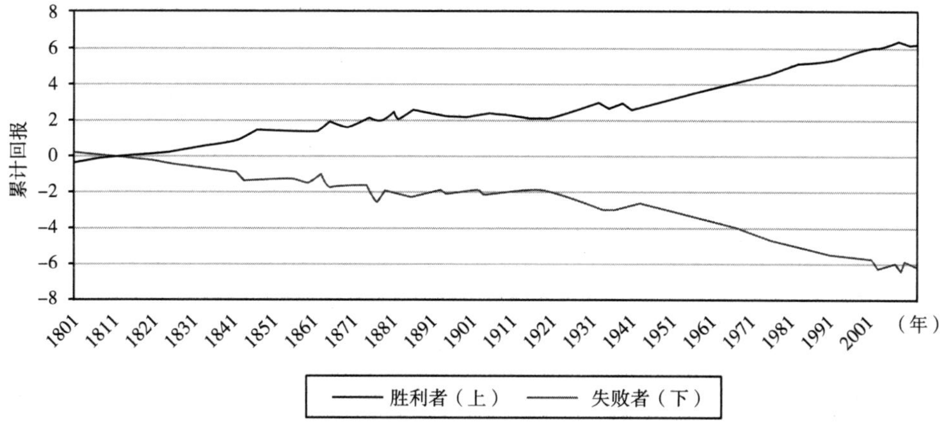

图3-11 动量因子超额回报（1801—2012年）

作者详细介绍了两个投资组合的表现：一个是从动量角度看最好的长期证券组合，另一个是最差的证券组合。投资组合从1801年一直持续到2012年，因此在解读19世纪的数据时需要谨慎。

图3-12描绘了两个动量组合在10年周期内的表现，这使我们能够区分出不太有效的动量周期。最赚钱的时期是1950—2000年。

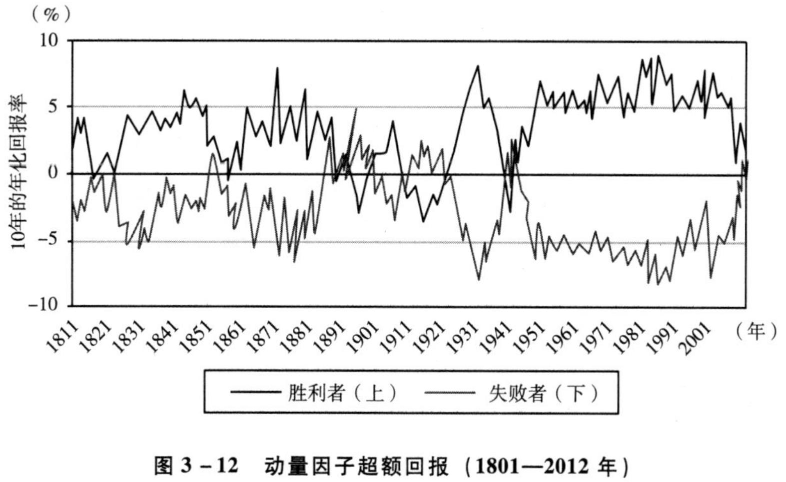

图3-12 动量因子超额回报（1801—2012年）

资料来源：Geczy。

动量现在被认为是 Fama - French 模型中的一个风险因子，在这个模型中夏普（Sharpe）比率[①]很高，成功率接近 80%。这一影响似乎看起来几乎是等量的，持续持有好的股票，减少持有差的股票。

表 3 -2 显示了 3 个历史时期的标准普尔指数，全部都终止于 2013 年。根据 Fama - French - Carhart 五因子模型计算表现。RMFM：股本减去现金回报；SMB：小减大（小盘）；HML：高减低（价值）；UMD：向上减去向下（动量）。随着时间的推移，动量效率（特别是夏普比率）已经逐渐下降。这使该策略的吸引力不大，尽管它的表现仍然好于规模和价值。

表 3 -2　利用 3 个历史时期的标准普尔指数为基础的动量策略表现

样本	收益（%）				夏普比率（%）			
	股本减去现金回报	小减大（小盘）	高减低（价值）	向上减向下（动量）	股本减去现金回报	小减大（小盘）	高减低（价值）	向上减向下（动量）
1927—2013 年	7.7	2.9	4.7	8.3	0.41	0.26	0.39	0.50
1963—2013 年	6.0	3.1	4.5	8.4	0.39	0.29	0.45	0.57
1991—2013 年	8.2	3.3	3.6	6.3	0.54	0.29	0.32	0.36

资料来源：Asnes。

那么，动量背后的机制是什么？

我们必须在“市场状态”的背景下来看待这种现象——在接下来的几节中再谈到这一问题。市场倾向于一系列的平静期，这些平静期通常持续相当长的时间，而股市危机时期的特点是波动性急剧上升。波动倾向于集中在一个中心均值上，这主要是出现在市场平静时期。在这些市场平静的时期里，市场动量就会增强，无论是对于一个特定的公司还是一般的市场，每天都在重复着同样的市场情景。

动量与短期内吸收公司信息效率低下有关。几项研究均得出，在盈利超预期情况下，市场是部分效率低下的。在古典经济学理论中，股票价格应立即吸收公司提供的所有信息。然而，在现实中，信息吸收是分散的，而且需要花费很长的一段时间。莫斯科维茨（Moskowitz）、黄（Ooi）和佩德森

① 资料来源：Fact, Fiction and Momentum Investing, Asness, Frazzini, Israel and Moskowitz, 2014.

(Pedersen, 2012) 认为，市场在最初阶段反应不足，随后产生过度反应。丹尼尔·赫什利弗（Daniel Hirshleifer, 1999）指出，市场对私人信息的反应过度，对公共信息反应不足，有以下几个原因：

一是分析师们相当保守，他们倾向于不对自己的盈利预期进行足够的调整[①]。赫什莱弗（Hirshleifer）和利姆（Lim, 2009）指出，投资者在迅速了解和吸收信息方面的认知资源有限。

二是与行为金融学中众所周知的偏差——代表性偏差有关：投资者往往对公司前景相关的一系列好消息或坏消息过于乐观或过于悲观[②]。洪（Hong）和斯坦（Stein）解释了这种最初对信息反应不足的原因是两类投资者的存在，即他们所说的消息观察者和动量交易者。这两类投资者都将有限理性运用于他们的交易中且忽视了其他人的信息。

三是张（Zhang, 2006）证实，当不确定性增加的时候，投资者的行为是非贝叶斯理性的（经典金融优化模型）。面对不断上升的不确定性，他们往往对好消息反应过度，对负面消息反应不足。

诺维·马克思对最近动量交易的糟糕表现产生了兴趣[③]。他发现在动量信号被触发的时期有一个间隔。这一信号似乎是由最近 6 个月表现为负值的证券发出的，但在之前的 6 个月里这些证券的表现却是正值。不过，目前这种模式还没有出现在美国之外的市场上[④]。

我们并不打算就动量策略向投资者提供建议，而是要证明金融市场，尤其是股票市场，在经典理论中被视为低效的临界或周期性低效的程度。

最终，越来越多的研究对理性投资者行为的观点提出质疑，并指出偏差源于私人投资者在追求利润时产生的风险厌恶倾向。最新的研究是有关行为金融学的。

短视损失厌恶是指投资者对短期损失的极度敏感，从而引导他们竭力降低风险。

---

① Barberis (1998)：当新的信息出现时，保守主义会导致市场最初的反应不足。

② 对于具有追踪特定公司或特定行业的丰富经验的买方分析师，这是一个众所周知的现象。随着时间的推移，他们往往不会改变自己的看法，因为他们已经形成了对公司的长期看法，并且难以接受市场对这种观点的暂时逆转（好或坏）。

③ 'Is momentum really momentum?' (Robert Novy - Marx).

④ Goyal and Wahal (2014).

根据这些投资者的经验，贝纳特齐（Benartzi）和泰勒（Thaler）[①] 发现，投资者表现出高度的风险厌恶。他们认为，这种对损失的敏感程度不能简单地通过高频率（至少每年一次）检查其投资组合价值来解释，即使他们声称他们长期持有投资。研究表明，投资者越多地评估一个投资组合的价值（其中包括一个盈利但不稳定的资产，如股票），这种资产在投资者眼中就变得越没有吸引力。这一年度频率被认为远短于他们的投资期限，但这一年度频率与提交年度纳税申报表、收到估计的银行账户余额、投资基金和养老基金的会计年度相一致，所有这些都有助于提醒人们注意潜在的损失，并可能帮助投资者降低他们的风险状况。但是，对于有20年时间期限的投资者，这种谨慎的代价（每年约5.1%的成本）太高了。他们要求在1年时间内的风险溢价为6.6%，而不是在超过20年的时间范围内获得1.5%的风险溢价。

图3－13表明了投资期限与投资者所要求的风险溢价之间的联系。风险溢价随着时间推移急剧下降。这一解释与一个很长的时间范围所提供的视角有关。投资者可以相对地理解偶尔发生的股市事件，并等待股票的长期回报。然而，如果时间限制在1年之内，那么投资者就必须应对市场的所有短期波动。为了弥补短期的股票投资，投资者需要更高的风险溢价。

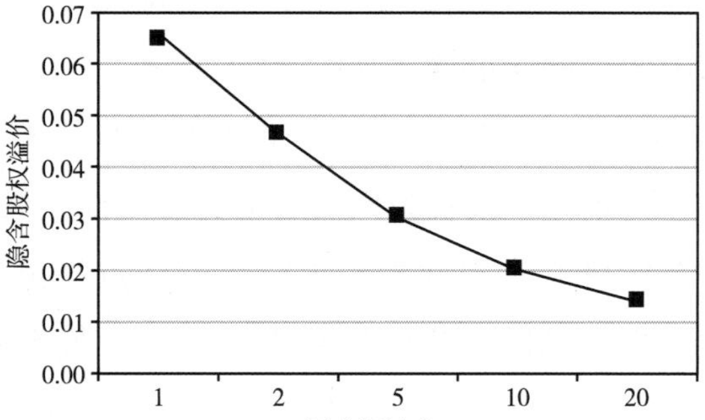

图3－13　投资期限及隐含股权溢价

资料来源：Benartzi 和 Thaler。

将这一点与管理短期主义进行比较。管理者对市场的恐惧促使他们作出短期的决定。在一篇文章中，吉格勒（Gigler）、卡诺迪亚（Kanodia）和撒普

① Myopic Loss Aversion and the Equity Premium Puzzle：Benartzi and Thaler，*Quarterly Journal of Economics*，1995. 此文以行为金融学的前景理论为基础。

拉（Sapra）[1] 得出的结论是，报告频率也会产生类似的影响。更频繁的报告并不一定意味着更高质量的会计数据。只有在充分了解这些市场的情况下，高效的市场才能带来有效的投资。当资本市场和企业管理者之间存在信息差距时，市场被迫通过定期会计报告中杂乱无章的汇总统计数据作出推断。这种推断所产生的均衡价格，再加上资本市场高的报告频率和缺乏耐心，都会导致管理上的缺乏远见。

这些发现与恩斯特伯格（Ernstberger）、林克（Link）、斯蒂克（Stich）和沃格勒（Vogler）[2] 早些时候发表的一篇论文中的结果一致，这些研究表明，公布季度业绩的公司更多地参与了“管理”业绩，增加了短期现金流，而对公司的长期价值产生了不利影响。这一预测表明，这类公司更愿意增加股息、推迟投资[3]。

因此，短期有两种类型：一种是技术造成的，允许几乎即时的股票市场买卖指令，而这些指令在成本方面实际上对业绩没有影响。短期主义缩短了管理人员在报告期之后的反应时间。这种类型的短期行为存在一个基于效率的内在逻辑。另一种是由不同组织构成的短期市场：管理者的表现每季度都会被衡量一次；养老基金必须尽可能接近利率和市场的估值披露财务报表；信息量的飙升增加了处理这些信息的成本，也加强了趋势跟踪。这就是我们所谓的“行为”短期，它的特点是摩擦和相对低效的行为。

3.3.2 短期主义的兴起*

图 3－14 表明了一种越来越明显的趋势——投资期限越来越短。在 2009 年左右，纽约证券交易所上市公司的平均持有期在不到一年的时间内跌至最低水平。现在，这一数字可能是一个平均值，包括以捕捉过剩流动性为唯一目的的指数基金和交易所交易基金（ETF）。它们的唯一目的是捕捉过剩的流动性，过去几十年的这一趋势仍同样是显而易见的。

---

① Gigler, Kanodia and Sapra, How Frequent Financial Reporting Causes Managerial Short－Termism: An Analysis of the Costs and Benefits of Reporting Frequency, 2014.

② Ernstberger, Link, Stich and Vogler, The Real Effects of Quarterly Reporting, 2011.

③ 冯·米塞斯（Von Eije）和麦金森（Meginson）跟踪了 1989—2005 年欧洲公司的数据，发现股息支出与报告频率呈正相关。

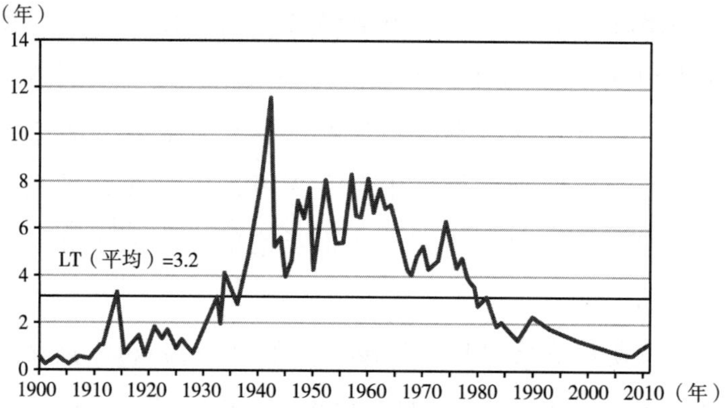

图 3－14　纽约证券交易所股票的平均持有期

资料来源：法国兴业银行。

1900 年以来，纽约证券交易所的平均持有期保持在 3.2 年左右。这个数字包括机构客户在内。他们持有股票的时间通常比私人客户更长，尤其是那些财力较有限的客户。1929 年的崩盘导致极高的投资组合周转率明显下降，因为散户投资者在价格崩盘和税收大幅上升后退出了市场。

首先我们要表明的是，投资期限缩短是由不同市场参与者之间的市场份额分配缓慢发生变化所致。

之后，在已知这些策略需要时间才能产生回报的前提下，我们将继续研究这一增长趋势的可预见后果之一，即激进的选股策略下降。这一观点得到了事实的支持：指数基金越来越多，基准化已经成为常态，管理者更多地选择增长而不是价值战略，定性方法的使用也有所增加。所有这些发展都意味着投资期限在缩短。

3.3.2.1　市场份额分配的变化

投资基金的类型主要有 4 种：

①指数基金高信度地匹配或跟踪市场。过去几年，持有指数基金的成本大幅下降，导致需求急剧增加（见图 3－15）。

指数基金在过去 15 年中稳步增长，侵蚀了主动型基金的份额。较低的成本对“散户”投资者而言是具有吸引力的理由。2001 年，美国的指数基金的费率为 14 个基点，而主动型基金则为 93 个基点。过去几年中，在美国市场上主动型基金的业绩表现相对较差，从而进一步加剧了这一趋势。2008 年的金融危机似乎也是指数基金兴起的一个重要因素。

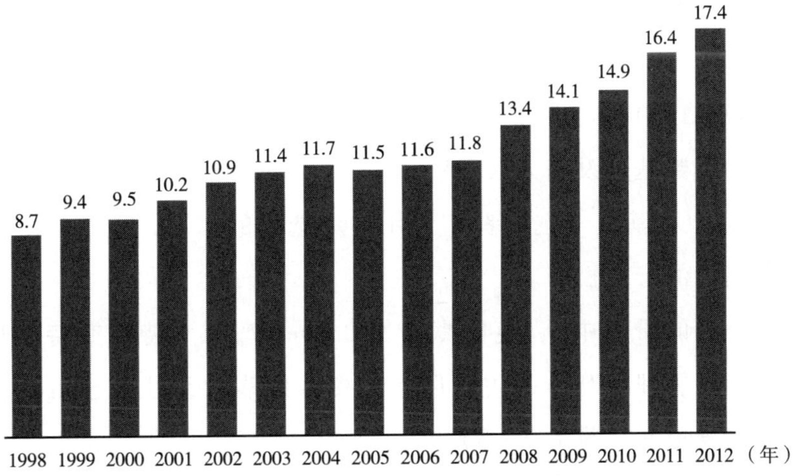

图 3－15　指数基金/共同基金比率

资料来源：实证研究。

散户倾向于在市场上涨时买入指数基金，在市场下跌时卖出，而这放大了市场的波动。

图 3－16 列出了市场回报与投资基金认购之间的联系。左轴线和灰条代表投资基金的买入净现金流。右轴线和黑线代表 MSCI 世界指数的 1 年期回报率。投资者倾向于在股票繁荣期进入市场（1999—2000 年），并在股票崩盘期集体退出（2001 年和 2008 年）。这种行为放大了短期市场波动，尽管它们的投资期限不一定集中在短期。债券基金也有类似的趋势。

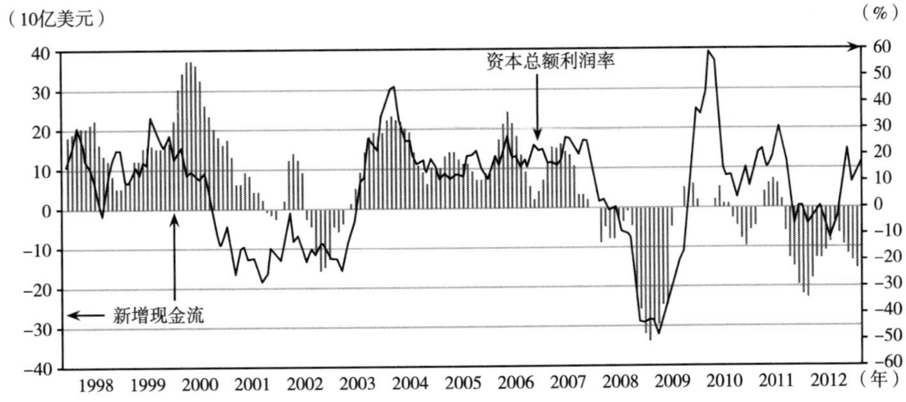

图 3－16　股票基金的新增净现金流与全球股价表现相关

资料来源：ICL. org。

②主动管理型基金旨在中期内取得相对理想的回报。他们总是更容易受到短期和相对表现的制约。主动管理型基金可分为两类：

• 自上而下型基金（主动管理型指数投资者）对市场趋势采取机会主义的方法，在短期或中期内押注于不同行业，并对其增持或减持。然而，它们的管理结果与指数基金没有太大区别；

• 自下而上型基金（选股者）使用主动选股的方法，这意味着更高的资产风险和更集中的行业投资。

在一项著名的研究中[①]，克雷默斯（Cremers）和皮特捷斯特（Petajisto）发现，自上而下管理型基金的主动股票投资业绩表现往往低于市场，而自下而上型基金表现更好（见表3-3）。

表3-3　不同类型基金的相对表现

	类型	活跃度（%）
选股者	自下而上型	1.26
主动管理型指数投资者	—	-0.91
行业投资	自上而下型	-1.28

主动管理型指数投资者正在失去市场份额，他们的平均成本高于其他基金，但相对表现在过去10年里一直不令人满意。相比之下，选股者的风险回报率更出色。

③主题或行业基金是以中长期的特定投资主题为基础的。例如可再生能源的开发、新兴市场或水资源的消费增长、水资源等。一般来说，主题基金的吸引力即主题本身，只有在不同的基金管理人之间比较才能衡量出它们的相对表现，因此，与其他相应的基准指数相比，这些基金相当不活跃，尽管存在例外。

④对冲基金越来越受欢迎，主要是为了应对相对的管理过度。这是以传统的美国基金为基准而言的。

图3-17显示了1996年以来美国市场对冲基金的强劲增长。2002年和

① How Active Is Your Fund Manager? A New Measure That Predicts Performance, Cremers and Petajisto, 2009.

2008 年是市场极端负面的年份。其峰值表明，对冲基金在市场动荡时期对投资者具有吸引力。2009 年以来，对冲基金很难击败美国市场这样的趋势市场。在这种情况下，与传统工具相比，它们支付了流动性不足的成本。

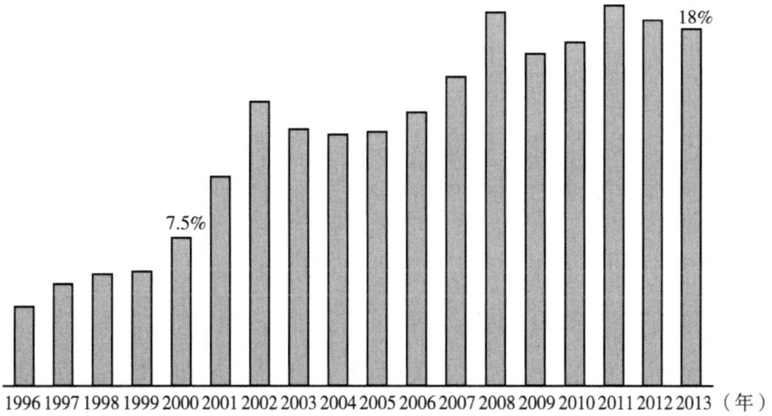

图 3－17　对冲基金/共同基金的比例

资料来源：实证研究。

不同的对冲基金类别（套利、多头/空头、CTA 和定向）都试图利用行业偏差造成的低效现象。对冲基金专注于绝对业绩。它们根据基金标准（基本上是"2% 的固定费用＋20% 的绩效"）为管理人提供了激励机制，并且集中在短期内（这种基金的营业额一般都很高）。

表 3－4 是由欧洲基金和资产管理协会（EFAMA）编制的，概述了基金行业目前的趋势。

表 3－4　当前行业趋势　（单位：%）

基金类型	2003 年	2008 年	2012 年
对冲基金	5	8	10
专门基金	22	23	24
主动管理的基金	66	59	50
被动/ETF	5	7	12
其他	2	3	4
合计	100	100	100

根据 EFAMA 的统计数据，表 3－4 为 2003—2012 年按基金类别分列的市场份额。专门基金包括主题基金或行业/地域基金。主题基金包括选股者和主

动管理型指数投资者，这采用了 Cremers 的分类。被动/ETF 包括所有指数基金（投资基金和 ETF）。

这些市场份额的变化并不一定意味着机构投资者作为一个整体的期限更短。克雷默斯（Cremers）、帕里克（Pareek）和索特（Sautner）[①] 指出，1985 年（1.2 年）到2010 年（1.5 年），机构投资经理提交的13F 基金报告显示，每季度测量的美国机构头寸的平均持久期实际上略有增加。

3.3.2.2　相对业绩表现的抨击

20 世纪 60 年代初，机构投资者缓慢而稳定地出现，养老基金行业增长迅速。这些基金日益重要的原因是，必须保证人们退休时享有满意的养恤金，同时允许人们选择管理方式。从长远来看，这种管理方式必须带来有吸引力的回报而且无论如何。这要高于仅仅通过人口增长和提高生产力获得的回报。

资产管理发展带来的一个重要结果是业绩比较基准法的普及程度越来越高。所有投资基金都有一个业绩比较基准，并由夏普比率衡量其风险调整后的回报率。基金业将这些变化作为可靠的业绩保证呈现给客户。然而，风险的性质发生了变化。基于（正确的）观察，从长远来看，市场择时对投资组合的业绩贡献有限，大多数投资公司采取的办法是将持续投资视为常态，并将相对风险视为实际风险。尽管始终坚持为所有当前和未来的每位持有人均提供一致业绩的目标值得称赞，但这一做法并非没有结果：

一是市场估值不再重要。投资者选择市场时机并决定此时投资是否合适。

二是即使在市场高点，比如在 20 世纪 90 年代的互联网泡沫时期，基金经理也会继续投资。他们认为，市场从长期来看正在上涨，因此在牛市业绩比在熊市跑赢大盘更具风险。

三是负责监督基金管理人的人正在被现金打败。图 3 – 18 表明美国市场现金头寸缓慢下降。

在美国投资基金的投资组合中，流动性所占份额一直在稳步下降。部分

---

① Cremers，Pareek，Sautner，Stock Duration and Misvaluation，2013. 这里的“期限”一词是指投资组合中证券的平均保留期限。

原因在于这在一定程度上是因为这一时期市场的大幅崛起，部分原因在于必须持续投资的新模式。需要注意的是，1987 年、2000 年和 2008 年市场崩溃后，流动资产暂时飙升，而在一两年后又出现新的下滑趋势。

四是这种管理模式会对估值比率产生影响，即估值比率转向相对模式。我们购买金融工具是因为它的市盈率低于在增长率和回报前景等方面具有可比性的竞争对手，无论其市盈率是 12 倍还是 32 倍。这种做法人为制造了股票需求，打破了市场与实体经济之间的传统联系，而忽视了市场估值。

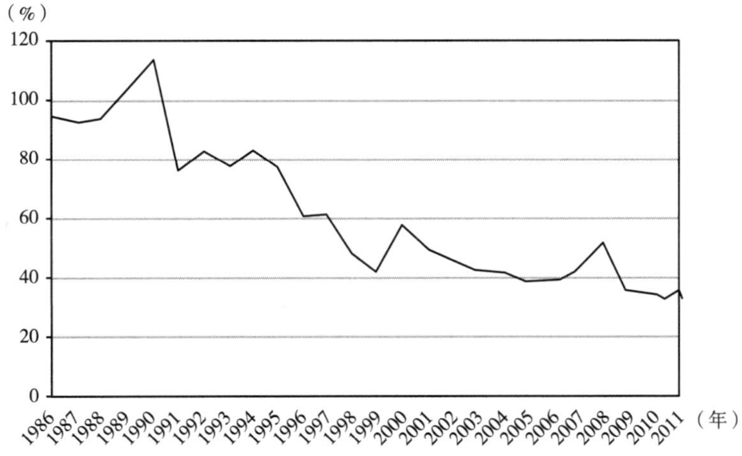

图 3 – 18 股票共同基金的流动资产（现金）

资料来源：Zero Hedge。

由于管理者专注于相对业绩表现，因而两种至关重要的抗衡力量被搁置在一旁。

一是专业投资者在估值过高时退出。而在新的模式中，何时退出将由散户投资者来判断。众所周知，他们的行为具有周期性。换句话说，他们在价格上涨时买入，价格下跌时卖出。

二是估值是实体经济与金融市场之间的纽带，但它却退居幕后，仅仅是为投资者的反应速度让路。

3.3.2.3 管理风格

投资风格是估值比率、投资期限和投资组合轮换的结合，这些因素加在一起产生了明确的风险调整后回报。使用相同管理风格的两个不同基金经理应该产生类似的回报概况，即使业绩表现最终取决于每个基金经理生成 α 的能力。

让我们将价值投资与增长成长投资这两种主要的管理风格进行对比。

①价值型基金经理投资估值（P/B、P/E）较低的公司，他们的基本原理是：

- 实际情况并不像目前估值水平呈现得那么糟糕。
- 实际情况正在好转，但市场尚未认识到。

价值投资的基础是挑选交易价格低于其内在价值的股票。这种管理风格给出了一个非常典型的投资组合概况。

- 估值是一种不要求高换手率的长期投资风格。
- 价值投资者倾向于反向投资，寻找分析师覆盖相对较少的公司，这也意味着估值严重偏低。
- 实际上，价值投资者从不跟随羊群。如果我们考虑行为金融等教给我们的关于群体心理的内容以及在与大多数投资者的社会判断不一致时产生的恐惧，那么这种情况就会变得复杂。
- 价值投资需要非常健全的基本信念。仅仅通过计算几个估值比率，是无法估算风险的，也不能据此购买名单上最便宜的公司。陷入“价值陷阱”的风险是存在的：财务状况不佳的公司由于债务水平很高、市盈率会非常低；因此，盈利收益（市盈率的倒数）需要非常高才能抵消违约风险。其原因要么是分析师预期不会出现好转，要么是缺乏足够的沟通，这些预测很长时间没有被审查过。
- 价值投资不需要在市场上持续投资，因为它是以估值为基础的。尽管对股票的基本面评估很好，但如果股票的交易价格远高于股票的内在价值则经理们往往会减仓。
- 在有负面消息出现时，这种投资方式相对具有弹性：继季度盈利预警之后，这类公司在接下来 12 个月内的表现通常会低于市场表现，而其他公司则会报告更剧烈的下跌。这里，我们便拥有了格雷厄姆所称的安全边际：低买就有了可抵御未来坏消息的余量。
- 价值投资者往往分为两类：专注于少量持仓的投资者和少投资组合多样化的投资者。集中的投资组合通常能带来最高的回报，但面临着投资组合中持有的一种证券或多种证券的重大调整风险。例如，自 1980 年以来，罗素 3000 指数中有 40% 的股票自其最高点下跌了 70% 以上[①]。

当然，对于以投资价值风格中用于证券估值的众多比率，目前并没有完全一致的意见。这使其价值基准很难被建立起来。

让我们以摩根大通和美国银行在 2014 年定量调查中所解释的估值因子为例（见表 3 – 5）。

表 3 – 5　　摩根大通和美国银行在 2014 年的定量调查中所解释的估值因子

美国银行	摩根大通	摩根大通嘉诚
企业价值/销售额		
企业价值/息税折旧及摊销前利润	企业价值/息税折旧及摊销前利润	
企业价值/息税前利润	企业价值/息税前利润	
	企业价值/自由现金流	
股价/销售额	股价/销售额	股价/销售额
市盈率	市盈率	
相对市盈率		
		市盈率（历史 + 预测）
	股价/息税折旧及摊销前利润	
	股价/营业利润	
股价/经营活动产生的现金流量净额	股价/现金流	
股价/自由现金流量		股价/自由现金流量
股价/账面价值	股价/账面价值	股价/账面价值
		现金/收益
	现金市值比	
	股息率	股息率
	总收益率	总收益率
	自由现金流量收益率	
托宾 Q 比率		
市盈率相对于净利润增长率的比率（PEG）		市盈率相对于预测净利润增长率的比率

虽然相似之处很明显，但这 3 种方法之间也存在差异。股价/账面价值和股价/销售额是唯二被所有 3 家经纪商都使用的比率。令人惊讶的是，因为它

① The Agony and the Ecstasy, Eye on the Market, Cembalest, 2013.

的管理风格像价值投资那样务实，像市盈率这样的比率，可以有多种不同的使用方式（未来、历史或相对市盈率），因而其能够产生相似但不相同的结果。托宾 Q 比率是总市场价格除以公司的所有重置成本，这与市净率背后的逻辑很接近。

摩根大通等经纪商曾试图计算这种管理风格的长期表现（见表 3－6）。

表 3－6　　1972—2012 年跨资产价值因素的绩效风险指标

	价值－股票	价值－债券	价值－货币	价值－商品
平均（%）	4.9	411	3.7	2.7
CAGR（%）	4.4	4.0	3.3	1.5
sTDev（%）	10.5	7.4	8.8	15.51
MaxDD（%）	－44.6	－21.5	－26.9	－59.0
MaxDDur（年）	5.8	23.2	5.6	23.4
夏普比率	0.46	0.56	0.42	0.18
索提诺比率	0.72	1.13	0.67	0.25
卡玛比率	0.27	0.71	0.30	0.12
疼痛比率	0.70	0.47	0.65	0.13
95% 置信在险价值下的回报	0.09	0.15	0.09	0.03
95% 条件在险价值下的回报	0.06	0.10	0.06	0.02
命中率	0.56	0.54	0.55	0.53
收益/疼痛比率	1.44	1.66	1.39	1.14
偏度	－0.01	2.59	0.22	－0.26
峰态	2.37	21.12	2.97	1.09
与标准普尔的相关性	－0.29	－0.09	0.01	0.06
与美国国债的相关性	0.03	－0.07	－0.09	－0.09
与标准普尔的协偏度	0.06	0.02	－0.08	0.02
与美国国债的协偏度	－0.18	－0.05	－0.09	－0.09
与标准普尔的协峰度	－4.15	－3.20	－2.60	－3.35
与美国国债的协峰度	－3.01	－2.91	－4.02	－3.93

资料来源：J. P. Morgan。

在这个例子中，价值股票的业绩表现衡量了 Fama－French 三因子模型中的估值因子：投资者系统性地购买了市净率最低的 10% 的公司，并系统性地出售了市净率最高的公司：

- 夏普比率略高于市场，命中率（正信号的百分比）也是如此；
- 回撤幅度可能在 45% 左右，因此需要相对较长的时间（长达 6 年）来恢复；

- 与标准普尔指数呈负相关（-0.29），是一种逆向投资风格的标志。

以乔尔·格林布拉特（Joël Greenblat）为例。他出版了《股市神奇公式》，在这本非常受欢迎的书中，乔尔·格林布拉特对他的价值投资风格作了非常清晰的解释。他把每家公司的分数计算为两项排名的总和；

- 资本回报率，即息税前利润除以投入资本（固定资产和净营运资本）；
- 盈利收益率，按息税前利润除以企业价值（EV）；
- 然后，将至少 30 只股票整合成一个多元化投资组合，并持有该组合至少一年；
- 他的形象当然是价值投资者。但他的方法是，根据两种类型的行为偏见，只使用两种比率：第一种是 Fama - French 三因子模型中的价值成分，在他的公式中以盈利收益率来表示；第二种是利润成分，这是诺维 - 马克思模型中的一个特定风险因子。

格林布拉特公式被其本人和其他学者多次回测检验。大家一致认为，从长期来看，综合多/空信号的方法是有效率的。这种风格经历过严重回撤，比如在 2008—2009 年的股市崩盘期间，当时的市场调整幅度超过了 45%（见图 3 - 19）。

	绝对值(%)			相对值(%)	
	乔尔格林布拉特做多	乔尔格林布拉特做空	乔尔格林布拉特多/空	乔尔格林布拉特做多	乔尔格林布拉特做空
10月8日—9日	80	43.0	25.8	20.1	-4.6
10月9日—10日	19.6	24.3	-3.8	-5.3	-1.5
10月10日—11日	-1.9	-16.7	17.7	6.9	-9.2
10月11日—12日	11.2	-0.7	12.0	5.6	-5.7
10月12日至今	-1.8	-12.0	11.6	-2.9	-13.0
复合年增长率(%)	18.7	5.4	12.6	4.6	-7.1

欧洲、中东、非洲三地区市场的回测结果显示12.6%的年化回报率

乔尔格林布拉特屏幕模拟的多/空回报

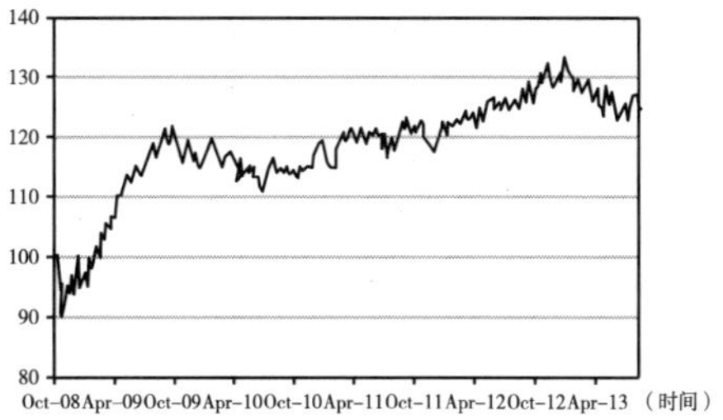

欧洲、中东、非洲三地区市场的乔尔格林布拉特做多屏幕
——回测显示业绩恢复信号

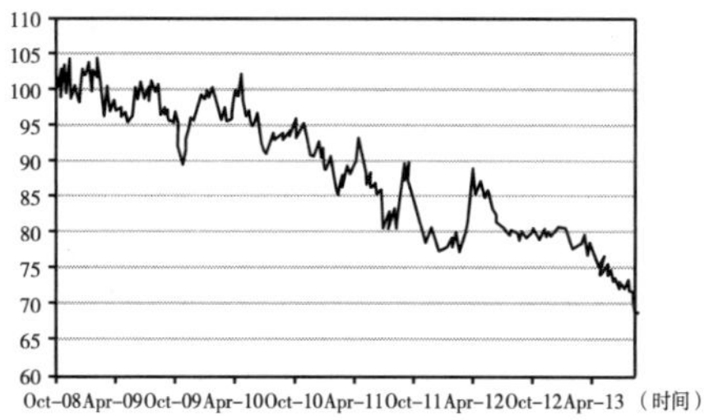

欧洲、中东、非洲三地区市场的乔尔格林布拉特做空屏幕
——回测显示一致的业绩不佳

图 3 - 19　价值屏：乔尔·格林布拉特屏

资料来源：Value Screen. com。

格林布拉特公式的表现在成熟市场已被广泛地记录。在这里，可以看到摩根士丹利利用其在欧洲、中东、非洲三地区市场的回测结果。这个例子表明，即使市场条件困难，该模型也适用于所有地区。该公式对空头基金具有特别好的效果。

②成长型投资可以定义为不惜任何代价追求增长。成长型投资者将把重点放在销售额增长高于市场的公司上。他们对实现15%～20%盈利增长而不损害良好的利润率和资产负债表基本面的公司感兴趣。这在很多方面与价值投资背道而驰。

- 成长型投资者的目标是那些受到广泛报道或成为财经媒体头条的企业。它们往往是管理或产品成功的故事，也是梦想的素材。这种自信的管理风格经常出现在科技、生物技术或社交网络证券中，并非偶然。
- 他们试图在能够实现更快增长且不为大众所熟知的新行业购买证券。他们依赖于市场缓慢地获取公司的基本信息。
- 成长型投资者乐于随大流；事实上，他们乐于刺激对这些公司的需求。
- 在这种投资方式中，估值实际上不是一个核心优先事项。成长型投资者将估值视为次要因素，因为这些公司通常不报告利润，也没有达到稳定回报的阶段。在许多方面，成长型投资更接近于企业家的哲学。他们意识到，在开展新业务时有许多未知因素。
- 这些投资的期限往往短得多。因为一旦最初的热潮结束，公司的估值往往很高，利润预警可能导致大幅调整。成长性陷阱是指投资者系统性地为企业的成功支付过高的造价，原因是这些成功十分罕见。

与市场上的其他公司相比，成长型股票可能会有波动。它们往往在成熟的牛市中表现得更好，而在经济低迷或平缓的市场周期内，这类公司的股票处于更具挑战性的境地。

罗素1000为美国市场上最大的公司发布价值和成长指数。通过比较罗素1000的统计数据，可以很好了解两种投资方式之间的差异（见表3－7）。

可见，对价值投资而言，所有的估值指数都会系统地降低；而对成长型投资而言，所有的成长指数都会系统地提高。

为了便于说明，这两种投资方式的特点得到了强调。然而，现实却不那么黑白分明。许多价值型基金经理将属于成长型投资策略的公司纳入他们的投资组合。美国个人投资者协会的网站[①]给出了许多不同投资风格的分类，以供那些对更多细节感兴趣的人参考。

表 3-7　　罗素 1000 统计数据

	罗素 1000 价值指数	罗素 1000 成长指数
股价/账面价值（倍）	1.84	5.26
股息率（%）	2.33	1.50
市盈率（倍）	17.0	21.1
汤森路透机构经纪人预测系统（IBES）的长期增长率（%）	8.88	13.70
每股收益的增长（过去 5 年）	13.00	18.50
业绩表现（过去 10 年）	7.90	9.10

资料来源：Russel。

总之，投资期限与管理风格相对应。价值型投资需要更长的投资期限，而成长型投资则需要更快的回报。很容易看出，投资者风格转换可能会对整个市场产生影响。如果投资者普遍转向价值型投资，会使投资组合平均周转率降低，一旦超过均衡价值，市场就会对其进行修正。目前，市场上的情况似乎正好相反。

3.3.2.4　量化方法的重要性

“量化分析客观地将股票分为不同的类别或因素，它们所依据的可观测数据计算简单、易于回溯，而且远离人类干预和行为偏见。”（美国股票战略，摩根士丹利，2014 年 8 月）。

“量化的目的是为每单位风险提供高于市场平均水平的溢价。然而，首先必须找出造成这一溢价的经济原因，并在可能的情况下将它们与市场效率低下的情况（微观结构、行为和供求失衡）相互参照。”（跨资产类别的系统战略，摩根大通，2013 年 12 月）。

定量方法的影响远远超出了纯量化基金的市场份额（野村把量化基金在 2013 年 12 月的市场份额分为 0.4% 的纯量化基金，替代 β 基金的市场份额为

① http://www.aaii.com under Stock Screens.

1.6%，所有应用量化分析方法的基金的市场份额为5.1%，2008年12月的可比数字为9.5%）。实际上，所有的投资者阶层都使用定量方法。基金经理不知疲倦地监视他们的股票筛选，而策略师则专注于投资屏幕上的一个或其他风险因素。专题ETF基金、智能β基金和因子基金等曾经属于量化领域的术语，近年逐渐被整个基金管理领域所使用。

摩根大通在美国市场使用了73个分析因子，可分为四大类。

第一类：估值因子是最古老的，但仍然是最常用的类别。从过去的业绩来看[①]，最有效的因子是EV/FCF、EV/EBITDA和FCF收益比率。这些因子在一个月的时间范围内是有效的。但请记住，这是基于估值差异较小、不存在大幅度的降级阶段或公司被重新评级等条件。这里的价值因子同此前章节讨论的价值投资的含义并不相同。估值因子的持续期大约为9个月，这点与动量因子相当接近。这类策略的资产组合周转率在12个月内约为40%。

第二类：随着分析师对动量因子和盈利预期因子的再修正，成长性因子和投资者情绪因子曾有过辉煌时期。动量因子的有效性近年来有所下降，部分原因是一系列的股票市场危机以及随之而来的剧烈波动。动量因子在2～9个月内是有效的。盈利预测修正因子在6个月内仍然非常有效。

第三类：资本支出和盈利能力因子（受应计利润、流股票数量减少、资产置换和低的资本支出/营收比率影响）是主要因素。这些因素在相对较长的期间内是有效的，对流通股数量的影响最长可达到36个月。

第四类：资本结构和财务杠杆因子是效率最低的类别。原因在于过去几年公司资产负债表上积累了大量现金。

在表3－8中，最有效的因子用深色表示，效率最低的因子用浅色表示。

表3－8 影响因子

估值类	基本类	资本结构、财务类	动量类	成长性类	其他类
企业价值/销售收入	人均销售额	负债/资产	1个月价格动量	销售同比增长率	过去3个月日均交易量
企业价值/息税折旧摊销前利润	员工数量变化	负债/资本	3个月价格动量	1年销售增长率	过去3个月美元日均交易量

① Morgan Stanley; covers 1 500 US companies with monthly returns, since July 1969; published on 4 August 2014.

续表

估值类	基本类	资本结构、财务类	动量类	成长性类	其他类
企业价值/息税前利润	毛利	负债/权益	6个月价格动量	5年销售增长率	β（5年）
企业价值/融资性现金流	研发费用/销售额	净债务/市场价值	9个月价格动量	销售额稳定性	1年每股收益分布
	经营杠杆		12个月价格动量	销售变化	每股收益稳定性
股价/销售收入	营业收入变化	负债/息税折旧摊销前利润	过去1个月平均动量变化	销售加速	市场价值
股价/息税折旧摊销前利润	息税前利润率	利息覆盖率			每股收益估计量
股价/息税前利润	息税前利润率变化	现金流覆盖率	估计修正	每股收益同比增长率	过去1年日均波动率
股价/现金流	增量利润率		1年内的3个月变化估计	1年每股收益增长率	空头比率
市盈率（股价/每股收益）（过去1年内）	应计项目	自由现金流/负债	平滑的估计修正	5年每股收益增长率	空头比率回补天数
往绩市盈率	净利率	现金/负债	3个月的分布变化	1+2年每股收益增长率	空头比率同比变化率
市盈率（过去1年）/长期增长率		现金/资产	自上而下修正	2年每股收益增长率	
市净率	应收账款周转率	现金比率		汤森路透机构经纪商估价系统（IBES）长期增长率	
自由现金流收益率	存货/销售额	净现金比率	超额收入	每股收益变化	
	存货周转率	净现金变动量	分析师覆盖率	每股收益加速	
总收入	资产周转率		再投资率		
股息率	资本支出/资产			1年每股股息增长率	
现金/市场价值	资本支出/折旧			5年每股股息增长率	
	资本支出/销售额				
				自由现金流同比增长率	
	资本运用报酬率(ROCE)				
	资产的自由现金流回报率				
	现金流投资回报率(CFROI)				

续表

估值类	基本类	资本结构、财务类	动量类	成长性类	其他类
	净资产收益率				
	净资产收益率变化				
	净资产收益率波动				
	流通股变化				
	股息支付率				
	股利发放人				

资料来源：根据摩根大通研究整理。

定量分析的目的是识别出能够跑赢大盘的因子。该分析假设这些因子会在未来一段时间持续不变。但同时要牢记的是，某个因子的有效期可能相对较短（例如，1 个月的信息比率为 0.24、12 个月的为 0.19、36 个月的为 0.09）。我们可以把它命名为“因子的动量”。基金经理们产生 α 收益的方法是：做多因子列表前 10% 或 20% 的股票，做空前景最差的 10% 或 20% 的股票。不难发现，这种模式建立在对冲基金行业强劲增长的基础上，特别是多头/空头基金。

这些因子的重要性因行业而异（对于必需消费品，估值因子占主导地位；但对于非必需消费品，更多地依据成长性因子和投资者情绪因子）。这些分析师较少跟踪的因子，相比大盘股而言，在小盘股分析中更为有效，更加偏离均衡。

量化投资可以分为以下 4 种方式。

（1）单个量化证券清单

根据主要因子清单，对每家公司撰写量化分析概况。

例如，开普勒公司[①]公布了欧洲公司的量化分析概况。这里以法国酒店集团雅高（Accor）作说明。

雅高的量化分析概况：大盘股、高成长性、低风险、低动量、高品质、国内股、稳健成长。

据此，寻找高动量小公司的投资者不会选择雅高。

（2）行业量化研究

基础行业研究的目标是突出该行业的主要趋势，例如市场份额、业务量

① Economics and Strategy, Hit seekers, 2014.

和收入的增长、并购进展以及行业估值。行业研究的目标是在中期内推荐更优质的股票。例如，一项针对汽车行业的研究可能会推荐买入日本汽车制造商，原因在于日本政府的量化宽松政策导致日元贬值，因而相对于韩国和中国的汽车制造商更具竞争优势。

行业量化研究的主要目的是通过回测来突出那些能够解释行业市场表现的指标。美银美林证券（Merrill Lynch）在2014年3月17日的一项研究中对美国工业小型股进行了研究[①]。该研究涵盖期间为1988年12月至2014年2月（见表3-9）。

表3-9　　行业影响因子

估值类	基本面类	动量类	成长性类	其他类
1/市净率	股息支付	过去12个月价格变化	每股收益增长率（5年）	过去3个月日均交易量
息税折旧摊销前利润/企业价值	现金流回报率	过去1个月平均动量变化	1年增长率	过去3个月美元日平交易量
1/市盈率（1年）	资产的自由现金流回报率	过去1个月价格变化	2年增长率	β（5年）
1/市盈率（1年）/长期增长率	主营业务利润	超预期收益	1+2年增长率	每股收益分布
自由现金流收益率	主营业务利润变化	过去3个月分布变化	汤森路透机构经纪商估价系统长期增长率	每股收益稳定性
销售额/企业价值	净资产收益率（1年）	过去3个月的年均估计	销售增长率	市场价值
销售额/股价	净资产收益率变化		自由现金流同比增长率	每股收益估计值
1/往绩市盈率	资本运用报酬率(ROCE)		每股收益同比增长率	过去1年日均波动率
			销售同比增长率	空头比率
				空头比率回补天数
				空头比率同比变化率

资料来源：美银美林证券（Merrill Lynch）。

估值因子对行业很重要，尤其是EV/EBITDA、P/E、EV/销售收入、市值/销售额等。与投资者情绪有关的因子在分析师修正收益预期后开始发挥作

① Effective Quant Factors in Industrials, Factor Studies, 2014.

用。相反地，成长性因子的结果不一致，但这至少对于受全球经济周期影响的行业是有意义的。

行业量化研究的优势在于它有能力通过引导分析师或投资者关注中期内重要因子来补充基础研究。然而，所有的量化方法都有的一个缺点是，其难以评估影响因子的持续性。动量因子是这一缺陷的最佳例子：尽管动量投资的历史业绩一直很好，但目前以极低利率为主导的市场环境显然对动量因子不利。

（3）主题投资

当部分行业提供增长和创造价值的机会时，一个基本的投资主题就会出现。这种增长源于特定地理区域或少数公司获得新的专有技术。“新颖”的一面就是驱动力。例如，一位分析师在看到汽车行业混合动力或氢动力发动机的发展情况后，可能修改对特定公司的投资意见。投资主题大部分采用股票形式。

主题量化投资是由一系列具有故事性的有利因素构成，这些故事容易被散户理解。例如，在工业行业，如果根据美国或中国的领先指标来预计全球经济将在不久的将来复苏，那么我们可以列出过去受这些因素影响最大的证券列表，然后将该名单交给分析师以确认量化选择并根据基本面或估值筛选出公司。

（4）智能 β

智能 β 是在量化研究的基础上发展起来的市场理念。基本面指数化的概念可以追溯到 2005 年阿诺特（Arnot）、舒（Hsu）和摩尔（More）[①] 的论文。

智能 β 是一个总括性的术语，用来描述投资基金和 ETF，它们使用的是除传统股票交易指数以外的指数。投资基金业在这一概念中看到了推出新的被动产品的机会，新产品使用透明的以规则为基础的投资策略，避免使用传统市场指数（其中主要是动量）的权重。根据 2014 年彭博社的估计，智能 β 基金的资产在 12 个月内增长了 30%，资产总额达到 3 500 亿美元，但也仍仅占全球基金市场的 1%。

3.3.2.5　量化的风险

量化研究领域是相当与众不同的，大多数投资者对他们投资的公司没有

---

① Fundamental Indexation, Arnott, Hsu and More, 2005.

特别的了解。造成这种情况的原因非常简单：量化投资领域跨越了大量的行业和地域，涉及的公司非常之多。

从本质上来看，量化投资本质上并不是集中在少量的投资选择，而是系统性地将各种因素应用于大量的小额投资。

它在本质上与自上而下的市场分析法相关联。因此，当公司基本面发生变化，该公司的许多不同影响因子之间可能变得要么极其相关，要么非常不相关。量化投资有点类似于股票市场的 β，时间范围越长，计算结果越有效。但它的相关性却与时间成反比。

以下两个例子说明了这些缺点。

（1）2007 年 8 月的多/空策略崩盘

量化投资者和研究人员都最大限度地对自己的因子组合进行保密。然而，这并不能阻止对冲基金不时地处于同样的地位。这正是 2007 年发生的事情，当时许多多头/空头基金面临着非常大的赎回量。这些基金杠杆率很高，但市场风险敞口是中性的（市场中性），但不得不对被其他对冲基金挤占（或重仓持有）的头寸进行去杠杆化，而这反过来又引发了一系列止损和平仓。高盛全球阿尔法（Goldman Sachs Global Alpha）等大型量化基金在 2007 年 1 月至 8 月期间损失超过 25%。

（2）动量基金的崩盘

动量因子有时会带来显著的负回报（厚尾，货币套利交易中的负偏态[①]）。这些通常发生在下行市场周期结束时，此时市场的波动性较高，同时越来越多的正面消息导致做空投资者进行大规模对冲。这些崩盘并不是短期事件，它们可以持续几个月。丹尼尔（Daniel）和莫斯科维兹（Moskowitz）[②] 提到的最著名的崩盘发生在 2009 年 3 月至 5 月这 3 个月的时间里，当市场反弹时，针对底部 10% 的空头策略损失了 163%。作者通过观察期权市场和投资组合 β 证明，这些崩盘在一定程度上是可预测的：当空头证券的市场 β 上升超过多头证券 β 值[③]的 2 倍时，危险就会降临。表 3-10 显示了 1927—2013 年最严重的 11 次崩盘。

---

① 由于经常获得小收益而且损失很小，所以这些策略和有系统地销售资金不足的投资有很多相似之处。

② Momentum Crashes, Daniel and Moskowitz, 2013.

③ Grundy and Martin, 2001.

表 3-10　　1927—2013 年最严重的 11 次崩盘

排名	时间	WML_t	MKT-2Y	MKT_t
1	1932 年 8 月	-0.7896	-0.6767	0.3660
2	1932 年 7 月	-0.6011	-0.7487	0.3375
3	2009 年 4 月*	-0.4599	-0.4136	0.1106
4	1939 年 9 月	-0.4394	-0.2140	0.1596
5	1933 年 4 月	-0.4233	-0.5904	0.3837
6	2001 年 1 月	-0.4218	0.1139	0.0395
7	2009 年 3 月*	-0.3962	-0.4539	0.0877
8	1938 年 6 月	-0.3314	-0.2744	0.2361
9	1931 年 6 月	-0.3009	-0.4775	0.1380
10	1933 年 5 月	-0.2839	-0.3714	0.2119
11	2009 年 8 月*	-0.2484	-0.2719	0.0319

注：WML_t 最糟糕的市场损失；MKT-2Y：2 年的市场回报，MKT_t 当月的市场回报。

*这 3 年是市场在长期下跌之后反弹所造成的动量崩溃的例子。2001 年是相当不典型的，因为它发生在一个强劲的牛市之后，而且在 1 年的时间里，市场只是略微上涨。

资料来源：Moskowitz。

鉴于这些风险，有必要提到我们在一些主要经纪商对定量研究的免责声明中发现的几个要点：

“过去的业绩并不代表未来表现”；

“存在收集到与所研究因子无关的统计要素的风险”；

“在复杂多变的经济环境中，因子的有效性将大幅降低”；

“在大多数情况下，要求有相当显著的投资组合周转率”；

“业绩应在扣除个人投资者应付的费用、收费和税金之前计算”。

3.3.3　短期均衡：结论

在这一节中，我们使用了大量实例来说明股票市场长期均衡和短期均衡之间的差别。

第一种是长期均衡。长期均衡是建立在对市场基本面逆势操作的基础之上的，并使均衡水平回归到与公司盈利能力相一致的平均水平。这种均衡往往是那些尽力避开基准的基本面选股者的做法。他们更喜欢关注公司的估值因子，而且往往倾向于采用价值投资风格。然而，这类投资者正在减少。

另一种是动量上的短期均衡投注。这些投资者经常使用基准，并采取更被动的方式购买 ETF。这种方法也适用于更多的定量模型和成长型投资风格。这类投资者正在增加。

3.3.4　市场状态与短期均衡

在古典理论中，市场总是处于均衡状态，也是动态的。市场处于均衡状态是因为它必须立即吸收在给定时刻 t 的所有可用信息。而它总是动态的，则是因为不断有新的信息流向市场。在这种情况下，仅靠管理是不可能产生回报的，并且只有目的是使头寸适应个人风险状况变化时，操作才是合理的。

当然，这并不是完全真实的情况，因为它不能解释动量的重现，更不用说我们曾讨论过的所有偏差了。

市场的“状态”或暂时的市场状况，可以用来总结这些趋势。市场状态是参与者就主要的普遍情景达成共识的状态。在这一时期，人们倾向于把注意力放在相对主导状态的因素或经济新闻上，而对其他因素的关注较少①。例如，全球经济增长长期以来是由中国推动的，因此中国的国际贸易数据受到了密切关注。中国贸易数据的公布对大宗商品价格产生了直接影响。

从某种意义上说，市场状态可以看作市场向均衡状态不断调整过程中的一种间歇期。坏消息更容易被包容。一个“新兴”的市场状态通常与较低的波动性和更平稳的股票交易价格密切相关②。这种方法可以从市场转向公司，用以证明未能正确地吸收消息的原因，最初可能是对股票和公司优秀的基本面形成了强烈共识而造成的。

市场状态就像整体的信念。就像许多金融现象一样，它们是自我应验的。

我们回到中国以及它在全球市场上的崛起的例子，特别是它在 21 世纪前 10 年对大宗商品市场的影响。这种“中国”市场状态的形成有几个因素：它需要一个长期的情景和产能瓶颈以及由此产生的巨大利润率，并涉及一个在全球投资组合中权重很低的行业，即大宗商品公司的证券。由于利好消息居

---

①　卡托纳（Katona）使用了“社会学习”这一术语来指代“通过口耳相传，同伴群体之间的信息相互增强，这是许多人对新的刺激产生一致反应的一个主要条件”［《股票价格和社会动态》，希勒（Shiller）］。

②　市场状况根据峰值至低谷的事后加权总收益超过 +/－15%。

多，在21世纪的前10年，中国后来居上式的需求增长成为主导主题，并延伸到各个行业（从消费品和汽车到奢侈品和眼镜等）。这一投资主题的强劲表现，使一些经纪商和市场参与者加强了对这一长期上升特征的研究。将以这些地区为重点的证券纳入投资组合是当务之急。在这种市场状态结束时，投资组合中大宗商品股票的比重大幅下降。中国政府宣布调整宏观经济战略，优先发展内需，标志着中国市场状态的结束，这也将对大宗商品价格和澳元产生负面影响。

中国经济的这个例子可能会让你相信，一个市场趋势必须有一个背后的故事出售给散户投资者。而事实上，情况并非如此。市场状态通常围绕重要的宏观经济变量，如增长和通货膨胀。我们曾看到围绕这两个因素产生的不确定性是如何导致股权风险溢价的大幅增加或减少的。你可以把市场状况看作相对于预期风险回报率更加稳定的风险溢价。

一般来说，市场状态不会缓慢改变。如同建筑物承压，如果大坝中的水长时间增加，当压力达到大坝无法承受的水平时，大坝就会坍塌。市场状态会在达到阈值后发生逆转，迎来一段更不稳定的时期。在这种状态下，波动率往往以指数级迅速上升。

因此，很容易理解为什么在教学上市场状态和动量的概念之间经常会有相似之处。在市场状态形成的过程中，由于以往趋势已经改变，动量投资者会处于不利地位。他们从第2年开始适应。在市场趋势改变的第1年，动量因子每年贡献0.4%。相比之下，在接下来的几年里，每月的贡献是0.3%①。市场状况持续的时间越长，动量效应就越强②。金融泡沫是一个持续时间过长的市场状态，例如许多人仍然对20世纪90年代的互联网泡沫记忆犹新。

---

① 212 Years of Price Momentum, Geczy and Samonov.

② 给定状态持续的时间越长，动量组合β敞口就越强。利用市场状态的10个月收益定义，在完整样本中找到116个离散状态。

第 4 章　实际应用：股票市场均衡*

4.1　短期信息处理*

时间维度可以分为长期和短期。区分两种时间维度的原因之一在于两种维度的投资者都需要采用不同的信息来源和估值方法。

长期投资本质上需要着重关注投资标的公司的维度。该估值方法对关联信息需求度低，并且注重策略的长期相关性，受到股票合理估值的支撑。

短期投资受到宏观经济因素影响大且注重于分析公司的短期公告。短期投资维度中充斥着过多的信息，许多信息相关度很低。大量信息依靠电脑来分析和管理，对交易员和基金经理构成了实时竞争。

4.1.1　宏观经济/自上而下分析*

由于数据汇报的进步和政府统计部门效率的提高，过去几十年宏观经济统计数据量快速增长。

经济统计数据量很大，在美国市场的影响已经超过其他公开市场。一些能够影响市场的主要指标如下：

①关于增长情况的统计数据（消费和生产）；

②劳动市场统计数据；

③政府财政（财政预算）统计数据；

④可用于预测未来数月经济情况的全部领先指标。

让我们关注彭博在 2014 年 11 月发布的主要发达经济体的经济统计数据（见表 4－1）。

当然，每个月的统计数据本质上不完全一样。例如，在 11 月的数据中，没有包含 GDP 的统计数据，也没有包含美联储重要决策的数据。

像这些统计数据刚开始仅仅由政府部门的国家统计局或者专业协会发布，最近，也有私人机构（如 Markit 和 Nanos）发布此类数据。

表 4 - 1　　主要发达经济体数据

	全球领先指标	GDP + 政府	中央银行	消费	生产	就业	不动产
美国+加拿大	Markit 美国采购经理人指数	预算平衡		彭博社消费者信心指数	新车注册量	美国 ADP 就业变化情况	建筑支出
	美国供应管理协会纽约企业现况指数			IBD 经济乐观指数	汽车总销量	《挑战者》企业裁员报告	MBA 抵押贷款申请
	美国供应管理协会非制造业指数			彭博消费者舒适度	工厂订单量	首次申领失业保险金人数	营建许可
				消费者信用	贸易平衡	非农就业人口变化率	房屋开工率
					非农生产率	失业率	
					单位劳动成本	不充分就业率	
					Ivey 采购经理人指数	劳动参与率	
						平均小时工资	
欧洲	Markit 采购经理人指数	经常账户平衡	生产者物价指数（PPI）	商品零售价格指数	新车注册	劳埃德银行（Lloyds）就业信心指数	Halifax 房价指数
	欧盟 Sentix 投资者信心指数	预算平衡	欧洲中央银行官方利率	零售	工业产值		Markit 德国建设指数
			资产负债表加总	Markit 德国零售采购经理人指数	制造业产值		
			英国中央银行官方利率	RBC 消费者展望	贸易平衡		
				进口	出口		
				RBC 销售量	法国银行商业景气指数		
日本	Markit/JMMA 制造业采购经理人指数	NIESR GDP 预测	货币基准	消费者信心指数	汽车销售	劳动现金收入	东京平均办公室空置率
	CI 先行指数	经常账户平衡	日本购买的外国债券		贸易平衡		
			官方储备资产		破产		
			银行贷款				

资料来源：彭博。

从表 4 - 1 中可以清楚地看到三大主要地区的相对重要性经济数据公告的

数量。这表明，美国发布的宏观经济数据是最多的，并且这些公告对短期投资者情绪影响巨大。

由于发布时滞较短，因而这些数据使市场与国家经济保持实时同步。但围绕这种类型的数据存在着一些争论：

- 有些统计数据不是很可信。近期，高盛对中国国际贸易数据的客观性存在质疑。同时，阿根廷公布的 CPI 没有包含一系列对阿根廷居民实际影响较大的价格上涨。

- 为实现在月末或者季末的短期内发布经济统计数据的目标，会导致其中包含大量的临时数据。对这些先前发布数据的后期修订就变得相当重要，特别是 GDP。我们惊讶地发现，修正后的数据对市场的影响要小于原始公告。市场更偏好有新内容的新闻而不是“修正过”的旧闻。

- 与分析师的一致预期相比，统计数据更难达成一致。例如，用以使创造就业或者国际贸易量等数据达成一致的方法，实际上是基于少数样本估计。

2014 年 11 月，彭博发布的 125 个美国主要经济指标中，有 18 个和领先指标相关。让我们来看看其中最紧密跟踪的指标——密歇根大学消费者信心指数。71 家企业和 58 个职业经济学家根据这一指标发布预测。这些都是很短期的预测，因为大部分经济学家在发布前仅有不到一周的准备时间。这个预测曲线与高斯曲线几乎不相似，因此他们在预测中引入了相对标准差的概念（见图 4－1）。

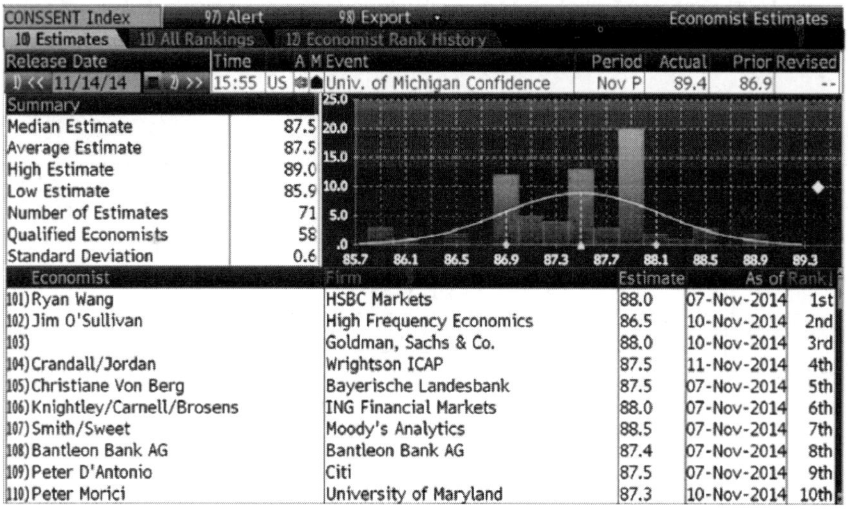

图 4－1　相对标准差预测

市场对好于预期指标的发布（一致预测是89.4∶87.5）的短期反应是积极的：市场在发布后的15分钟内涨了4个点。统计数据的发布增加了市场的信息噪声。最终，这些日常信息流会积累成一个趋势。预测者使用这些来构建市场预期（见图4-2）。

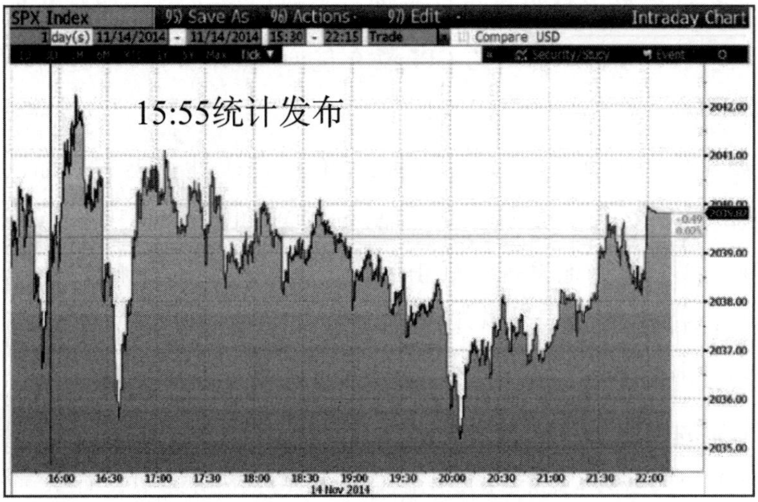

图4-2 构建市场预期

但是，这些宏观指标给予投资者的信息可靠吗？表4-2[①]表明，总体上用命中率[②]来代表种类繁多的宏观经济信号似乎是对的。然而，该表格仅仅衡量了统计指标是正还是负。例如，我们要想知道第3季度GDP是正数还是负数而不是它是否比市场预期高0.5%；如上所示，就要解释表格中的数据需要一些技巧。

表4-2 信号预测结果

	正确信号预测样本比例（%）						
	20世纪50年代	20世纪60年代	20世纪70年代	20世纪80年代	20世纪90年代	21世纪	整个时期
工业产值	78	78	80	76	71	68	75
制造业产量		68	75	73	64	65	65
制造业就业	83	83	81	79	66	71	77
新订单		57	73	64	58	63	62

① Uncertainty and Economic Activity: Evidence from Business Survey Data, Bachmann, Rüdiger, Elstner and Sims, 2010.

② 成功指示趋势或者市场未来方向的信号数量。

续表

	正确信号预测样本比例（%）						
	20 世纪 50 年代	20 世纪 60 年代	20 世纪 70 年代	20 世纪 80 年代	20 世纪 90 年代	21 世纪	整个时期
未完成订单						59	54
存货		57	64	48	31	47	36
生产者价格	45	44	80	62	55	60	58
实际出口						64	63
进口						62	63

我们相当怀疑这些统计数据的短期附加价值，因为它们带来了巨大的交易量，特别是当必须系统性地应用这些数据时。

由图 4－3 可以看到，在大部分情况下，经济学家的估值跟随这些发布的数据，而不是预测这些数据。英国 PMI 制造指数或者德国 IFO 指数数据在经济学家的预测之前公布。这意味着经济学家在根据最新公布的数据迅速调整预测。

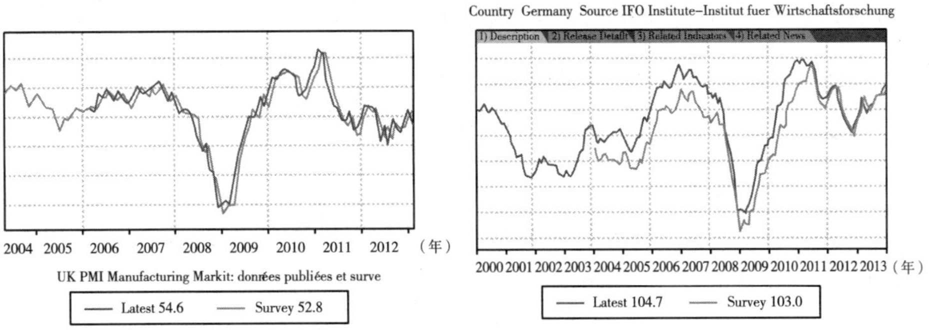

图 4－3　经济学家调整预测

资料来源：彭博。

已经有广泛而长期的文献研究了经济预测者在达成一致预期方面的行为偏差。萨诺维茨和布朗（1992）发现，一致预期比单个经济学家预测得更准确。该行为受自然趋势强化，即不要离同行的预测太远。巴伦认为，待在集体中更舒服。你不会因为犯错而被孤立或者在正确时成为被嫉妒或者憎恨的目标。但是，随着年龄增加，预测倾向于离均值越来越远且越来越不相关。拉蒙特[①]发现，当预测者更年长和更有成就时，他们不再害怕损害自己的声誉。

① Macroeconomic Forecasts and Microeconomic Forecasters, Lamont, 1995.

4.1.2　中央银行*

毫无疑问，中央银行的公告对市场发展有显著影响，尤其是在量化宽松和美国以外的消费需求较弱的时代。

中央银行最近提高他们沟通效果的努力广受欢迎，因为他们的部分职责是将长期通货膨胀预期保持在低位。他们大部分的声望来源于此。

那个格林斯潘口中的“我认为我应该提醒你，当你认为特别清晰地理解了我的话时，那你一定已经误解了我”的时代已经远去。中央银行决策和行为的不可预测教条已经被透明和可预测信条取代。这个变化在以下报告中很明显。

（1）会议备忘录的发布

“参会者也对美联储资产负债表规模和组成标准化的方法进行了讨论。总体上，他们认可了资产负债表的规模应当逐渐缩小并且变得可预测。另外，他们相信，在长期中，在保持货币政策有效性的前提下，资产负债表规模应当降低至最小水平，并且主要由国债构成，从而使美联储系统公开市场操作账户（SOMA）的资产组合对经济各部门信贷分配的影响。”（美联储会议备忘录，2014 年 7 月 30 日）。

（2）重大货币政策决策中的个人成员投票情况的报告

赞成票：珍妮特·L. 耶伦（Janet L. Yelen）、威廉·C. 杜德利（William C. Dudley）、拉尔·布雷纳德（Lael Brainard）、斯坦利·费雪尔（Stanley Fischer）、理查德·W. 费雪尔（Richard W. Fisher）、那拉亚纳·科薛拉科塔（Narayana Kocherlakota）、洛瑞塔·J. 梅斯特（Loretta J. Mester）、杰罗姆·H. 鲍威尔（Jerome H. Powell）和丹尼尔·K. 塔鲁洛（Danel K. Tarulo）。

反对票：查尔斯·I. 普罗瑟（Charles I. Ploser）。普罗瑟先生持异议，因为他反对“在资产购买项目结束后相当一段时间内”保持当前联邦基金率目标范围的指导意见。在他的观点中，关于日历时间的表述需要被货币政策如何应对未来数据的解释所代替（美联储会议备忘录，2014 年 7 月 30 日）。

（3）在每个地区美联储发布的增长、通货膨胀和失业预测（即所谓的黄皮书）

自上个报告发布后，劳动力市场状况继续改善，所有地区就业率均温和增长。费城地区的雇主保持谨慎，并且报告了替换性雇佣和渐进式增长。费城和亚特兰大地区永久性岗位的员工雇佣有所增加。克利夫兰、理查蒙、亚特兰大、芝加哥、圣路易斯、堪萨斯城和达拉斯的雇主在寻找一些具有技术含量岗位的员工时遇到了困难（黄皮书，2014 年 7 月）。

除此之外，类似报告有，美联储主席对美国国会的日常报告（亨富利·霍金斯报告）；中央银行年会会议的类似会议，例如杰克森·赫尔讨论会。

由于央行政策委员会的主要成员之间存在意见分歧，因而市场必须不断就相互矛盾的意见进行协商。专家试图解读中央银行那些相互矛盾的声明背后的实际意图。这些解读的多样性导致了市场波动。每个成员都分成了“鸽派”或者“鹰派”。美联储试图发动成员沟通方法改革，但是似乎目前已经搁置了该想法。

4.1.3　微观经济/自下而上分析*

我们之前讨论了公司财务报告政策，现在要研究公司公告如何影响市场和分析师的一致预期。

公司在下列结果发布引起的市场偏差中扮演重要的角色：公司对自身前途的认识不是很客观。杜克大学的调查显示，相对于美国经济，美国首席财务官（CFO）总体上对自己的公司更为乐观，显示出过度自信偏差的迹象（见表 4－3）。

表 4－3　　CFO 过度自信偏差

	2012 年 6 月	2012 年 9 月	2012 年 12 月	2013 年 3 月	2013 年 6 月
对美国经济的乐观主义	56	52	51	55	61
对自己公司的乐观主义	64	62	63	64	64
差额	8	10	12	9	3

资料来源：杜克大学调查。

杜克大学对美国公司中首席财务官们的预期发布了一个季度报告。表 4－3 显示了 2012 年 6 月到 2013 年 6 月的调查结果。相对于总体经济，首席财务官们对自己公司的前途更加乐观。对个别公司表达一定程度的乐观主义是情有可原的，但是当调查中的所有首席财务官们都有相似表现时，就显得不理性。

该偏差是行为金融学中著名的过度自信偏差。该偏差不只在正在调查的时期存在。值得注意的是，与自己公司的观点相比，他们对美国经济的观点存在巨大波动。这些是在广义上讨论短视观点的典型例子：与能够控制的因素（自己的公司）相比，人们对无法控制的因素（经济）更短视。

法国兴业银行的一项研究发现，为了超出分析师预期，公司倾向于在公告日期调低盈余。当然，这也显示了一定程度的短期博弈，目的是在季度盈余发布时看到每股价格下降避免失望和惩罚（见图 4－4）。

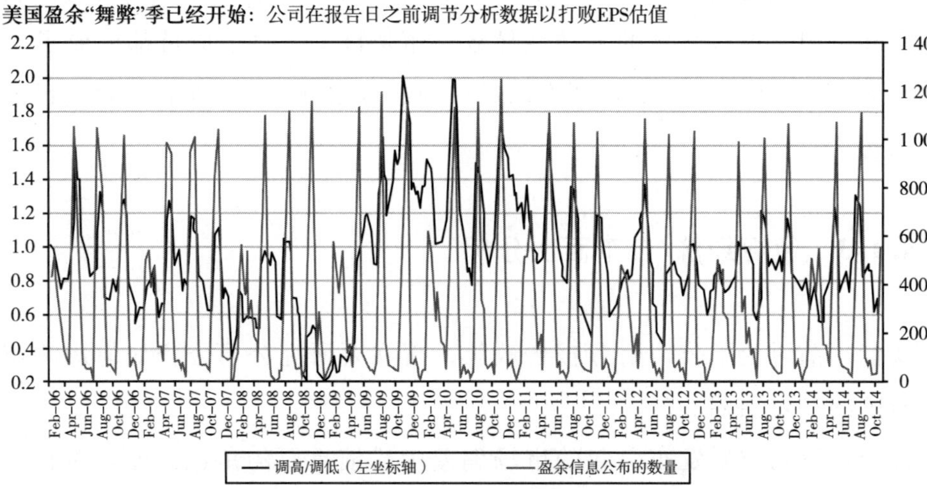

图 4－4　美国盈余"舞弊"

资料来源：法国兴业银行。

法国兴业银行的分析师根据预期一致公司 Factset 发布的数据，记录了美国公司季度报告的预期盈余。在季度报告发布之前，越频繁调低盈余预测就越易被修正。法国兴业银行认为这是公司试图"管理"分析师预期，用来避免报告结果带来失望的证据。这一模式的规律性在一定程度上契合了该观点。

当预测市场总体行为时，分析师一致预期并非很有信息量。一致预期跟随全球心理因素，而不是受自己的指标引导，在预测方面作用很低（见图 4－5）。

图 4－5 显示了分析师乐观主义和美国经济主要领先指标发布之间的联系。如图 4－5 所示，两个曲线相互印证。总体来说，分析师预测并没有比经济指

标更有效。该相关性已经被研究文献广为研究和记载。

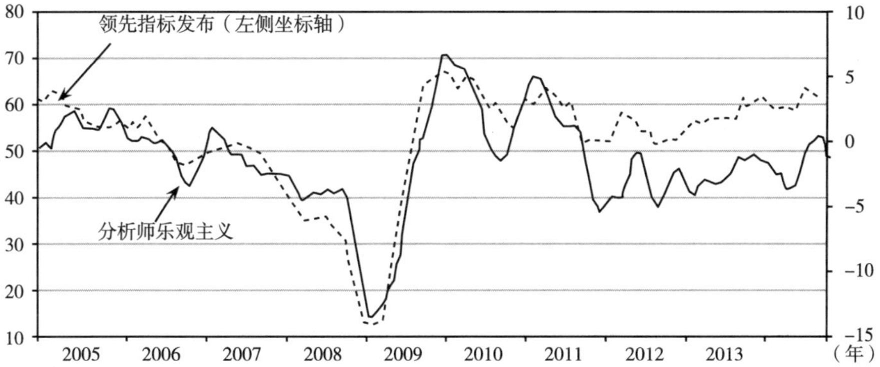

图 4－5　美国重要指标波动与分析师乐观主义高度相关

美国公司和大部分欧洲公司发布季度报告。资深管理层在该季度内安排会议来讨论公告和进展，并且更新对下一季度或者当年的预期。分析师正的盈余修正率或者负的盈余修正率长期以来被紧密追踪，尤其是被量化基金追踪。文献中广泛记载了分析师在结果发布时，修订部分盈余估计的倾向。这产生修订行为的一致性和在盈余公布日前后两天以外的动量。新的财务报告规定影响公司展示他们成果的方式。相对于财务分析师，他们的信息量已经减少而且更遵守法律。实证研究机构发布的研究表明，盈余修正率的作用大幅减弱。毫无疑问，产生这种现象的原因是结果发布的不确定程度上升而引起估值修正概率增大。但是，调高或者降低的行为不应该被看成“惊喜”。在季度结果发布之后，许多分析师会延迟更新修正结果。他们或许在公平披露规定发布之前就已经修正了他们的估值。更严格的财务报告规定已经对分析师的报告产生影响。

4.1.4　分析师*

研究分析师推荐价值的文献从来不会短缺。下面部分是 2009 年 3 月 AZEK 校园研讨会中默勒博士和伯努利博士展示的材料《证券研究——从最佳中受益?》。

分析师分成两类：卖方分析师和买方分析师。简单地说，卖方分析师服务于经纪公司或者投行。他们的研究报告是由专业的经纪销售小组传递给公司的客户。卖方分析师的工作是成为意见的领导者并且向市场传递他们的正确预测或者推荐。买方分析师通常受雇于投资管理银行或者对冲基金，为自己的投资进行研究和提供建议。他们的研究报告通常不能为普罗大众所接触。买方分析师为他们公司的盈利工作并且为公司客户管理组合获取收益作贡献。大部分研究表明卖方分析师比买方分析师更出色，能提供更准确的预测（见图 4 – 6）。

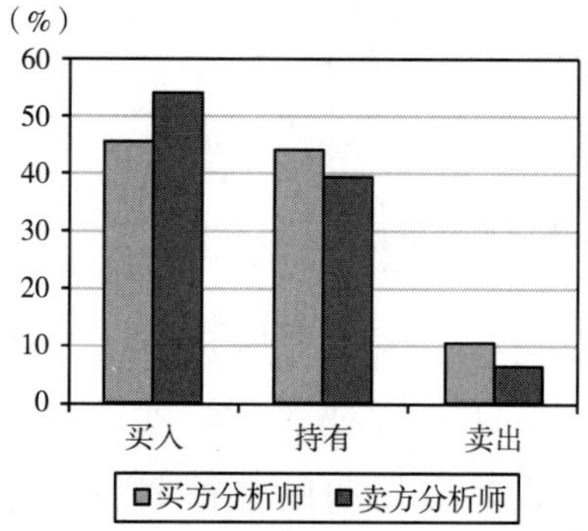

图 4 – 6　分析师推荐（同一证券）（1997—2004 年）

资料来源：AZEK 校园，Dr Möllering and Dr Benelli。

《证券研究——从最佳中受益?》这篇文章比较了 1997 年到 2004 年卖方分析师和买方分析师的推荐。该结论已经被美国市场其他研究证实。值得注意的是，这段时期包含了互联网“泡沫”，即被格林斯潘称为“非理性膨胀”的时期。在该时期得到很高的估值不是没有可能，部分原因是买方分析师更关注于他们推荐的总体有效性。

该结论也把注意力转向卖方分析师推荐的乐观主义和顺周期偏差。例如，在“互联网泡沫”中，74% 的投行卖方研究建议买入，而只有 2% 建议卖出。

这些研究的一个主要局限性在于将分析师的表现局限在盈余预测和短期预测之内。实际上，分析师各个层次的“知识”来自资产配置决策和降低客户组合风险的深刻认识，局限在对冲基金和投资管理银行。同样地，扎实研究的终极目标不只是准确估计公司下一季度的盈余。好的分析通常包括量化面（对引起市场估值异常的行业或者产业长期增长因素的理解等）。据说好的分析师不需要在短期盈余估计中寻找 Alpha，因为他们在研究领域内能够预测未来的增长模式。

从技术的角度来看，在衡量一个分析师的表现时，弄清楚到底要衡量什么是很重要的。是绝对表现或者相对表现，还是短期表现或者长期表现？如果我们衡量相对表现，应该锚定哪个指数？该指数应该如何加权或者使用等权重的技术（见表 4－4）？

表 4－4　用两种不同的指数衡量化学工业　（单位：%）

	Ciba	Clariant	EmsChemie	Givaudan	Lonza	Syngenta	指数
化学品 1	0.80	0.82	—	2.84	1.23	0.79	1.30
化学品 2	0.80	0.82	－0.14	—	1.23	0.79	0.70

①Ciba 相对于化学品 1 的剩余回报：－0.50%；②Ciba 相对于化学品 2 的剩余回报：＋0.10%。

资料来源：AZEK 校园，默勒博士和伯努利博士。

在这个例子中，分析师研究了化学工业并且对 Ciba 提供了积极的推荐。这里有两种不同的指数来衡量化学工业。推荐其是否超过指数，随选择的指数不同而不同。在建立客户组合衡量有效性的时候，为分析师定义清楚的目标（表现的类型、基准和时间长度）显然很重要。

平均预测偏差比率（PMAFE）是经济学文献中用来衡量表现的指标。它计算了分析师估计的每股收益和公司报告收益之间的差额，用来研究同一个公司所有分析师的相对预测精度。

对于时期 t，机构/分析师 i 在品种 j 上的 PMAFE 定义为：

$$PMAFE_{i,j,t} = \frac{FE_{i,j,t} - \overline{FE}_{i,j,t}}{\overline{FE}_{i,j,t}}$$

$$FE_{i,j,t} = |EPS_{i,j,t} - EPS_j^{\text{实际}}|\text{，且}\overline{FE}_{i,j,t}\text{代表平均预测偏差}$$

这也可能包含了推荐风险和分析师推荐之间的波动。一个方法是使用投资基金经理常用的信息比率：

$$\text{信息比率} = \frac{\text{超额预期}}{\text{追踪误差}}$$

使用该比率比较业界和市场的推荐，两者会表现出非常不同的波动程度。

分析师一致预期是对公司每股预期收益或者其他金融指标（如 FCF、EBIT 和 NAV）预测的平均。一致预期是建立在私人公司对投资者提供或者销售这一服务的基础上。

全球500强的大公司能包含大概50个分析师，他们中很多人将结果发送给一致预期公司。

一致预期提供者为分析师排名表做准备。分析师基于当前季度盈余估计的准确性和研究的公司推荐打分。图4－7、表4－5和表4－6展示了诺华的推荐一致预期以及样本中24个分析师的估计。

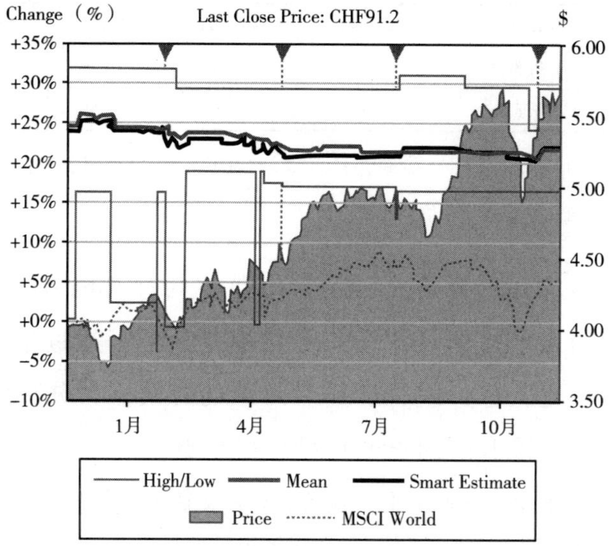

图4－7　每股预期盈余

表4－5　估值汇总（2014年12月14日）

Smart Estimate（美元）	5.278
均值（美元）	5.242
预测差异（%）	+0.7
低:高（美元）	4.97:5.70
预计报告日期	2015年1月27日
分析师修正汇总	
30天平均变化（%）	+0.3
24个估值中14个估值是新建或者修正过	
起始日	2014年10月23日
他们的平均修正（%）	+1.5
平均变化（%）	+1.1
股价变化率（%）	+7.7

图 4－7 展示了 2014 财年诺华公司的每股预期盈余。粗黑线是 Starmine 修订的一致预期变化。2014 年全年预期增长率维持在高位，从接近 25% 开始到 2014 年 11 月的 22% 结束。24 位分析师中有 14 位在季度盈余发布之后修正估计值。在结果发布之后，预测平均提高了 1.5%。

表 4－6　　EPS 估计细节（24 位分析师）

估值包含基于 IFRs 得出的均值							
分析师	经纪商	估值准确度	当前估值（美元）	估值日期	估值时距（美元）	前置估值（美元）	权重（%）
斐边、华纳（Fabian、Wenner）	开普勒、舍夫勒	★★★★	5.36	2014 年 11 月 13 日	0	5.17	9.8
科尔、帕克（Keyur、Parekh）	高盛	★★	5.29	2014 年 11 月 12 日	1	5.41	4.6
奥迪尔、伦德奎斯特（Odile、Rundquist）	巴德尔希尔芙证券研究	★★★★	5.23	2014 年 11 月 7 日	6	5.22	10.0
阿利斯泰尔、坎贝尔（Alistair、Campbell）	百伦堡	★★★★	5.15	2014 年 11 月 5 日	8	5.18	10.7
马克尔、冈瑟（Macro、Guenther）	汉堡储蓄银行	★★	5.28	2014 年 10 月 31 日	13	5.32	4.1
艾米、沃克尔（Amy、Walker）	摩根士丹利	无历史记录	5.25	2014 年 10 月 31 日	13	5.17	8.7
马修、韦斯顿（Matthew、Weston）	瑞信－欧洲	★★★	5.08	2014 年 10 月 29 日	15	5.07	4.0
提姆、安德森（Tim、Anderson）	桑福德伯恩斯坦公司	★★★	5.34	2014 年 10 月 29 日	15	5.02	11.8
格雷厄姆、帕里（Graham、Parry）	美林证券	★★★★★	5.35	2014 年 10 月 29 日	15	5.25	4.0
提莫、库斯纳（Timo、Kuerschner）	巴登－符腾堡州银行	★★	5.29	2014 年 10 月 29 日	15	5.32	10.5
布鲁诺、爱舍丽（Bruno、Eschli）	贝尔维尤银行	★★★★	5.61	2014 年 10 月 28 日	16	5.24	8.6
斯蒂芬、斯科拉（stephen、scala）	科恩公司	无历史记录	5.15	2014 年 10 月 28 日	16	—	9.0
亚历山大、哈珀（Alexandra、Hauber）	瑞士联合银行	★★★★	5.12	2014 年 10 月 23 日	21	5.09	x－聚类

续表

估值包含基于 IFRs 得出的均值							
分析师	经纪商	估值准确度	当前估值（美元）	估值日期	估值时距（美元）	前置估值（美元）	权重（%）
马克、柏塞尔（Mark、Purcell）	巴克莱	★★★★	5.10	2014 年 10 月 16 日	28	5.16	x - 聚类
杰弗里、霍尔福德（Jefrey、Holford）	杰弗里公司	★★★★	5.18	2014 年 10 月 13 日	31	5.29	x - 聚类
提姆、赖斯（Tim、Race）	德意志银行研究部	★★★★	5.21	2014 年 10 月 7 日	37	5.26	x - 聚类
布鲁诺、布里克（Bruno、Bulic）	冯托贝尔银行	无历史记录	5.03	2014 年 9 月 9 日	65	5.15	x - 聚类
埃里克、伯利高德（Eric、Le Berrigaud）	布莱恩卡尼尔公司	★★★★	5.21	2014 年 9 月 8 日	66	5.22	x - 聚类
未披露	许可证过期	★★★	5.31	2014 年 9 月 1 日	73	5.23	x - 聚类
尼克拉斯、特纳（Nicholas、Turner）	米拉博证券	无历史记录	5.25	2014 年 8 月 21 日	84	5.26	x - 聚类
理查德、佛瑟尔（Richard、Vosser）	JP 摩根	★★★★	5.22	2014 年 7 月 21 日	115	5.24	x - 聚类
菲利普、朗能（Philippe、Lanone）	那提西银行	★★★	4.97	2014 年 7 月 18 日	118	4.78	x - 聚类
达米安、康诺夫（Damien、Conover）	晨星公司	★★★★★	5.14	2014 年 7 月 18 日	118	5.17	x - 聚类
阿斯纳、古坎（Arsene、Guekam）	CM - CIC 证券	★★	5.70	2014 年 7 月 17 日	484	—	x - 年龄

资料来源：Starmine。

表 4-6 更加详细地记录了研究诺华的 24 位分析师的估值。Starmine 根据他们收入预测的准确性给分析师打分。需要注意的是，盈余修正在第 3 季度（10 月 28 日）发布出来。每个一致预期公司有自己的计算方法（可能是根据推荐或者估值的准确性来衡量分析师以及其他方法）。在表 4-6 中，前面 10% 分析师得到五星评级。Starmine 很有可能使用 PMAFE 比率来衡量推荐的组合，但是不对每个分析师计算信息比率。

该系统强化了分析师在推荐和估值方面的羊群行为[①]。他们形成聚类的倾向造成了分析师偏差。观点领导者的变化造成一致预期阈值的变动，引起其他分析师修正的波动。这里有两种可能性：要么是他们的同行阅读报告之后，发现了新的金融信息来提高预测；要么他们的同事在缺乏新信息的情况下，选择和古老金融格言保持一致："集体错误比单人正确要好。"

盈余修正分成两类：

①能主导观点的分析师的修正，如果它在两个季度盈余公告之间发布，那么将产生更大的影响；

②其他分析师的修正经常是统计噪音或者是走向新一致预期的一步。

分析师都很遗憾一些公司不再发布盈余指导，即使大家都知道这种指导在预测未来价格方面没有用。指导是一种节约时间的机制，能给分析师市场排名提供事后修正，是被各种信息困扰的分析师的一项重要功能。在这时，机构约束又给行为带来了可观的影响。

一致预期系统的一项重要优点在于给分析师提供了公平的计量方法，为分析师提供实际附加值和领域内观点领导者的信息。获得金融信息的高成本意味着许多投资者只能跟踪一致预期的估值修正，希望能够捕捉分析师修正调整带来的 alpha 残值。

下面是一致预期修正实证有关的评论：

①总体来说，金融分析师不仅热衷于正向修正或者负向修正，而且低估了修正行为本身。该事实在文献中广泛记载。

②分析师在估计净利润和营业利润时比资产负债表和现金流量表更为"准确"。这一现象似乎有点矛盾，因为盈利数据包含了许多修改并且经常包含了利息。也许这证明公司在发布结果时倾向于调节一致预期而不是用其他的方式。

③分析师预测公司盈余变化影响的能力通常很差。我们能够在所有的市场和所有的行业清楚找到这一偏差的证据。这说明，分析师更重视基础数据并且倾向于在他们的预测中忽视宏观经济变量变化的影响。

这些文献的启示是：

---

① 威尔驰（Welch，2000）记载了分析师本次修正对下次分析师修正的积极影响。他也发现一致预期的"羊群效应"是由信息缺乏造成的。乐观的一致预期在有利的市场条件下更加显著。根据威尔驰这一结论，在牛市缺少信息可能使修正更加容易被打破。

①大胆的分析师（如那些离一致预期较远的分析师）通常发出更有趣的信号[①]。

②只有12%的推荐对股票交易价格有实质性的影响。

③盈余预测中很难找到稳定模式的存在：在前一年有效预测的分析师在当年的预测精度会有降低的趋势。我们发现，该现象在美国市场更突出，有着和基金经理趋势高度相似的模式。

④推荐也有一定程度的持久性：由过去表现衡量为"优秀分析师"[②]，更可能在未来提供优秀的推荐[③]。

制度变化，特别是公平披露制度，已经为金融行业带来广泛的变化。因为在互联网"泡沫"时期机构的失败，美国立法者设立IPO推荐和财务报告的准则来约束投资银行和分析师。随着这一新标准的引入，许多卖方分析师离开华尔街加入买方，他们中的许多人加入对冲基金行业[④]。

总之，在短期盈余估计修正和长期预测之间进行区分很重要。

• 对一致预期的研究关注于短期变化。最近几年，短期盈余预测修正是组合回报重要的量化因子。修正的模式带来一种"分析师动能"，在回顾他们的估计时，分析师倾向于重申积极观点并且同时调高目标价格。这些行为通过围绕公司制造噪音对市场产生相对短期的影响，但影响很有限。

• 正如科普兰和多戈夫所示[⑤]，当讨论公司价值时，长期预期盈余的变动更加重要。这些修正通常跟随公司的投资案例构成完整的重估，并且对分析师的推荐造成更加重大的变化。分析师重估新的公司策略，经常被新的高级

---

① Financial Analyst Characteristics and Herding Behavior in Forecasting, Clement and Tse, 2005.

② Fang, Yasuda, 2014 (Are Stars' Opinions Worth More? The Relation Between Analyst Reputation and Recommendation Values) 指出能够接触到这些"全美优秀分析师"（每年颁给排名靠前的最佳分析师）报告的机构顾客能够在发布前抓住一些alpha，而不是发布之后。这是一种在明星排名前提供优秀推荐维持到提名后的能力。

③ 在研究报告发布之前交易受到NASDAQ条例2110－4管理（http://www.sec.gov/pdf/nasd1/2000ser.pdf），它禁止利用研究报告发布使用经纪公司自己的账户参与交易，但是没有禁止对客户选择性公布（由方安田提供）。

④ 在2002年下半年，NASDAQ条例2711开始生效，要求经纪公司在他们的研究报告中公布他们购买、持有和销售的股票情况。在2003年上半年，监管者和12家大型证券公司达成一项全球性的协议，对过于乐观的研究罚款总额达到14亿美元。根据CFA，卖方分析师的收入从2001年的230 000美元跌至2003年的155 000美元（安田、方田引用自沙克2004）。

⑤ Outperform with Expectations－Based Management: A State－of－the－Art Approach to Creating and Enhancing Shareholder Value, Copeland and Dolgoff.

管理团队引进，然后他们修正未来几个季度甚至几年的盈余估计。同时，公司排名可以被调高或者调低。不像围绕季度结果的修正那样，在金融行业中，这种完整重估不是经常性的。

4.2　短期估值方法*

我们已经关注过与短期有关的信息，现在把注意力放在短期的估值方法上。

我们从永不增长的并且波峰、波谷有 ±20% 相对波动的简单经济周期模型开始。每个市场周期持续将近一年，与市场收入预期相关。我们有古典的利息率周期，在扩张周期中央银行提高短期利率，距离平均值为 6%（见图 4－8）。

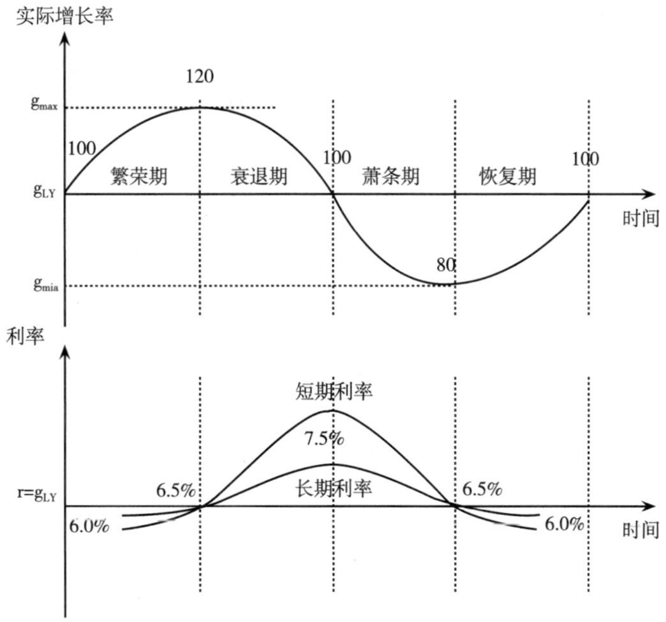

图 4－8　经济周期模型

在自由现金流模型中，投资者在短期内会接触到经济周期的信息。当周期结束时，对长期现金流的预测会达到标准水平 100。平滑的经济周期与 DCF 模型的思想一致，在接下来几个季度能够捕捉超越正向或者负向波动的长期企业价值。

现在计算上面 5 个经济周期形成的 DCF。

均衡水平的振幅很好说明了提高利率的时机，而且给股票交易价值带来相对经济周期更小的波动。

投资者考虑接下来 5 年的现金流。终值设定为 100 不变，是长期内可以获得现金流，且根据计算年限进行折现。在市场波峰（1 669）到波谷（1 426）的价值区间接近 17%，比现金流的振幅（50%）小。注意利率在估值中扮演反周期角色。了解估值机制比了解结果的细节要重要，因为后者取决于假设（见表 4－7）。

表 4－7　5 年的现金流

	Y1	Y2	Y3	Y4	Y5
	扩张	繁荣	衰落	萧条	平均
FCFE	100	120	100	80	100
变化（%）		20.0	－16.7	－20.0	25.0
COE（%）	6.0	6.5	7.0	6.5	6.0
市场容量	1 668.6	1 540.7	1 426.4	1 536.2	1 668.6
变化（%）		－7.7	－7.4	7.7	8.6
FCF1	100.0	120.0	100.0	80.0	100.0
FCF2	120.0	100.0	80.0	100.0	120.0
FCF3	100.0	80.0	100.0	120.0	100.0
FCF4	80.0	100.0	120.0	100.0	80.0
FCF5＋终值	1 766.7	1 638.5	1 528.6	1 638.5	1 766.7

假设现在的情况是大部分投资者持有短期仓位。长期投资者也可以存在，但是市场绝大部分是基于短期目标（如时间维度设定为一年）操作。这会对他们的行为有什么影响？他们中的许多人肯定不会超过他们的时间维度来估值，并且不会只关注于短期，特别是当他们投资 4 个季度整个财年时。这对量化投资者也成立，他们要面对市场对 4 个季度公告作出反应。投资者对当前财年特别关注，将均值修正概念放置一边，后者归属于长期。这些结果意味着我们有了 P/E 方法，是无增长 FCFE 折现率的倒数[①]。

① 因此，DCF 和 P/E 都被我们称作“理性”方法。但是 P/E 只考虑了当年，是不完整的而且被称为“低成本”方法：一种只使用单一变量的分析范式。例如，当年的收入只和市场一致预期偏差有关。使用这一方法的绝大部分投资者有更短的投资周期，并且该分析范式实际上“使他们的交易更理性”。

因此，我们可以在短期偏差下，重新计算 5 个经济周期下市场的均衡价值（见表 4 – 8）。

表 4 – 8　　短期偏差下的均衡价值

	Y1	Y2	Y3	Y4	Y5
	扩张	繁荣	衰落	萧条	平均
FCFE	100	120	100	80	100
变化（%）		20.0	–16.7	–20.0	25.0
COE（%）	6.0	6.5	7.0	6.5	6.0
市场容量	1 666.7	1 846.2	1 428.6	1 230.8	1 666.7
变化（%）		10.8	–22.6	–13.8	35.4
P/E	16.7	15.4	14.3	15.4	16.7

股票交易周期介于盈利变化和比率变化之间，记录了短期盈利的变化。市场顶部和底部的区间是 50%。对该差异的唯一解释是现金流的加入，因为折现率在 DCF 和 P/E 之间恒定不变。

这些例子有过度简化的问题。然而，毫无疑问，第 2 个短期模型对投资者行为提供了很好的解释。

• 当华尔街分析师预测一个新的市场均衡点，他们通常使用当年的每股收益，这被认为是基于利率和总体经济形势下的合理市盈率。

• 大部分经纪人 12 个月内使用一种或者多种比率来估计，例如 P/E 或者 EV/EBITDA。

• 分析师主要着眼于当期的盈利。

短期比率放大了市场波动，提高事后风险溢价。这也解释了条件市场风险溢价的波动。

事实上许多标的价格违反了潜在投资者套利的概念吗？并没有，理由有两点：

第一，短期套利者主要基于股权自由现金流（FCFE）来估计市场的价值，而长期投资者基于他们对均值长期逆转的预测来估计；短期套利者基于信息盈余操作。

第二，只要估值显示考虑当年股权自由现金流（FCFE）在内的现金流下能获得利润，长期套利者就可以逆转他们的仓位。但是，这种套利方法的问题在于：需要较长的持有期，这和短期交易规则不符合①。因此，在该情形下只存在一种套利者，即对高组合逆转不感兴趣的长期价值投资者。

4.3 计算短期市场均衡*

该概念可以计算证券市场的多重均衡。虽然是业界的方法，但是它用到了本书提到的所有元素。

假设我们用一揽子历史均值来估计美国市场的参数。

- 根据过去 20 年的数据，美国经济的实际增长率是 2.6%，而过去 100 年的数据是 3.25%。
- 现在对通货膨胀率做类似的计算，其在过去的 20 年内平均值是 2.1%；
- 无条件风险溢价是 4%。

因此，美国经济的整体框架总体上决定如下，2014 年 11 月中旬美国资本成本是以下因素的总和：

- 4% 的预期风险溢价。
- 通货膨胀风险，根据 2015 年终预测 1.5% （如下一个 12 个月）以及 20 年内 2.1% 计算。该数据是一个绝对数，不论事前或者事后。
- 增长风险，根据 2015 年终预测实际增长率 3% 和在过去 20 年间平均 2.6% 计算。
- 系统风险，根据市场波动均值和一年期收益最大波动计算。
- 把公司盈利考虑进来以准确计算市场水平；可见，分析师的反应和公布的重要经济指标基本同步（见图 4－9）。

从 2005 年到 2014 年的 SMI 指数能推断出波动率。图 4－9 清晰描绘出了波动率的大致轨迹。2008 年次贷危机使波动率迅速上升到 81。系统风险由均值为 20 的收益差计算，并且风险溢价根据系统风险调节。以 2014 年 12 月末全世界的证券市场为例，我们来看看美国市场和德国市场的细节（见表 4－9）。

---

① 套利者通常有更短的维度，虽然他们的短期损失会使得他们的客户取回资金（The Efficient Market Hypothesis and its Critics，Malkiel 2003）。

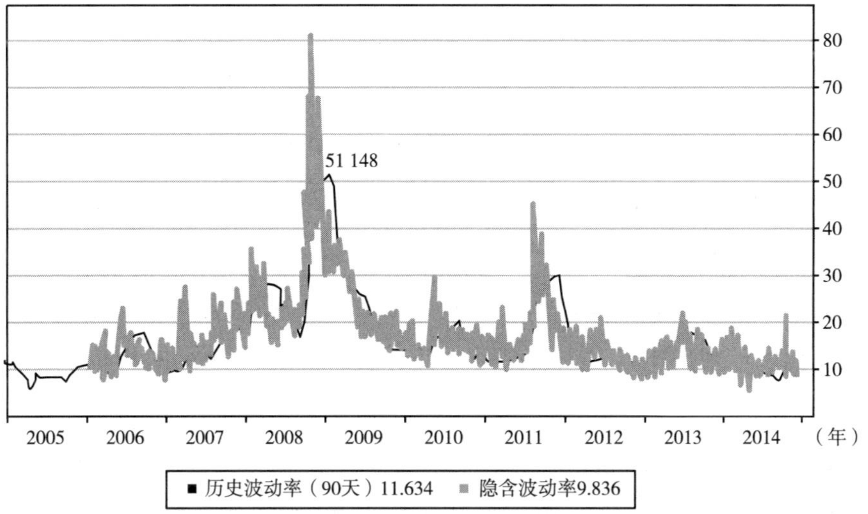

图 4 -9　计算短期市场均衡

资料来源：彭博。

表 4 -9　2014 年 12 月底全世界证券市场

项目	美国	日本	德国	法国	瑞士	英国	巴西
股票成本增长率（%）	6.63	7.15	6.94	7.88	5.10	5.31	10.54
股票风险溢价（%）	4.30	6.00	4.60	5.80	4.50	3.70	6.58
（1）实际利率分布（%）	4.68	1.60	3.74	3.63	1.90	3.46	8.75
无风险利率（今日）	2.20	0.41	0.69	0.96	0.28	1.28	12.57
无风险利率（长期）	5.30	1.90	4.50	4.30	2.30	4.00	7.80
（2）无条件 ERP（%）	4.00	5.00	4.00	4.00	4.00	4.00	4.00
（3）增长分布（%）	-0.40	-0.30	-0.10	0.70	0.10	-0.40	2.02
增长率（今日）	3.00	1.00	1.40	0.90	1.80	2.60	1.00
增长率（长期）	2.60	0.70	1.30	1.60	1.90	2.20	3.02
（4）通货膨胀分布（%）	0.60	1.30	0.20	0.60	0.40	0.10	0.06
通货膨胀率（今日）	1.50	1.50	1.30	0.90	0.30	1.60	6.50
通货膨胀率（长期）	2.10	0.20	1.50	1.50	0.70	1.50	6.56
（5）波动率分布（%）	0.10	0.00	0.50	0.50	0.00	0.00	0.50
最大波动率	22.0	20.0	30.00	30.00	20.00	20.00	30.00
波动率（长期）	20.00	20.00	20.00	20.00	20.00	20.00	20.00
目标 P/E（2014 年 12 月）	15.1	14.0	14.4	12.7	19.6	18.8	9.5
2015 年 P/E（一致预期）	15.8	14.1	12.5	13.4	15.8	13.3	10.2
差额（%）	-4	-1	15	-5	24	41	-7

4.3.1　美国

• 比率：量化经济政策降低了全世界的长期比率，使其一定不可长期持续。因此，只根据当前比率计算均衡 P/E 是错误的。建议使用一个实用主义的方法：用当前长期比率的 20% 和过去 20 年平均长期比率的 80% 来估算比率。当前量化政策将要结束，该比率很可能回升。需要注意的是，这个 80/20 分割方法等同于对 DCF 模型中前 5 年的流量按照全球 20 年的历史长期比率折现，是一个可信的估计。

• 4% 的长期风险溢价。

• 增长：到 2014 年末，美国经济预测在 2015 年的实际增长率是 3%。

• 通货膨胀：2014 年末预测 2015 年通货膨胀率是 1.5%。

• 波动率：SPX 记录的粗略波动率在 2014 年 9 月到 10 月达到峰值，为 22%。

• 长期增长：我们使用历史上 20 年增长率的一半来估计 2000 年以来的经济减速。

2014 年 12 月 5 日，美国市场的资本成本为 8.98%。戈登公式［在这里，P/E = 1/（COE - g）］为美国市场给出了 15.1 倍的 P/E，而 2015 年 12 月末预计 15.8 倍的 P/E。

4.3.2　德国

• 比率：依旧使用 80/20 比率来计算当前比率和 20 年增长率的加权平均；

• 长期风险溢价为 4%；

• 增长率：2015 年实际增长率预计是 1.4%；

• 通货膨胀率：2015 年 CPI 预计在 1.3%；

• 波动率：德国 DAX 蓝筹指数只记录到少数波动高峰，包括在 2014 年 9 月到 10 月波动率达到 22%。

德国市场的资本成本是 8.34%。长期增长率的公式和上面美国市场的一样。戈登公式［在这里，P/E = 1/（COE - g）］给予德国市场 14.2 倍均衡 P/E，而 2015 年 12 月底是 12.5 倍。

我们的目的在于解释市场估值的变化。然而，一致预期不会在所有市场所有时候都有效。例如，它可能给予英国市场特别高的估值，因为英国经济正享有高增长率。瑞士市场也一样，过去 20 年的利率水平相对于邻国来说更低。

4.4　实际应用：诺华制药均衡价格*

假设把诺华（Novartis）作为最后的例子。我们希望计算 2008—2014 年的 DCF 和均衡 P/E。这些过去几年的数据来自“会计”部分。

4.4.1　计算 DCF*

第一步：我们收集了相对长时期的数据。现在计算公司的增长率或者公司平均历史价值（见表 4 - 10）。

表 4 - 10　　公司历史平均价值

表	项目	2008—2014 年平均	2008 年	2009 年	2010 年	2011 年	2012 年	2013 年	2014 年
利润表	收入（百万美元）		41 459	44 267	50 624	59 494	57 505	58 831	58 419
	增长率（%）	5.9	8.9	6.8	14.4	17.5	-3.3	2.3	-0.7
	LFL 增长率（%）	1.7	1.7	1.7	1.7	1.7	1.7	1.7	1.7
	折旧（百万美元）		1 205	1 241	1 363	1 728	1 743	1 835	1 835
	折旧/销售（%）	2.9	2.9	2.8	2.7	2.9	3.0	3.1	3.1
	核心营业收入（百万美元）		10 319	11 437	14 006	15 909	14 842	14 485	15 328
	核心毛利（%）	26.0	24.9	25.8	27.7	26.7	25.8	24.6	26.2
	现金税率（%）	15.1	16.5	14.9	12.4	16.1	15.7	15.3	15.3
	税后营业净利润（百万美元）		8 619	9 737	12 273	13 343	12 512	12 275	12 990

续表

表	项目	2008—2014年平均	2008 年	2009 年	2010 年	2011 年	2012 年	2013 年	2014 年
资产负债表	营运资本（百万美元）		3 446	2 085	2 520	2 235	1 779	1 019	1 039
	长期净资产（百万美元）		33 919	36 445	80 763	81 370	84 957	86 355	88 082
	其他资产及附加（百万美元）		23 499	25 369	15 870	14 479	16 205	17 359	17 707
	投资资本（百万美元）		60 864	63 899	99 153	98 084	102 941	104 733	106 828
	非计息流动负债（百万美元）		5 036	5 491	6 842	7 792	9 810	7 268	7 413
	净负债（百万美元）		1 449	-3 658	14 890	14 178	10 490	7 273	2 401
	负债/资本（%）	7.0	2.6	-6.3	16.1	15.7	11.3	7.5	2.4
现金流量表	NWC 需求（百万美元）		741	-1 361	435	-285	-456	-760	20
	NWC/销售（%）	-0.4	1.8	-3.1	0.9	-0.5	-0.8	-1.3	0.0
	营运现金（百万美元）		9 083	12 339	13 201	15 356	14 711	14 870	14 805
	资本性支出（百万美元）		2 106	1 887	1 678	2 167	5 330	3 233	3 562
	资本性支出/销售（%）	5.3	5.1	4.3	3.3	3.6	9.3	5.5	6.1
	自由现金流（百万美元）		6 977	10 452	11 523	13 189	9 381	11 637	11 243

让我们使用诺华发布的信息（核心营业收入包括商誉的修正，并且研发成本没有资本化）。

第二步：预测 FCF。

我们依据销售和营业利润来预测未来 5 年的自由现金流（FCF）。对于其他数据，我们要估计 2015 年的价值以及在 2025 年的终值（10 年以后），在两个时间点之间保持稳定的折旧。

总收入和营业利润的数据是基于诺华当前情况以及考虑公司在 2014 年第 2 季度发布的并购法令。这些因素计入 2015 年秋季总收入（这是在报告主体中剔除一些业务的结果）。

使用该模型，不需要去估计资产负债表项目的比率。我们预计诺华在未来几年债务结构不发生明显的变化。该公司 2015 年以后事实上没有债务。收购和处置债务的影响是暂时的（见表 4-11）。

表 4－11 **预测 FCF**

表	项目	2008—2014 年平均	2015 年	2016 年	2017 年	2018 年	2019 年	2020 年	2021 年	2022 年	2023 年	2024 年	2025 年
利润表	收入（百万美元）		56 666	58 933	61 880	64 664	67 574	70 300	72 807	75 064	77 041	78 710	80 048
	增长率（%）	5.9	－3.0	4.0	5.0	4.5	4.5	4.0	3.6	3.1	2.6	2.2	1.7
	LFL 增长率（%）	1.7	1.7	1.7	1.7	1.7	1.7	1.7	1.7	1.7	1.7	1.7	1.7
	折旧（百万美元）		1 643	1 709	1 795	1 875	1 960	2 039	2 111	2 177	2 234	2 283	2 321
	折旧/销售（%）	2.9	2.9	2.9	2.9	2.9	2.9	2.9	2.9	2.9	2.9	2.9	2.9
	核心营业收入（百万美元）		14 223	15 912	17 945	19 399	21 286	21 500	21 599	21 581	21 443	21 186	20 812
	核心毛利（%）	26.0	25.1	27.0	29.0	30.0	31.5	30.6	29.7	28.8	27.8	26.9	26.0
	现金税率（%）	15.1	15.1	15.1	15.1	15.1	15.1	15.1	15.1	15.1	15.1	15.1	15.1
	税后净营业利润（百万美元）		12 076	13 509	15 235	16 470	18 072	18 253	18 338	18 322	18 205	17 987	17 670
资产负债表	营运资本												
	长期净资产												
	其他资产及附加												
	投资资本												
	NIBLICs												
	净负债												
	负债/资本（%）	7.0											
现金流量表	NWC 需求		－227	－236	－248	－259	－270	－281	－291	－300	－308	－315	－320
	NWC/销售（%）	－0.4	－0.4	－0.4	－0.4	－0.4	－0.4	－0.4	－0.4	－0.4	－0.4	－0.4	－0.4
	经营现金流		13 946	15 454	17 277	18 604	20 302	20 573	20 741	20 799	20 747	20 584	20 311
	资本性支出		3 003	3 123	3 280	3 427	3 581	3 726	3 859	3 978	4 083	4 172	4 243
	资本性支出/销售（%）	5.3	5.3	5.3	5.3	5.3	5.3	5.3	5.3	5.3	5.3	5.3	5.3
	自由现金流（百万美元）		10 942	12 331	13 998	15 177	16 720	16 848	16 882	16 821	16 664	16 413	16 069

可持续核心营业利润[①]：可持续核心营业利润是公司从 2008 年到 2013 年的平均值。当前 Glaxo 法案会在未来 5 年提高营业利润，而 Pharma 地区的激烈竞争压力预计会持续。在估计这些压力的不确定性时，我们将历史均值作为长期预测值。

可持续现金税率：为 2008—2013 年的历史均值。从外部估计诺华的普通税率是非常复杂的。该公司有着高研发费用，因此税率低于平均水平。

可持续投资率：需考虑资本性支出和净营运资本需求、摊销和折旧的历史值。在 2025 年这些值不必然等于 0。唯一的要求是它们要和集团未来增长率一致。我们估计 2025 年以后诺华公司的净投资占销售的 2%（CAPEX 的 5.3%，NWC 的 -0.4% 以及资产摊销和折旧的 2.9%）。

可持续增长率：增长方程是新增投资乘以税后净营业利润（NOPAT）再投资率。我们将使用历史雇佣资本回报率（RoCE），因为并不知道新增投资的边际回报。该数据与 OECD 报告中预测 2060 年瑞士经济的实际增长率接近[②]。因为采用了营业利润的相对高终值，我们对长期销售增长谨慎处理。

第三步：计算公司的资本成本（见表 4 - 12）。

表 4 - 12　计算资本成本

项目		2008—2014 年平均	2008 年	2009 年	2010 年	2011 年	2012 年	2013 年	2014 年
折现率	WACC（%）	8.5	11.7	9.5	67	10.3	7.9	6.8	6.8
资本成本	资本（%）		98.8	102.1	94.7	91.2	95.5	97.5	99.2
	COE（%）	8.8	11.8	9.3	7.1	11.4	8.3	7.0	6.9
	无风险利率（为了计算）（%）		2.3	2.2	2.2	2.0	2.0	2.1	1.9
	无风险利率（年末 + 今日）（%）		2.1	1.9	1.8	0.7	0.5	1.0	0.3
	无风险利率（长期）（%）		2.3	2.3	2.3	2.3	2.3	2.3	2.3
	ERP（%）		9.3	7.5	4.3	8.3	5.8	4.7	4.9
	无条件 ERP（%）		4.0	4.0	4.0	4.0	4.0	4.0	4.0
	条件 ERP（%）		5.3	3.5	0.3	4.3	1.8	0.7	0.9
	通货膨胀率（年末）（%）		1.7	0.4	0.0	-1.1	-0.7	0.0	0.1

① 图表来源：Weaver：A Unifying Theory of Value - Based Management，2002.

② Looking to 2060：A Global Vision of Long - Term Growth，OECD 2012.

续表

项目		2008—2014年平均	2008年	2009年	2010年	2011年	2012年	2013年	2014年
资本成本	增长率（实际）（年末）（%）		-0.2	-0.1	3.0	0.9	1.6	2.2	1.9
	诺华最大波动率（%）		58.0	40.0	30.0	45.0	19.0	22.0	23.0
	杠杆 Beta		1.02	0.94	1.14	1.13	1.10	1.07	1.02
	Bu		1.00	1.00	1.00	1.00	1.00	1.00	1.00
	税盾使用概率（%）		80	80	80	100	100	100	100
	目标 D/E（%）		2.6	-6.3	16.1	15.7	11.3	7.5	2.4
	债务 Beta（%）		10.0	10.6	19.5	14.7	9.1	12.5	15.8
	债务（%）		1.2	-2.1	5.3	8.8	4.5	2.5	0.8
债务成本	债务成本（%）	1.7	2.5	2.3	2.3	1.6	0.9	1.3	0.9
	YTM（%）		3.1	2.7	2.6	1.9	1.1	1.6	1.1

无风险利率：2014 年 12 月底极低的长期利率对模型应用产生影响。这些利率在长期内无法保持在该水平。我们推荐解决这一问题的实用性方法。无风险利率是基于 20/80 法则计算：20% 是基于当前无风险利率，80% 是基于瑞士政府债务在 1994—2014 年 20 年的历史均值。20% 是等价于使用这些折现率的 DCF 模型前 5 年加权。

无条件证券风险溢价（无条件 ERP）：在这部分使用 4% 作为核心价值。

条件证券风险溢价（条件 ERP）：通货膨胀相关的不确定性：通货膨胀率由瑞士市场 20 年历史均值决定（1994—2014 年 0.7% 的通货膨胀）。当前的方法无法对不同国家计算长期预测通货膨胀率。例如，不存在锚定瑞士法郎（CHF）的通货膨胀指数债券市场。

增长率相关的不确定性：比率差距与瑞士经济的潜在增长率相关。采用基于瑞士经济 20 年的历史利率（1.9%）。

系统性危机发生相关的不确定性①：诺华股票 90 天波动率和 2004—2014 年 10 年的 18% 接近。将每年波动率最高值和均值之间 18% 作为系统性危机指数。例如，2008 年诺华股票 90 天波动率几乎接近 58%。在 2008 年增加了

---

① 我们根据期权市场的波动率计算经济增长。如果重大金融危机产生（如 2008 年次贷危机），经济不确定性可以变得很大，以至于经济增长预测值不符合许多经济指标，会导致危机。用期权市场的重大波动率衡量这一风险。使用该变量也可以衡量证券短期风险溢价。噪音交易者短期内对这一变量有最大的影响。因此，股票期权波动会对均值修正快速反应。

2.2%的条件波动率。

可持续债务成本：D/E 比率影响公司估值。因此，这是计算过程中的迭代因素。Beta 杠杆是根据课程中复合方程计算。

第四步：展示未来 10 年的计算过程。

按照惯例，预测期是 10 年。WACC 是使用当年资本成本加权平均计算。

例如，2014 年，预测 2015—2025 年的现金流。然后，将现金流根据 6.9%的 WACC 进行折现，得到总共 105 627 百万美元。

第五步：计算终值。我们使用戈登模型来计算。

2014 年，根据长期可持续增长率（1.7%）来计算 2024 年的现金流。然后将该数据除以 6.9%的 WACC，减去 1.7%的长期增长率。经过 2014 年的 10 年 WACC 折现，得到 323 922 百万美元。2014 年终值是 166 945 百万美元。

第六步：计算其他资产负债表项目（见表 4-13）。

表 4-13　　其他资产负债表项目

	项　目	2008—2014 年平均	2008 年	2009 年	2010 年	2011 年	2012 年	2013 年	2014 年
估值	复合折现率		0.910	0.929	0.952	0.920	0.942	0.952	0.952
	折现率		1.945	1.573	1.301	1.350	1.166	1.069	1.000
	1 年 FCF 现值		6 351	9 709	10 973	12 136	8 836	11 074	10 701
	FCF 现值		66 823	77 070	90 736	76 910	92 475	101 359	105 627
	+终值		50 840	88 298	174 124	71 474	126 655	168 563	166 945
	=企业价值（EV）		117 663	174 604	272 893	157 601	229 884	284 923	288 807
	-净负债		1 449	-3 658	14 890	14 178	10 490	7 273	2 401
	=资本总额（1）		116 214	178 262	258 003	143 423	219 394	277 650	286 406
	资本/企业价值	97%	98.8%	102.1%	94.5%	91.0%	95.4%	97.4%	99.2%
	手动输入资本/企业价值		98.8%	102.1%	94.5%	91.0%	95.4%	97.4%	99.2%
	+附加（以美元计价的 Roche 市场价值）	11.8%	8 322	9 236	8 033	9 217	10 754	15 000	16 235
	=以美元计算的资本总额（2）		124 537	187 498	266 035	152 640	230 148	292 650	302 641
	以美元计算的历史资本总额		113 000	124 000	134 000	137 700	152 300	194 600	255 500

计算得到 2014 年公司价值为 288 807 百万美元，净负债很低，为 2 401 百万美元。为了简化，不计算少数股东权益。现在，加入对 Roche 公司的股权投资，后者在“会计”中作为非营业项目对待。这意味着对 Roche 公司的股权

投资收益不包括在 FCF 中。2014 年末，对 Roche 公司的股权投资市场价值接近于 16 235 百万美元。最后，计算目标市场价值为 302 614 百万美元，比 2014 年末高近 18%。

4.4.2　计算 P/E 比率*

相对于 DCF，计算 P/E 比率的步骤要更少。

第一步：计算证券成本（见表 4－14）。

表 4－14　　计算证券成本

项目		2008—2014 年平均	2008 年	2009 年	2010 年	2011 年	2012 年	2013 年	2014 年
目标 P/E	COE（%）		11.8	9.3	7.1	11.4	8.3	7.0	6.9
	P/E		9.9	13.1	18.7	10.3	15.1	18.8	19.2
	净利润 Y+1		8 500	10 000	9 200	9 400	9 300	12 200	13 900
	理论资本总额（+对 Roche 联营投资）		92 208	140 208	179 617	106 007	151 364	244 319	283 492
		5.9	－18.4	13.1	34.0	－23.0	－0.6	25.5	11.0
	有效 P/E		13.3	12.4	14.6	14.6	16.4	16.0	18.4

这里使用计算 DCF 模型中使用过的资本成本。

第二步：计算盈余增长。

我们需要公司前一年的盈余，因为假设是短期估值预期比市场提早 12 个月。

使用戈登模型时用 1.7% 作为永续增长率。

因此，我们可以得到：2014 年是 1/（6.9%～1.7%）或者 19.2 倍 P/E。大部分投资者，包括拉帕波特，不在他们公司估值模型中使用永续增长率。对诺华使用永续增长率是基于两个原因：一是公司策略长期透明；二是公司基本面较明朗。

4.4.3　总结*

图 4－10 展示了 2008—2014 年的均衡水平。

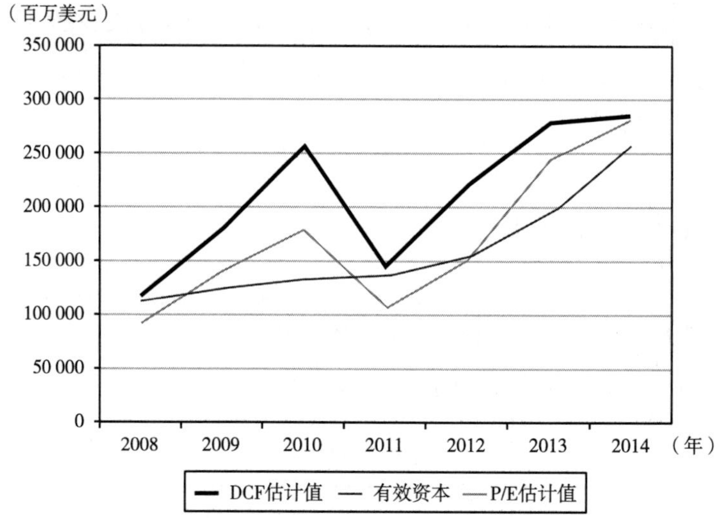

图 4-10 2008—2014 年的均衡水平

需要注意的是，2008—2013 年诺华预期估值是基于实际数据。例如，2008 年的估值是基于 2008 年和 2013 年公司发布的 FCF 数据以及 2014—2018 年我们估计的 FCF 数据。因此，它们不是 2008 年诺华投资者对未来 10 年盈余或者 FCF 估计。理由非常简单：它们不存在。我们最多知道根据 2008 年预计的 2009 年每股收益，而没有额外细节。同时，一系列事件的发生，包括 CEO 变动和对子公司的加速处置，这些投资者和分析师在 2008 年都无法预料。它们影响我们的历史估值。重要的是，要明白根据历史数据得到过多的结论是事后诸葛亮。

该例子说明在 2014 年底诺华处于自身融资能够支撑自身增长的状态。给定债务水平为零，这意味着什么？

一是公司能够把现金流转化成股息或者股利，在当前价格水平下是 4.3% 的回报率。

二是如果有其他资本交易，公司有资源使其在未来承受债务。这些增长机会不包括在当前估值中。

4.5 结论*

本章的目标是说明传统意义上证券市场均衡（价格趋向于 DCF 估值）是

不被保证的。市场上的一系列摩擦和行为偏差对市场均衡有着显著的影响：

①市场转向更短期的投资者，例如对冲基金；

②短期投资者反映了市场一致预期，对估值方法的关注无法提供附加值；量化方法越来越重要，短周期因素带来更大的拐点；

市场建立新观点带来动量的现象：在分析师和公司之间进行的博弈旨在避免利用立法委员授权的会计灵活性造成盈余波动。这最终会延迟股票价格向“实际”公司基本面趋近的过程。

总而言之，需关注动量产生的三大时间维度：第一是超短期，受到信息噪音的影响；第二是动量本身，可以持续 9 ~ 12 个月；第三是均值修正和价值投资者的影响。

表 4 – 15 总结了这 3 个不同的市场阶段。

表 4 – 15　　3 个不同的市场阶段

项目	短期	中期	长期
公司			
公司优先	新协议	每年预算、节约成本	资本性支出、创新、资产配置
管理看板	交易行情	预算会计	经济表现
金融报告	8K	10Q	10K
证券交易	内幕交易	股票回购	分红
金融中介（经纪商、分析师等）			
金融中介	日间交易者，在线经纪商	经纪商、投资银行	投资银行、私人银行
研究材料	经济统计量	季度报告	价值创造策略
	中央银行反馈	中央银行反馈	
检验变量	波动率	条件资本风险溢价	无条件资本风险溢价
信息处理	对信息的反应能力	信息处理	信息分析
	技术	技术/人力	人力
估值方法	一致预期变化	周期增长	长期增长
	技术分析	比率、相对分析	折现现金流（DCF、CFROI）、席勒 CAPE
均衡等级	微观架构	市场状态	基本均衡水平
已知偏差	反应力	动量	均值修复、CAP、折旧
	信息集合缓慢	聚类（交易量、动量、一致预期）	回报、价值
投资管理			

续表

项目	短期	中期	长期
经理	交易员	基金经理	私人股权经理
投资媒介	高频交易、对冲、金融工程	对冲、金融工程、Smart Beta	私人股权基金
金融目标	绝对表现	相对表现	绝对表现
风险预测	风险承受	风险承受	风险反转
已知偏差	过于自信	过于自信、理性主义	事后理性主义
个体投资者			
客户	零售投资者	零售投资者、HNWL	UHNWI 企业家
			退休基金、保险基金
投资资产	期权、指数	证券	私人股权
	指数基金	半主动、主动、主题投资基金	主动、主题投资基金
投资风格	成长	成长、价值	价值、深度价值
已知偏差	羊群效应	羊群效应	风险反转

本章结尾是与课程内容（分析和股票投资）紧密相关的6个结论：

第一，超短期维度无法产生可持续的 Alpha。在短期时间维度中，运气可以使敢于冒险的非熟练投资者喜笑颜开，但使其很快被大数定律打败。只有在波动率大的期权市场才能引起这部分投资者兴趣。然而，丰富的技术层面知识是期权市场必备的。

第二，金融披露的影响永远不是中性的。他们包含了许多类型的机构偏差，包括对管理层的过分自信偏差，期待看到股价上升，并且提高股利规模；分析师偏差在于倾向于为推荐使用最佳估值比率；而且投资经理甚至公司会为了捕捉短期回报而改变，因而造成偏差。乔·格林布雷认为，市场是无效的，因为参与者是无效的。

第三，监管者更易站在中期维度，因为这里包含大部分的投资者。监管者经常采取禁止措施，但对长期投资则束手无策，是连接实体经济和金融的纽带。

第四，获取信息和符合投资很重要。如果时间维度大于 3 年，那么分析师的最新推荐或者美联储的最新发言产生的噪音就无关紧要。

第五，长期投资需要很大的耐心，也需要很优质的信息。这是一项成本。离开优质且客观的分析投资，长期投资就是浪费时间。

第六，金融“知识”必须相对来看。它包含了技术，新的研究要和监管保持一致。技术使系统性监视市场发展因子成为可能。这也可以缩短交易成本并使高频交易等新管理技术更有价值。相对于期权市场和波动率，金融科学本身的进步以及理论框架的非高斯分布曲线和新的行为金融概念为股东创造了价值。

怀疑技术进步能否带来金融专业知识发展的读者可能对语音识别软件和其在未来的潜在应用感兴趣。许多公司擅长分析公司和中央银行的演讲、展示、传媒和会议通话。技术还在“婴儿期”，分析主要集中在推特（Twitter）上的金融信息，因为语句简明扼要可以避免错误。基于这一作用机制的系统性技术已经在一系列研究中诞生，具有建立心理指标打败市场的潜力。这些指标可能在分析目标公司新闻时特别有效。本质上，这是应用基本原理的交易。我们将这些可能帮助降低通道信息的初创公司交给学院来研究。但是，这是一个“今天”市场偏差不必然持续到“明天”的例子。

附录1　定义

1. 夏普比率：衡量一个投资策略的风险调整后的回报。相当于超过无风险利率的回报除以收益的标准差。

2. 索提诺比率：一个与夏普比率非常接近的衡量标准。等于超过无风险利率所获得的回报除以负收益的标准差。

3. 疼痛比率：一个非常接近夏普比率的指标。等于超过无风险利率的收益除以负收益的平均值。

4. 95%置信水平在险价值下的回报：在95%的置信水平下，如果在投资组合中增加1%的风险资产，投资者获得的额外回报。

5. 95%置信水平条件在险价值下的回报：在95%的条件置信水平下，如果在投资组合中增加1%的风险资产，投资者获得的额外回报。

6. 命中率：衡量为投资组合增加价值的决策相对于减少价值的决策的百分比。

7. 收益/疼痛比率：衡量一个策略相对于预期收益所产生的最大损失的比率。

8. 偏度：描述收益相对于样本收益平均值的不对称性。股票显示出轻微的负偏度，因此投资者是风险厌恶的。

9. 峰度：衡量收益分布的形状，特别是平均值周围的分布峰值。

10. 方差：衡量样本的分散程度。方差等于标准差的平方。

附录 2　缩写

APV	调整后的现值
b	回购比率
B_D	债务贝塔
B_L	杠杆贝塔
B_U	非杠杆贝塔
B/M	账面市值比
BV	账面价值
CAGR	复合年增长率
CAPE	周期调整后的 PE
Capex	资本支出
CAPM	资本资产定价模型
CCF	资本现金流
CDS	信用违约互换
CER	现金的经济回报
CFO	首席财务总监
CFROI	投资现金回报率
Cov	协方差
CPI	消费价格指数
CVA	现金增加值
D	债务
DDM	股利折现模型
E	股票
EBIT	息税前利润
EBITDA	息税折旧摊销前利润

EFAMA	欧洲基金和资产管理人协会
EM	经济利润
EM	有效市场假说
EP	经济利润
EPS	每股收益
ERP	股权风险溢价
ETF	交易所交易基金
EV	企业价值
EVA	经济增加值
FCF	自由现金流
FCFD	债务自由现金流
FCFE	股权自由现金流
FCFF （or FCF）	公司自由现金流
G	增长率
GPA	资产总利润
H – L	高 – 低价差
HF	对冲基金
I/B/E/S	机构经纪人估算系统
IC	投资基金
IPO	首次公开发行
IRR	内部收益率
IRR_{NEW}	边际内部收益率
K_A	资产成本或资本成本
K_D	债务成本
K_E	股权成本
K_E^T	税后股权成本
K_U	无杠杆的股权成本
MaxDD	最大缩减量
MaxDDur	最大缩减久期
MVA	市场附加值

NAV	净资产价值
NBER	国家经济研究局
NIBLICS	无息负债
NOPAT	税后净营业利润
NWC	营运资金净额
OECD	经济合作与发展组织
PEG	价格/收益与增长比率
R_D	债务利率
R_F	无风险利率
RoCE	雇佣资本回报率
ROE	股本回报率
R/R	回报率/风险
SEC	证券交易委员会
StDev	标准差
V_U	企业价值非杠杆化
VIX	标准普尔指数的波动性
VTS	税盾的价值
WACC	加权平均资本成本
π	派息率

习题：问题

问题 1：

A 公司是一个低速增长的公司。截至目前，高管层没有找到创新商业项目。为了避免股东对此不满，A 公司 CEO 考虑兼并规模更小但高速增长的 B 公司。收购将通过股票交换的手段来实现，交换比率还没有确定。A 公司和 B 公司的相关数据如下：

公司	当前每股股利 (Div_0)	β	股利增长率 (g)	发行在外股票数量 (N)
A	0.8	0.7	0.01	4 000
B	1.3	1.5	0.05	1 000

年无风险回报率 $r_F = 0.03$，年期望市场回报率 $\bar{r}_M = 0.1$。假定所有数据未来保持不变。A 公司和 B 公司皆无附息债务。

a）

a1）根据资本资产定价模型（CAPM），计算 A 公司和 B 公司的期望资本成本。（3 分）

a2）根据股利折现模型（DDM），计算 A 公司和 B 公司当前（即 $t = 0$）的股票价格。（4 分）

b）从理论上解释，如果其他条件不变，期望市场回报率发生了变化，那么根据 DDM 决定的股票价格会发生什么变化？股票价格变化受到公司风险（以 β 来衡量）的影响吗？在你的分析中，区分 $\beta > 1$ 的股票和 $0 < \beta < 1$ 的股票。（6 分）

c）作为独立的顾问，你被要求对并购流程进行分析。为此，你作出以下假设：

i）合并不会影响新公司 AB 产生未来收益进而股利的方式。这意味着，新公司 AB 的未来总体股利是 A 公司和 B 公司如果不合并时所要支付的股利之和。

ii）新公司 AB 的股利增长率根据 i）来决定。

iii）新公司 AB 的 β 是 A 公司和 B 公司的 β 的加权和，权重为根据 DDM 计算的公司相对市场价值［为了计算市场价值，利用上面问题 a2）中计算的股票价格］。

c1）新公司 AB 的当前总体股利是多少？从 $t=0$ 到 $t=1$，新公司的股利增长率是多少？从 $t=1$ 到 $t=2$，股利增长率是多少？（6 分）

c2）令 SER 为股票交换比率，即 B 公司股东如果同意收购，每股所获得的新公司 AB 的新股票数量。将新公司的当前每股股利表述为关于 SER 的函数。（3 分）

c3）计算 A 公司当前每股股利小于新公司 AB 每股股利的 SER 范围。

（3 分）

c4）根据假设 iii)，计算新公司的资本成本。（4 分）

c5）根据 DDM，将新公司 AB 的当前股票价格表述为关于交换比率（SER）的函数。［注：利用在 c4）中计算的资本成本和一开始给出的 A 公司和 B 公司的股利增长率，分别对 A 公司和 B 公司的股利进行折现。］（5 分）

c6）计算使合并前两家公司的股东财富都能增长（即合并后他们持有的股票比先前持有的股票更有价值）的 SER 的范围。（6 分）

d）通常公司合并可以创造协同性，即如果公司不合并，那么公司不会获得股票价值提升。讨论产生正的协同性的方式（给出其中 3 种方式的名称）。

（6 分）

e）

e1）求出新公司 AB 的总体股票价值。该价值依赖于 SER 吗？给出回答的理由。（4 分）

e2）通过合并获得的协同价值是多少？（4 分）

e3）在公司财务教科书中，交换比例 ER 通常计算如下：$ER=\frac{P_B(0)}{P_A(0)}$，其中 $P_A(0)$ 和 $P_B(0)$ 是拟合并公司的当前股票价格。在这种情况下（即假设 $SER=ER$），计算哪部分协同价值流向原 A 公司的股东，哪部分留给原 B 公司的股东。（4 分）

问题2:

你是万德茂控股公司的首席分析师。你负责在可再生能源行业选择新的收购目标。目前，你正在分析开发和生产风力发电机塔架的两家公司。

直到最近，欧洲是最大的风能市场，其次是亚太和北美市场。然而，由于中国持续增长的投资、漫长的海岸线和辽阔的土地，中国预期会占领世界风能市场的首位。预期未来5年（第1年至第5年），全球风能市场的年复合增长率（CAGR）为28%。专家预测，第5年后，可持续年增长率为2%~5%。

全球风力发电机市场历经了大约25%的增长率，并且预期未来5年（第1年至第5年）将维持这一增长率。第5年后，风力发电机市场的增长率也将降低至全球风能市场第5年后的可持续年增长率。

水平轴风力发电机（HAWT）和垂直轴风力发电机（VAWT）一起构成了全球风力发电机市场的两个主要部分。然而，水平轴风力发电机是风力发电机市场的主要收入来源，大约占90%的份额。你所分析的两家公司，水平风力机器公司和垂直电力公司，分别代表了这两项技术。

风力发电机市场的竞争十分激烈，参与竞争的公司主要包括通用电气能源公司、Gamesa公司、Vestas公司、Suzlon公司、Siemens公司和Mitsubishi公司等。因此，毛利率快速下降。从第1年后，税后营业净利润（NOPAT）/销售收入总额每年下降10%。

为了便于你的分析，下面是两家公司的关键数据：

第1年的数据（百万欧元）	水平风力机器公司	垂直电力公司
销售收入总额	5 000	3 000
税后营业净利润/销售收入总额	10%	13%
无风险利率	2%	2%
股票市场期望年回报率	6%	6%
贝塔（资本资产定价模型）	1.5	1.8
所得税税率	30%	30%
权益的账面价值	2 000	1 000
权益比率（股东权益/公司价值）	30%	20%
资产总额	6 666.7	5 000

假设两家公司的销售收入的增长率都与风力发电机市场的增长率相同，并且，一直到第 5 年，两家公司同等受到税后营业净利润/销售收入总额下降的影响。假设第 5 年后，税后营业净利润/销售收入总额保持稳定，而且两家公司经济增加值（EVAs）的年增长率均保持在 3%。两家公司的资产总额的年增长率在第 5 年前为 13%，从第 6 年开始为 3%。

a）万德茂公司的董事会根据你的分析，决定公司的收购战略。对你选择的公司，优先使用的计算方法是市场增加值/经济增加值（MVA/EVA）方法。计算两家公司的股东权益价值。

a1）第一步，比较两家公司营业利润的发展。第 1 年至第 6 年，从营业利润发展的角度看，哪一家公司的业绩更好？以税后营业净利润（NOPAT）作为公司营业利润的指标。 （9 分）

a2）计算这两家公司的加权平均资本成本。 （4 分）

根据上述结果，计算股东权益价值。万德茂公司的首席执行官建议你使用两阶段估值模型，因为第 2 财年至第 5 财年的数据比后续年份的数据更容易预测。

a3）计算第 1 年至第 6 年期间的经济增加值。

[注：如果你跳过了问题 a1），以常数 800 作为水平风力机器公司的税后营业净利润，以常数 1 000 作为垂直电力公司的税后营业净利润。如果你跳过了问题 a2），以 6% 作为水平风力机器公司的加权平均资本成本，以 6.5% 作为垂直电力公司的加权平均资本成本。] （8 分）

a4）计算第 2 年至第 5 年期间经济增加值的折现值。 （7 分）

a5）计算第 6 年的终值。

[注：如果你没有计算出问题 a3）中第 6 年的起始经济增加值，对水平风力机器公司使用 150，对垂直电力公司使用 160。] （5 分）

运用问题 a5）得到的数据计算两家公司的价值和股票的价值：

a6）计算两家公司的价值。 （6 分）

a7）计算两家公司的股东权益价值。 （4 分）

问题3：

Maggie Smith 刚从大学毕业，第一份工作是在 Seahawk 投资公司任初级财务分析师。她在大学学习过基本面分析，迫切期望能给她的同事留下深刻印象。Smith 女士确信深入理解远期市盈率（forward P/E ratio）是投资决策最有用的工具之一。她计划使用远期市盈率来帮助她的公司识别价值被低估的股票。

Smith 女士目前正在研究 Food For Life（FFL）公司的信息。该公司在全美经销健康食品。FFL 公司已经经营 20 年，设在北卡罗来纳州的惠明顿。Smith 女士花了很长时间分析该公司。她相信美国人将持续消费更多的健康食品，FFL 公司应该是一个有吸引力的投资对象。

Smith 女士关注 FFL 公司的新管理团队。在最近的新闻发布会上，FFL 公司的新财务总监（CFO）声称，去年的股利支付率本应该提高到 60%。该财务总监声称，更高的股利支付率应该可以提高公司股价。

Smith 女士正在评估 CFO 声明是否正确。Smith 女士预计如果公司的股利支付率变为 60%，FFL 公司的权益回报率（ROE）和要求回报率将保持不变。她不确定会对股票价格产生的影响。（将所有利润、股利和价格的计算结果保留到“美分”，其他计算结果保留到小数点后四位。）

更多信息参见表 1“FFL 公司的资产负债表”、表 2“FFL 公司的利润表”以及“附加信息”。

a）请计算 FFL 公司 2016 年的权益回报率（ROE），并使用杜邦分析系统将 ROE 分解为 3 个因素。[注：由于 2015 年数据缺失，在计算 2016 年的 ROE 时，使用 2016 年 12 月 31 日的资产负债表数据。] （4 分）

b）请计算 FFL 公司 2016 年的股利支付率和可持续增长率。 （3 分）

c）使用资本资产定价模型计算 FFL 公司的要求回报率。 （3 分）

d）假设现在是 2017 年初，请计算以下两种情形下的远期市盈率和股票价格。第一种情形是基于 FFL 公司 2016 年的实际股利支付率；第二种情形是基于假定新 CFO 将 2016 年的股利支付率提高到 60%。[提示：请根据固定增长股利折现模型来计算。] （14 分）

e）FFL 公司应该将 2016 年的股利支付率变为 60% 吗？请解释提高股利

支付率对 FFL 公司是一个好建议或坏建议的原因。CFO 作此决策时应该考虑的关键问题是什么？解释你的回答。（6 分）

表 1　FFL 公司 12 月 31 日的资产负债表

以千美元计	2016 年
流动资产	
现金	20 000
应收账款	60 000
存货	80 000
流动资产小计	160 000
其他资产	
固定资产	375 000
累计折旧	-75 000
固定资产的净值	300 000
无形资产	215 000
其他非流动资产	50 000
非流动资产小计	565 000
总资产	725 000
流动负债	
短期应付票据	25 000
应付账款	35 000
流动负债小计	60 000
长期负债	
长期负债	225 000
其他非流动负债	35 000
长期负债小计	260 000
总负债	320 000
股东权益	
普通股股本	50 000
留存收益	355 000
股东权益总额	405 000
负债及股东权益合计	725 000

表 2　　FFL 公司 2016 年 1 月 1 日至 2016 年 12 月 31 日的利润表

以千美元计（每股数据除外）	2016 财年
销售收入	675 000
销售成本	425 000
毛利	250 000
销售与管理费用	170 000
利息、所得税、折旧与摊销前利润（EBITDA）	80 000
折旧与摊销	15 000
息税前利润（EBIT）	65 000
利息费用	16 000
税前利润	49 000
所得税	12 250
净利润	36 750
附加信息	
流通在外的股票数量（单位：千股）	20 000
已发放股利（单位：千美元）	15 000
30 年期政府债券的回报率	2.75%
市场指数的预计回报率	9.50%
FFL 公司回报率的标准差	15.00%
FFL 公司的贝塔	0.8
预计通货膨胀率	2.00%

问题 4：

Brown 先生是一名证券分析师，正在进行 White 公司股票的投资决策。他打算从计算 White 公司的贝塔和股票的要求回报率入手。然而，White 公司股票上市时间不长，不足以形成估计贝塔所需的价格/回报的时间序列。所以，Brown 先生决定用同行业相似公司 Black 公司的贝塔来估计 White 公司的贝塔。他收集的数据如下所示：

无风险利率	2%
股票市场的风险溢价	7%
White 公司的市值（Market capitalization）	12 亿美元
White 公司的总计息负债	0 美元
Black 公司的市值（Market capitalization）	20 亿美元
Black 公司的总计息负债	400 百万美元
Black 公司股票的贝塔	1.4
公司所得税税率	30%

a）基于下列假设计算 White 公司股票的贝塔：

- 在未来，White 公司不会借债，Black 公司的总计息负债不变。
- White 公司和 Black 公司的资产贝塔（无杠杆贝塔）相同。
- Black 公司的债务贝塔为 0。（4 分）

b）根据该行业中除了 Black 公司的其他公司的贝塔，Brown 先生最终决定使用 10% 作为 White 公司股票的要求回报率。他也作了以下关于 White 公司的预测：

- 本财年的每股收益为 12 美元，每股股利为 2 美元。
- 下一财年及以后各年，权益回报率（ROE，净利润 /期初净资产）为 11%，股利支付率为 25%，且永远持续下去。

接着，Brown 先生使用剩余收益模型（如下所示）计算 White 公司股票的理论价格：

股票理论价格 = 年初每股净资产 + 本财年及以后各年的每股剩余收益的现值

其中：

剩余收益 = 净利润 − 权益资本费用

权益资本费用 = 权益资本 × 权益资本成本率

b1）本财年年初，White 公司的每股账面价值是 90 美元。假定未来没有资本增加或其他资本交易，而且净盈余关系（clean surplus relationship）始终成立。计算本财年以及下一年的预计每股剩余收益。（6 分）

b2）过去 1 个月，White 公司股票的市场价格在 139 美元至 148 美元之间。使用剩余收益模型计算 White 公司（本年初）股票的理论价格，并决定 White 公司的股票是以折价、溢价还是一个合理的价格在交易？（5 分）

c）已经有 White 公司的股东要求增加股利，White 公司的管理团队宣布，从本财年开始，将股利支付率提高到 40%。

c1）假定本财年的预计每股收益为 12 美元，下一财年及以后各年的预计 ROE 为 11% 不变，同时股利支付率将永远维持在 40%，White 公司的股票理论价格是多少？使用股利折现模型来计算。（8 分）

c2）White 公司声明不使用增加资本或债务来筹集资金，因此本财年开始将股利支付率提高到 40% 将改变未来在业务上的投资额，并预计会改变从下一财年开始的 ROE。假定本财年的预计每股收益为 12 美元，计算要使股票理论价格为 150 美元，下一财年的 ROE（以百分比形式表示）应该是多少。

（5 分）

问题 5：

Smith 先生最近刚入职一家名为 BetterInvest 的专注于股票投资的资产管理公司，任初级证券分析师。现在，他接到其团队中的其他证券分析师分配给他的如下需要完成的不同任务：

a）ABC 公司现在的市盈率（股价/本期预计每股收益）为 15，低于行业平均值 18。Smith 先生被要求确定该公司的股价是否被公平定价。BetterInvest 公司服务于 ABC 公司的主管分析师发现，ABC 公司预计的本期每股收益为 2.72 美元，预计的本期每股股利为 1.2 美元，从下期开始，年净资产收益率（ROE）为 10%，股利支付率维持与本期相同的水平。Smith 先生使用可持续增长率作为股利增长率来计算 ABC 公司的合理市盈率。他假设 ABC 公司股票要求的年回报率为 9%。

ABC 公司股票的交易价格被高估、低估还是公平定价?

b）XYZ 公司打算开始一项新业务，Smith 先生被要求分析新业务将给 XYZ 公司的股票价格带来的影响。在该年初，XYZ 公司拥有 800 百万美元总资产，分别为 700 百万美元的营业资产和 100 百万美元的现金资产。公司没有负债。公司有一项政策，即不承担负债，每年净投资（资本性支出 + 净营运资本增加 - 折旧）的价值为年初营业资产的 6%。BetterInvest 公司服务于 ABC 公司的主管分析师预测，XYZ 公司每年营业资产年回报率（净利润/年初营业资产）为 11%。假设现金不产生利息。

b1）根据主管分析师的预测，XYZ 公司本年的权益自由现金流（FCFE）会是多少?

（4 分）

b2）因为 XYZ 公司没有负债，股东权益的价值为营业资产的价值加上库存现金。假设 XYZ 公司有 10 百万股已发行在外股票，该业务要求的年回报率为 10%，计算 XYZ 公司理论上的股票价格。

b3）XYZ 公司的管理团队已宣布本年计划使用 100 百万美元现金开展一

项新业务。新业务的年回报率（净利润/年初营业资产）将为14%，每年由新业务带来的净利润的40%将被用来再投资于新业务。不考虑前面问题的答案，假设公司现有业务被估值为900百万美元，假设新业务的风险与现有业务的风险相同。在这种情况下，公司理论上的股票价格会是多少？

c）KLM公司最近宣布一项给予现有股东认股权的增资计划（“发行股份”）。发行将在从今天起的一周后马上开始。KLM公司发布了增资的下列条款和条件。

——发行的实施是新发行3 000 000股，现有股东以每股48欧元的价格优先认购，认购比例是现持有的每5股可认购3股新发行股票。增资后，发行在外的普通股将达到8 000 000股。

——现有股东为所持有的每一股获得1份认股权。每5份认股权使得股东有权以每股48欧元的发行价格购买3股新发行股票。

BetterInvest公司的主管分析师要求Smith先生基于KLM公司股票的当天市场价格计算KLM公司的下列价值：理论除权价格（TERP）和1份认股权的价值。

这些价值是多少？[注：今天，KLM公司股票在股票交易所的交易价格是每股60.00欧元。]

d）SPQR公司是一家大型包装系统制造商。该公司所报告的2017财年的每股收益是1.50美元，支付的每股股利是0.42美元。SPQR公司还报告了2017财年的下列数据：

项　目	金额（美元）
净利润	30 000 000
利息费用	800 000
债务的账面价值	7 600 000
股东权益的账面价值	160 000 000

SPQR公司的所得税税率是35.0%，以市场价值计算的债务对股东权益的比率为5%。无风险利率为3.5%，股票市场的风险溢价为5.5%。

从2018财年到2022财年，SPQR公司预期维持这些财务基本面。之后，SPQR公司将变成一家稳定的公司，并维持5%的利润增长率。2022年以后，

SPQR 公司的财务特征将接近行业平均值。这些行业平均值如下：

资产回报率	17.5%
以市场价值计算的“债务/股东权益”比率	25.0%
债务的利率	6.0%

SPQR 公司 2017 年的权益贝塔值是 0.85，并且无杠杆的贝塔值预期不随时间的变化而变化。

为 SPQR 公司提供服务的 Better Invest 公司的主管证券分析师要求 Smith 先生回答以下研究问题：

d1）在 SPQR 公司高速增长期（2018—2022 年），根据其基本面，该公司的预期利润增长率为多少？

d2）2022 年以后，公司预期的股利支付率（π）是多少？

[注：假设以账面价值计算的债务对股东权益的比率等于以市场价值计算的债务对股东权益的比率]

[提示：运用公式集之中 1.3.1.3 给出的计算净资产收益率（ROE）的公式和 $g = ROE \times (1 - \pi)$。]

d3）2022 年以后，SPQR 公司预计的权益贝塔值是多少？

[提示：首先假设固定的债务，计算无杠杆的贝塔值。]

不考虑你在上述问题 d1）、d2）和 d3）中得到的结果，而是运用下面的数值，回答以下问题 d4）、d5）和 d6）：

——2018—2022 年期间的股利支付率 π：	30.00%
——2018—2022 年期间的增长率 g：	13.50%（每年）
——2022 年以后的股利支付率 π：	62.50%
——2022 年以后的权益贝塔值：	0.9500

d4）预期 2023 年的每股股利是多少？

d5）预期 2022 年末的每股价格是多少？

d6）运用两阶段股利折现模型，计算 2017 年末的股票价值。

[提示：运用 2022 年末的股票预期价值和 2018—2022 年期间的预期股利。]

习题：解答

问题1答案：

a）-a1）根据CAPM公式：

$k_A = 0.03 + 0.7 \times (0.1 - 0.03) = 0.079$

$k_B = 0.03 + 1.5 \times (0.1 - 0.03) = 0.135$

a）-a2）股票价格为：

$$P_A(0) = \frac{0.8 \times 1.01}{0.079 - 0.01} = 11.7101$$

$$P_B(0) = \frac{1.3 \times 1.05}{0.135 - 0.05} = 16.0588$$

b）DDM设定的股票价格公式为：$P(0) = \frac{Div_0 \cdot (1 + g)}{k - g}$

对于要求报酬率，如CAPM所决定的：$k = r_F + \beta \cdot (\bar{r}_M - r_F)$。

显然 $\bar{r}_M$ 的变化影响k。给定β，$\bar{r}_M$ 的增加导致股票价格下降（即导致相应的期望报酬率更高），因此股票价格下跌更多。

对于不同的β-因子，k的变化幅度依存于β的大小。如果 $\beta > 1.0$，则股票价格会比市场更加不稳定，$\bar{r}_M$ 的变化对k的影响被放大；如果 $0 < \beta < 1$，则股票价格会比市场的不稳定性更小些（价格波动较小的股票），$\bar{r}_M$ 的变化对k的影响减弱。

c）-c1）全部股息通过每股股息乘以发行在外股票的数量得到。因此，公司A的当前股息为 $0.8 \times 4\ 000 = 3\ 200$，而公司B的当前股息为 $1.3 \times 1\ 000 = 1\ 300$。这表明，新公司AB的当前全部股息为4 500。

在 $t = 1$ 期，支付的全部股息将为：

股息 $= 3\ 200 \times 1.01 + 1\ 300 \times 1.05 = 3\ 232 + 1\ 365 = 4\ 597$

因此，第1年的增长率为：

$$第一年增长率=\left(\frac{4\ 597}{4\ 500}-1\right)\times 100\%=0.02156\times 100\%\approx 2.16\%$$

在 $t=2$ 期，支付的全部股息为：

$$股息=3\ 200\times 1.01^2+1\ 300\times 1.05^2=3\ 264.32+1\ 433.25=4\ 697.57,$$

因此从 $t=1$ 到 $t=2$，增长率为：

$$增长率=\left(\frac{4\ 697.57}{4\ 597}-1\right)\times 100\%=0.02188\times 100\%\approx 2.19\%$$

合并后的公司股息增长率是变化的。

c）-c2）由于新公司AB发行在外股票的数量为 $N_{AB}=4\ 000+1\ 000\times SER$，因而当前每股股息为：

$$\frac{4\ 500}{4\ 000+1\ 000\times SER}=\frac{4.5}{4+SER}$$

c）-c3）下面的不等式一定成立：$0.8<\frac{4.5}{4+SER}$。

求解SER，得到 $SER<1.625$。

c）-c4）新公司的 β 是：

$$\beta_{AB}=0.7\times\frac{11.7101\times 4\ 000}{11.7101\times 4\ 000+16.0588\times 1\ 000}+1.5\times\frac{16.0588\times 1\ 000}{11.7101\times 4\ 000+16.0588\times 1\ 000}=0.90425$$

因此，$k_{AB}=0.03+0.90425\times(0.1-0.03)=0.0933$。

c）-c5）全部将来股息的当前折现值为：

$$\frac{3\ 200\times 1.01}{0.0933-0.01}+\frac{1\ 300\times 1.05}{0.0933-0.05}=38\ 799.52+31\ 524.25=70\ 323.77$$

结果新公司AB的股票价格为：

$$P_{AB}(0)=\frac{70\ 323.77}{4\ 000+1\ 000\times SER}$$

c）-c6）如果 $P_{AB}(0)>P_A(0)$，则最终公司A的股东拥有更多的财富。这表明：$\frac{70\ 323.77}{4\ 000+1\ 000\times SER}>11.7101$，从而 $SER<2.0054$。

公司B的股东持有的每股股票获得新公司的股票数量为SER股。当

$SER \cdot P_{AB}(0) > P_B(0)$时，公司 B 的股东变得更好，这表明：

$$\frac{70\ 323.77 \times SER}{4\ 000 + 1\ 000 \times SER} > 16.0588$$

根据上述不等式，得到 $SER > 1.1837$，当 $1.1837 < SER < 2.0054$ 时，两个公司的股东的财富都增长了。

d）正的协同效应可以通过许多方法获得，例如：

i）降低成本，如通过减少管理人员或分支机构的重复职位；

ii）如果经营相同业务的公司合并，则减少其相互之间的竞争，这可以最终导致更高的出售价格；

iii）规模经济效应，比如关于供应商，提高了购买力；

iv）获得新的市场或新的技术，否则不可能获得或非常昂贵；

v）减少财务费用，因为合并后的公司比合并前的公司承担更小的破产风险。

e）－e1）

合并后公司的股票价值为：

$$P_{AB}(0) \cdot N_{AB} = \frac{70\ 323.77}{4\ 000 + 1\ 000 \times SER} \times (4\ 000 + 1\ 000 \times SER) = 70\ 323.77$$

显然，该值不依存于 SER。

e）－e2）协同价值等于公司 AB 的股票价值减去公司 A 和公司 B 的股票价值之和：

$$70\ 323.77 - (11.7101 \times 4\ 000 + 16.0588 \times 1\ 000) = 7\ 424.366$$

e）－e3）在此种情况下，交换比率为：

$$ER = \frac{16.0588}{11.7101} = 1.37136$$

合并后的公司 AB 的股价为：

$$P_{AB}(0) = \frac{70\ 323.77}{4\ 000 + 1\ 000 \times 1.37136} = 13.0924$$

公司 A 的股东的财富变化是：

$$(13.0924 - 11.7101) \times 4\ 000 = 5\ 528.854$$

而对于公司 B 的股东，财富变化是：

$$(13.0924 \times 1\ 000 \times 1.37136 - 16.0588 \times 1\ 000) = 1\ 895.512$$

显然，$5\ 528.854 + 1\ 895.512 = 7\ 424.366$

问题 2 答案：

[阅卷者注意：下面给出的数字是确切的数字。如果考生提供的答案由于四舍五入的原因而有所不同，不应该因此扣分。]

a) – a1)

25% 的增长率一直持续到 2018 年，此后增长率为 3%。税后营业净利润（NOPAT）/销售收入总额每年下降 10%，一直持续到 2015 年。从 2016 年起税后营业净利润/销售收入总额保持在 2015 年的水平不变。

水平风力机器公司	第 1 年	第 2 年	第 3 年	第 4 年	第 5 年	第 6 年
销售收入	5 000	6 250	7 812.5	9 765.6	12 207	12 573
税后营业净利润/销售收入总额	10%	9.0%	8.1%	7.3%	6.6%	6.6%
税后营业净利润（NOPAT）	500.00	562.5	632.81	711.91	800.90	824.93
垂直电力公司	第 1 年	第 2 年	第 3 年	第 4 年	第 5 年	第 6 年
销售收入	3 000	3 750	4 687.5	5 859.4	7 324.2	7 543.9
税后营业净利润/销售收入总额	13%	11.7%	10.5%	9.5%	8.5%	8.5%
税后营业净利润（NOPAT）	390.00	438.75	493.59	555.29	624.70	643.45

水平风力机器公司：$824.9 \div 500 = 1.650$

垂直电力公司：$643.4 \div 390 = 1.650$

$$\frac{500}{390} = 1.28 = \frac{824.9}{643.4}$$

两家公司“税后营业净利润绩效”均等于税后营业净利润从第 1 年到第 6 年的复合增长率 65%。因此，从第 1 年到第 6 年，水平风力机器公司和垂直电力公司税后营业净利润第 1 年的关系保持为 1.28∶1。

[阅卷者注意：答案的最后一部分（1.28∶1 的关系）对得满分不是必要的，因为在问题中没有包括这一问题]

a) – a2) 在第二步，我们需要解释加权平均资本成本（WACC）：

$$WACC = \frac{E}{V} \cdot k_E + \frac{D}{V} \cdot k_D \cdot (1 - t_c)$$

其中，$k_E = R_f + (R_M - R_f) \cdot \beta_E$

水平风力机器公司：

$$\begin{aligned} WACC &= 0.3 \times [2\% + 1.5 \times (6\% - 2\%)] + 0.7 \times [8.6\% \times (1 - 0.3)] \times 100\% \\ &= 6.61\% \end{aligned}$$

垂直电力公司：

$$WACC = 0.2 \times [2\% + 1.8 \times (6\% - 2\%)] + 0.8 \times [8.6\% \times (1 - 0.3)] \times 100\%$$
$$= 6.66\%$$

a）– a3）

经济增加值的计算	第 1 年	第 2 年	第 3 年	第 4 年	第 5 年	第 6 年
水平风力机器公司						
税后营业净利润（NOPAT）	500.0	562.5	632.8	711.9	800.9	824.9
股东权益的账面价值	2 000					
资产总额	6 666.7	7 533.3	8 512.7	9 619.3	10 869.8	11 195.9
加权平均资本成本（WACC）	6.61%	6.61%	6.61%	6.61%	6.61%	6.61%
资本支出	440.9	498.3	563.0	636.2	718.9	740.5
经济增加值	59.1	64.2	69.8	75.7	82.0	84.4

经济增加值（EVAs）						
垂直电力公司	第 1 年	第 2 年	第 3 年	第 4 年	第 5 年	第 6 年
税后营业净利润（NOPAT）	390.0	438.8	493.6	555.3	624.7	643.4
股东权益的账面价值	1 000					
资产总额	5 000.0	5 650.0	6 384.5	7 214.5	8 152.4	8 396.9
加权平均资本成本（WACC）	6.66%	6.66%	6.66%	6.66%	6.66%	6.66%
资本支出	332.8	376.1	425.0	480.2	542.6	558.9
经济增加值	57.2	62.7	68.6	75.1	82.1	84.5

使用备选数字的计算结果：

水平风力机器公司	第 1 年	第 2 年	第 3 年	第 4 年	第 5 年	第 6 年
税后营业净利润	800.00	800.00	800.00	800.00	800.00	800.00
债务 + 股东权益	6 666.67	7 533.33	8 512.67	9 619.31	10 869.82	11 195.92
资本支出	400.00	452.00	510.76	577.16	652.19	671.76
经济增加值	400.00	348.00	289.24	222.84	147.81	128.24
垂直电力公司	第 1 年	第 2 年	第 3 年	第 4 年	第 5 年	第 6 年
税后营业净利润	1 000.00	1 000.00	1 000.00	1 000.00	1 000.00	1 000.00
债务 + 股东权益	5 000.00	5 650.00	6 384.50	7 214.49	8 152.37	8 396.94
资本支出	325.00	367.25	414.99	468.94	529.90	545.80
经济增加值	675.00	632.75	585.01	531.06	470.10	454.20

（8 分）

a）－a4）

经济增加值的折现					
	total	第2年	第3年	第4年	第5年
水平风力机器公司					
经济增加值		64.2	69.8	75.7	82.0
折现的年数		1	2	3	4
加权平均资本成本		6.61%	6.61%	6.61%	6.61%
折现系数		0.938	0.880	0.826	0.774
折现值	247.6	60.3	61.4	62.5	63.5
垂直电力公司					
经济增加值		62.7	68.6	75.1	82.1
折现的年数		1	2	3	4
加权平均资本成本		6.66%	6.66%	6.66%	6.66%
折现系数		0.938	0.879	0.824	0.772
折现值	244.4	58.8	60.3	61.9	63.4

使用备选数字计算的结果：

水平风力机器公司	第2年	第3年	第4年	第5年
折现的年数	1	2	3	4
经济增加值	348.00	289.24	222.84	147.81
加权平均资本成本	0.0661	0.0661	0.0661	0.0661
经济增加值的现值	326.41	254.47	183.89	114.41
现值总额	879.17			
垂直电力公司	第2年	第3年	第4年	第5年
折现的年数	1	2	3	4
经济增加值	632.75	585.01	531.06	470.10
加权平均资本成本	0.0666	0.0666	0.0666	0.0666
经济增加值的现值	593.26	514.27	437.71	363.28
现值总额	1 908.53			

a）－a5）水平风力机器公司：

加权平均资本成本为6.61%，第6年开始的经济增加值为84.4百万欧元，经济增加值的增长率是每年3%。

垂直电力公司：

加权平均资本成本为6.66%，第6年开始的经济增加值为84.5百万欧元，经济增加值的增长率是每年3%。

终值	起始值	加权平均资本成本	增长率	总的价值（TV）
水平风力机器公司	84.4	6.61%	3%	2 336.3
垂直电力公司	84.5	6.66%	3%	2 312.5

$$\textbf{总的价值}TV_{\text{第6年}}^{\text{垂直电力公司}} = \frac{84.5}{0.0666 - 0.03} = 2\ 312.5$$

使用备选数字的计算结果：

第 6 年	水平风力机器公司	垂直电力公司
经济增加值	150.00	160.00
加权平均资本成本	0.0661	0.0666
增长率	0.03	0.03
终值	4 150.53	4 376.37

a）– a6）

公司价值 = 市场增加值 + 所有资本的账面价值

$$\text{水平风力机器公司：} 247.56 + \frac{2\ 336.3}{(1.0661)^5} + \frac{2\ 000}{0.3} = 8\ 610.32$$

$$\text{垂直电力公司：} 244.44 + \frac{2\ 312.5}{(1.0666)^5} + \frac{1\ 000}{0.2} = 6\ 920.00$$

	水平风力机器公司	垂直电力公司
第 6 年的终值	2 336.26	2 312.51
折现的年数	5	5
加权平均资本成本	0.0661	0.0666
现值（总价值）	1 696.09	1 675.56
现值的总额（经济增加值）	247.56	244.44
市场增加值	1 943.65	1 920.00
所有者权益的账面价值	2 000.00	1 000.00
权益比率	0.3	0.2
总资产账面价值	6 666.67	5 000.00
公司的所得税	8 610.32	6 920.00

[阅卷者注意：小心使用备选数字的计算结果。不要惩罚因结转而来的错误。]

a）–a7）

	水平风力机器公司	垂直电力公司
账面价值	8 610.32	6 920.00
在资产的账面价值	6 666.67	5 000.00
股东权益的账面价值	2 000.00	1 000.00
债务的账面价值	4 666.67	4 000.00
股东权益的价值	3 943.66	2 920.00

[阅卷者注意：小心使用备选数字的计算结果。不要惩罚因结转而来的错误]

问题3答案：

a）

权益回报率 ROE = 销售净利率 × 总资产周转率 × 权益乘数

ROE =（净利润/销售收入）×（销售收入/总资产）×（总资产/所有者权益）

ROE =（36 750 ÷ 675 000）×（675 000 ÷ 725 000）×（725 000 ÷ 405 000）

=（0.0544）×（0.9310）×（1.7901）= 0.0907（= 9.07%）

b）

股利支付率 =（股利/净利润）=（15 000 ÷ 36 750）= 0.4082（= 40.82%）

可持续增长率 = 权益回报率 × 留存比率

留存比率 = 1 – 股利支付率 = b

可持续增长率 = 0.0907 ×（1 – 0.4082）= 0.0537（= 5.37%）

c）

要求回报率 = 无风险利率 + 贝塔系数 ×（市场期望回报率 – 无风险利率）

= 0.0275 + 0.8 ×（0.095 – 0.0275）= 0.0815（= 8.15%）

d）

使用固定增长股利折现模型：

理论股票价格：$P_0 = D_0 \cdot (1+g)/(r-g) = D_1/(r-g)$

远期市盈率：$P_0/E_1 = (D_1/E_1)/(r-g)$

$g = ROE \cdot b$

(D_1/E_1) = 股利支付率

So，$P_0/E_1 = (D_1/E_1)/[要求回报率 - (ROE \cdot b)]$

情形 1：基于 2016 年的实际股利支付率

下一年的每股盈余：	1.94 美元
股利支付率：	40.82%
增长率：	5.37%
权益回报率：	9.07%
要求回报率：	8.15%
远期市盈率：	14.68
当前股票价格：	28.48 美元

远期市盈率 $P_0/E_1 = (D_1/E_1) / [要求回报率 - (ROE \cdot b)]$

$= 0.4082 \div [0.0815 - (0.0907 \times 0.5918)] = 14.68$

$E_1 = E_0 \cdot (1+g) = 36\ 750 \div 20\ 000 \times 1.0537 = 1.84 \times (1.0537) = 1.94$（美元）

基于以上，$P_0 = 14.68 \times 1.94 = 28.48$ 美元

（28.43 美元的计算结果是基于没有对中间结果进行四舍五入或者直接使用股利折现模型 DDM。）

情形 2：假定公司将 2016 年的股利支付率提高到 60%

下一年的每股盈余：	1.91 美元
股利支付率：	60.00%
增长率（0.0907 ×0.4）：	3.63%
权益回报率：	9.07%
要求回报率：	8.15%
远期市盈率：	13.27
当前股票价格：	25.35 美元

远期市盈率 $P_0/E_1 = (D_1/E_1) / [要求回报率 - (ROE \cdot b)]$

$= 0.6 \div \{0.0815 - (0.0907 \times 0.40)\} = 13.27$

$E_1 = E_0 \times (1+g) = 1.84 \times (1.0363) = 1.91$（美元）

基于以上，$P_0 = 13.27 \times 1.91 = 25.35$ 美元

（25.27 美元是建立在没有对中间结果进行四舍五入或者直接使用 DDM 模型。）

［注：该答案是将利润的计算结果保留到“美分”］

［另一种方法：我们通过直接使用 DDM 模型计算股票理论价格：

$P_0 = D_0 \cdot (1+g)/(r-g) = D_1/(r-g) = (E_1 \cdot \pi)/(r-g)$

然后推导出远期市盈率：$P_0/E_1 = \pi/(r-g)$

情形 1：$D_0 = 15\ 000 \div 20\ 000 = 0.75$

$P_0 = 0.75 \times (1+0.0537) \div (0.0815-0.0537) = 28.43$（美元）

$P_0/E_1 = 0.4082 \div (0.0815-0.0537) = 14.68$

情形 2：$D_0 = 36\ 750 \times 0.6 \div 20\ 000 = 1.1025$

g（可持续增长率）$= 0.0907 \times (1-0.6) = 0.0363$（$= 3.63\%$）

$P_0 = 1.1025 \times (1+0.0363) \div (0.0815-0.0363) = 25.28$（美元）

$P_0/E_1 = 0.60 \div (0.0815-0.0363) = 13.27$]

e）不，FFL 不应该在 2016 年将 2016 年的股利支付率变为 60%。将股利支付率从 40.82% 增加为 60%，将使股票价格从 28.48 美元（28.43 美元）降低到 25.35 美元（25.27 美元）。财务总监没有认识到将更高比例的盈余作为股利支付意味着公司留存的资金更少，放弃好的投资。这会导致较低的增长率。（记住：增长率 = 权益回报率 × 留存比率）

一般情形下，提高股利支付率会通过两种方式影响股票价格。第一种方式很清楚：更高的股利会使股价上升。第二种方式是更高的股利支付率意味着较低的增长，这会降低股价。哪种因素起决定性作用取决于一个简单的问题：公司是在进行好的投资吗？

如果权益回报率大于必要的回报率，那么公司是在进行好的投资；因为投资在提供超过必要回报率的收益。回想一下，FFL 公司的权益回报率是 9.07%，而必要回报率是 8.15%，因此权益回报率（9.07%）大于必要的回报率（8.15%）。FFL 公司在进行好的投资。相应地，FFL 公司将股利支付率提高到 60% 会降低 FFL 公司的股价。这是因为，如果公司将净利润重新投入公司并进行能获利的投资，则公司情况会更好。

问题 4 答案：

a）

如果公司有债务，未来负债的数额稳定，以及债务贝塔为 0，在股票贝塔 β_L（有杠杆贝塔）和资产贝塔 β_U（无杠杆贝塔）之间存在下列关系：

$$\beta_U = \frac{\beta_L}{\left[1 + (1-t) \cdot \frac{D}{E}\right]}$$

此式中，D = 计息负债总额，E = 权益的市场价值，t = 公司所得税税率。

因此，

Black 公司的资产贝塔 = 1.4 ÷ ［1 + （1 − 0.3） × 0.4 ÷ 2］ = 1.228

White 公司没有任何债务，如果它的资产贝塔与 Black 公司的资产贝塔相同，这个数值也就是 White 公司的股票贝塔。

b）− b1）本财年的预计每股剩余收益 = 本年的每股盈余 − 本年初每股账面价值 × 要求的权益回报率

= 12 − 90 × 0.1 = 3（美元）

下一年年初每股账面价值 = 本年初每股账面价值 + 本年每股盈余 − 本年每股股利

= 90 + 12 − 2 = 100（美元）

下一年预计每股盈余 = 下一年年初每股账面价值 × 权益回报率

= 100 × 0.11 = 11（美元）

下一年的预计每股剩余收益 = 下一年的每股盈余 − 下一年年初每股账面价值 × 要求的权益回报率

= 11 − 100 × 0.1 = 1（美元）

b）− b2）从下年开始，权益回报率和股利支付率将保持不变，所以从第 2 年开始，每股盈余、每股账面价值和每股剩余收益将按照可持续增长率 8.25% 增长。

可持续增长率 = ROE ×（1 − 股利支付率）= 11 ×（1 − 0.25）= 8.25（%）

股票理论价格 = 本年初每股账面价值 + 自本年以后的每股剩余收益的现值

= 本年初每股账面价值 + 本年每股剩余收益的现值 + 从下一年开始每股剩余收益的现值

$$= 90 + \frac{3}{1.1} + \frac{1}{1.1} \times \frac{1}{0.1 - 0.0825} = 144.68\text{（美元）}$$

根据这些结论，White 公司的股票价格可以被认为是合理的。

c）− c1）本财年的预计每股股利 = 本财年的预计每股盈余 × 股利支付率

= 12 × 0.4 = 4.8（美元）

下一年年初的每股账面价值 = 本年初的每股账面价值 + 本年每股盈余 − 本年每股股利

$$=90+12-4.8=97.2\text{(美元)}$$

下一年的预计每股股利 = 下一年年初的每股账面价值 × 权益回报率 × 股利支付率

$$=97.2\times0.11\times0.4=4.28\text{(美元)}$$

从第2年开始，每股股利将按可持续增长率6.6%增长。

可持续增长率 = 权益回报率 ×（1 − 股利支付率）

$$=11\%\times(1-0.4)=6.6\%$$ （1.5分）

使用股利折现模型：

股票理论价格 = 本年每股股利的现值 + 下一年以后的每股股利的现值

$$=\frac{4.8}{1.1}+\frac{1}{1.1}\times\frac{4.28}{0.1-0.066}=118.8\text{(美元)}$$

c）− c2）使用稳定增长股利折现模型和可持续增长率，将使理论股票价格达到150美元所要求的下一年的权益回报率设为“x”，下面的等式成立：

$$\frac{4.8}{1.1}+\frac{1}{1.1}\times\frac{97.2\times0.4}{0.1-x\ (1-0.4)}=150$$

解此方程，可得到 $x=0.1187$（= 11.87%）

因此，使理论股票价格达到150美元所要求的下一年的权益回报率为11.87%。

问题5答案：

a）

假设固定增长股利折现模型：

$$\text{ABC公司合理的市盈率}=\frac{\text{股利支付率}}{k_E-\text{可持续增长率}}$$

$$=\frac{1.2\div2.72}{0.09-0.1\times(1-1.2\div2.72)}=12.93<15$$

其中：

k_E：ABC公司的股票所要求的回报率

可持续增长率 = ROE ×（1 − 股利支付率）

因此，ABC公司现有股价被高估了。

b）− b1）本期预期净利润 = 年初营运资产 × 营运资产回报率

$$=700\times0.11=77\text{（百万美元）}$$

本期的 FCFE ＝净利润＋折旧－资本支出－净营运资金增加＋债务增加

＝净利润－净投资

$$=77-700\times0.06=77-42=35\text{（百万美元）}$$

b）－b2）每年，XYZ 公司净投资价值相当于年初营运资产的 6%，其营运资产的回报率保持不变，因此 FCFE 每年增长 6%。

股权价值＝营运资产价值＋现金

$$=\frac{\text{本年预期 FCFE}}{\text{业务要求的回报率}-\text{FCFE 增长率}}+\text{现金}$$

$$=\frac{35}{0.1-0.06}+100=875+100=975\text{（百万美元）}$$

理论上的股价＝975 ÷ 10＝97.5（美元）

b）－b3）本期新业务的预期净利润＝新业务投资额×新业务回报率

$$=100\times0.14=14\text{（百万美元）}$$

本期新业务的预期 FCFE ＝新业务净利润－新业务再投资额

$$=14-14\times0.4=14-5.6=8.4\text{（百万美元）}$$

新业务 FCFE 增长率＝新业务回报率×新业务再投资比率

$$=0.14\times0.4=0.056$$

$$\text{新业务价值}=\frac{\text{本年度新业务预期 FCFE}}{\text{新业务要求的回报率}-\text{新业务的 FCFE 增长率}}$$

$$=\frac{8.4}{0.1-0.056}=190.91\text{（百万美元）}$$

股权价值＝现有业务价值＋新业务价值

$$=900+190.91=1\ 090.91\text{（百万美元）}$$

理论上的股价＝1 090.91 ÷ 10＝109.09（美元）

c）

理论上的除权价格（TERP）：

$$\text{TERP}=\frac{\text{配股发行前的股票市值}+\text{配股筹得的现金}}{\text{配股后股票数量}}$$

$$\text{TERP}=\frac{(5\ 000\ 000\times\text{EUR}60)+(3\ 000\ 000\times\text{EUR}48)}{8\ 000\ 000}=\text{EUR}55.50$$

认购权的价值：

$$认购权的价值 = \frac{股票现价 - 认购价格}{1\ 股要求的认购权数 + 1}$$

$$认股权的价值 = \frac{EUR60.00 - EUR48.00}{\left(\frac{5}{3}\right) + 1} = EUR4.50$$

或

认股权的价值 = 股票现价 - TERP

认股权的价值 = EUR60.00 - EUR55.50 = EUR4.50

d) - d1)

从 2018 年到 2022 年的利润增长率：

股利支付率 = DPS/EPS = 0.42 美元 ÷ 1.50 美元 × 100% = 28.00%

净资产收益率 = 30 百万美元 ÷ 160 百万美元 × 100% = 18.75%

$g = ROE \times (1 - \pi) = 18.75\% \times (1 - 28.00\%) = 13.50\%$

d) - d2)

$$ROE = (1 - t) \times \left[ROA + (ROA - i) \times \frac{负债}{净资产}\right]$$

$$ROE = (1 - 0.35) \times [0.1750 + (0.1750 - 0.0600) \times 0.25] = 0.1324 = 13.24\%$$

根据 $g = ROE \times (1 - \pi)$，得到：

$\pi = (1 - g/ROE) = (1 - 0.050 \div 0.1324) = 0.62236 = 62.24\%$

d) - d3)

$\beta_{未加杠杆} = \beta_{Levered}/[1 + (1 - t) \times D/E]$

$\beta_{未加杠杆} = 0.85 \div [1 + (1 - 0.35) \times 0.05] = 0.8232$

$\beta_{2022后加杠杆} = \beta_{Unlevered}[1 + (1 - t) \times D/E]$

$\beta_{2022年后加杠杆} = 0.8232 \times [1 + (1 - 0.35) \times 0.25] = 0.9570$

d) - d4)

$$预期\ 2023\ 年每股股利 = 1.50 \times (1 + 0.1350)^5 \times (1 + 0.05) \times 0.6250 = 1.8541$$

d) - d5)

$$2023\ 年股本成本 = r_f + \beta \times 股票市场风险溢价 = 0.035 + 0.9500 \times 0.055 = 0.08725 = 8.73\%$$

预期 2022 年末每股价格：

$P_{2022年末}$ = DPS_{2023}/(r - g) = 1.8541 ÷ (0.08725 - 0.0500) = 49.78(美元)

d) - d6)

股本成本(2018 - 2022) = 0.0350 + 0.85 × 0.0550 = 0.08175 = 8.18%

2018—2022 年期间每股股利（DPS）的现值（EPS 表示每股利润，Discount factor 表示折现因子，PV 表示现值）：

Year	EPS	DPS	Discount factor	PV
2018	1.7025	0.5108	0.9244	0.4722
2019	1.9323	0.5797	0.8546	0.4954
2020	2.1932	0.6580	0.7900	0.5198
2021	2.4893	0.7468	0.7303	0.5454
2022	2.8253	0.8476	0.6751	0.5722
Total period 2008—2022				2.60

2022 年末每股预期价格的现值 = 49.78 ÷ $(1 + 0.0818)^5$ = 33.60(美元)

2017 年末每股价格 = 2.60 + 33.60 = 36.20（美元）

注：与 d1)，d2）和 d3）结果相关的答案如下：

d) - d4)

2023 年的预期股利 = 1.50 × $(1 + 0.1350)^5$ × (1 + 0.05) × 0.6225

= 1.8466

d) - d5)

2023 年的股本成本 = r_f + β × 股票市场风险溢价

= 0.035 + 0.957 × 0.055 = 0.0876 = 8.76%

预期 2022 年末每股价格：

$P_{2022年末}$ = DPS_{2023} ÷ (r - g) = 1.8466 ÷ (0.0876 - 0.0500) = 49.06(美元)

d) - d6)

股本成本(2018 - 2022) = 0.0350 + 0.85 × 0.0550 = 0.0818 = 8.18%

2018—2022 年期间每股股利（DPS）的现值（EPS 表示每股利润，Discount factor 表示折现因子，PV 表示现值）：

年份	EPS	DPS	Discount factor	PV
2018	1. 7025	0. 4767	0. 9244	0. 4407
2019	1. 9323	0. 5411	0. 8546	0. 4624
2020	2. 1932	0. 6141	0. 7900	0. 4851
2021	2. 4893	0. 6970	0. 7303	0. 5090
2022	2. 8253	0. 7911	0. 6751	0. 5341
2008—2022 年				2. 43

2022 年末预期每股价格的现值 $=49.06 \div (1+0.0818)^5=33.12$(美元)

2017 年末每股价格 $=2.43+33.12=35.55$（美元）

后　记

2024版《注册国际投资分析师考试指定用书》是由中国证券业协会主持翻译、审定、出版的。具体翻译、审译工作分工如下：李明亮、陆宇建、何诚颖、李磊宁、杜冬云和邹洋、涂红、高洁、刘程、彭海兰同志承担了《经济学》《财务会计和财务报表分析》《公司财务》《股票估值与分析》《固定收益证券估值与分析》《衍生产品估值与分析》和《投资组合管理》的翻译工作，陆宇建、梅丹、邹洋、杜冬云、涂红、刘程同志承担了《财务会计和财务报表分析》《公司财务》《衍生产品估值与分析》《经济学》《股票估值与分析》《固定收益证券估值与分析》《投资组合管理》的审译工作。参加教材翻译、审译工作的人员有杨高宇、章耀、林珊珊、戴丹苗、路颖、吴一萍、周洪荣、朱蕾、王伟、臧赢鹏、陈海楠、黄桂勇、王伟豪、张晛、刘琬璐、任天一。

教材的翻译工作还得到了海通证券股份有限公司、国信证券股份有限公司、中航证券有限公司、南开大学、中央财经大学、对外经济贸易大学的帮助。

在本套教材的编辑出版过程中，中国财政经济出版社做了大量工作。

在此对以上各方参与专家、工作人员及相关单位一并表示衷心感谢！

中国证券业协会

2024年7月